CHRISTOPH GURK

UNTER DEM SCHUTZ DES HEILIGEN GAUCHO

SIEBENTAUSEND KILOMETER DURCH ARGENTINIEN

DUMONT

Erste Auflage 2015
© 2015 DuMont Reiseverlag, Ostfildern
Alle Rechte vorbehalten
Gestaltung: Herburg Weiland, München
Titelfoto: Christoph Gurk
Umschlagkarte: Gerald Konopik, DuMont Reisekartografie
Kartenskizzen Innenteil: Christoph Gurk
Printed in Spain
ISBN 978-3-7701-8270-1

www.dumontreise.de

»Hay un país cuyo color está en el cielo – siempre un poco más allá, como el horizonte, como El Dorado – y no en la tierra. La gran promesa siempre.«

Es gibt ein Land, dessen Farben die des Himmels sind – immer ein bisschen weiter, wie der Horizont, wie das El Dorado – und nicht die der Erde. Ein ewiges Versprechen.

»EL INTERIOR«, MARTÍN CAPARRÓS

INHALT

Anfang – Der heilige Gaucho   8

Teil 1   Die Stadt Buenos Aires

Kapitel 1   Die Linie 152 : Busfahrt mit einem Gespenst   16
Kapitel 2   Die Stadt, die nicht schlafen kann   28
Kapitel 3   Reich wie ein Argentinier   34

Teil 2   Die Provinz Buenos Aires

Kapitel 4   Ein Themenpark für Perón   50
Kapitel 5   Im Großhirn von Evita   64
Kapitel 6   ¡Qué calor!   75
Kapitel 7   Auferstanden aus Ruinen   88

Teil 3   Feuerland

Kapitel 8   Der Wilde Westen im Süden   102
Kapitel 9   Aussteigen, anstellen, auspacken, abstempeln   125

Teil 4   Patagonien

Kapitel 10   Geben und nehmen in Río Gallegos   134
Kapitel 11   Gletscher für Touristen, Fußball für alle   147
Kapitel 12   Von Helden und Gräbern   163
Kapitel 13   Asado für Anfänger   172
Kapitel 14   Der große Atomschwindel   179

Teil 5   Der Nordwesten

Kapitel 15   Bohnen statt Bullen   190
Kapitel 16   Knackwürst con Chucrut   206
Kapitel 17   Geister der Vergangenheit   218

Teil 6   Der Nordosten

Kapitel 18   Heimweh und Heimatliebe   238

Kapitel 19   Gaucho-Land   251

Kapitel 20   Der Moses von Amerika   256

Ende – Gracias, Gauchito Gil   270

Zitatnachweise   280

Danksagung   281

Anfang – Der heilige Gaucho

Irgendetwas stimmt nicht. Als ich aufwache, kann ich in der Dunkelheit kaum den Sitz vor mir erkennen, und das Einzige, was ich höre, ist monotones Schnarchen. Ich krame mein Handy aus der Jackentasche. Die Uhr auf dem Display zeigt kurz vor zwei Uhr morgens. Vor sechs Stunden bin ich in Resistencia, der Hauptstadt der argentinischen Provinz Chaco, in einen Überlandbus gestiegen. Die Argentinier nennen diese Busse *micro*, dabei würde *macro* meist besser passen: Oft sind es zweistöckige Monstren, Doppeldecker mit verstellbaren Sitzen, Toilettenkabine und Fernseher im Gang. Seit wir losgefahren sind, flimmern auf dem Bildschirm miese Hollywood-Action-Streifen in Dauerschleife.

Der Bus soll mich vom Norden Argentiniens zurück nach Buenos Aires bringen. Eintausend Kilometer vorbei an flachen

Weiden, Palmwäldern und durch verlassene Dörfer, dann weiter durch die Pampa, die flache Grassteppe, die den Osten Argentiniens bedeckt. Hunderte Kilometer Felder und Wiesen, ein grüner Ozean, bis die ersten Vororte von Buenos Aires auftauchen. Die Straßen werden breiter, links und rechts stehen kleine Häuschen, dann mehrstöckige Wohnblocks und schließlich glitzernde Büropaläste aus Glas und Beton. Vierzehn Stunden wird die Fahrt dauern, über Landstraßen voller Schlaglöcher und Risse. Eigentlich sollte ich also die Reifen hören, das Rauschen des Gegenverkehrs oder zumindest das Blubbern des Motors. Aber ich höre nur Schnarchen, sonst nichts.

Über siebenhundert Kilometer liegen noch vor uns. Unser Bus ist voll, bis zum letzten Platz besetzt. Hinter mir sitzen ein paar Jugendliche in Batikhosen und mit Holzketten um den Hals, schräg vor mir hat sich ein altes Ehepaar niedergelassen, die übrigen Passagiere sind Mütter mit Babys, Teenies, Arbeiter, Geschäftsleute im Anzug und Fußballfans in Jogginghosen. Normalerweise gleichen argentinische Reisebusse einem Gefrierfach, irgendein seltsamer Ehrenkodex scheint die Fahrer zu zwingen, die Klimaanlage bis zum Anschlag aufzudrehen. Draußen mag die Sonne auf die Steppe brennen, drinnen wird man trotzdem fast den Atem sehen können, so kalt ist es. Seit ich auf einer Busfahrt einmal halb erfroren bin, habe ich immer einen dicken Pulli, einen Schal und Wollsocken im Gepäck. Doch jetzt schwitze ich, obwohl ich nur ein T-Shirt anhabe. Die Luft ist heiß und stickig. Wie gesagt: Irgendetwas stimmt nicht.

Mit einem Ächzen springt der Motor wieder an, der Bus rollt ein Stück vorwärts und bleibt nach ein paar Sekunden erneut stehen. Wie eine dicke Kröte, die behäbig einen Satz nach vorne macht. Ich schiebe den Vorhang neben mir zur Seite. Draußen scheint ein fahler Mond mit mattem Licht auf einen Zaun aus Draht und verkrüppelten Ästen, dahinter erstreckt sich eine Wiese mit geduckten Büschen und verbogenen Bäumen.

Über die Sitze vor mir kann ich durch die Vorderscheibe auf die Landstraße sehen. Wir stehen im Stau, mitten im Nirgendwo. Laster, Busse und Kleinwagen schieben sich durch die Nacht, ihre Rücklichter verschwimmen am Horizont in einem Meer aus blinkenden und flackernden Punkten.

»Welcher Tag ist heute?«

Der Mann auf dem Platz neben mir hat sich mit einem Ruck aufgerichtet. Über seinem Bauch spannt ein abgewetztes Hemd, seine dunklen Augen verschwinden fast unter den buschigen Brauen.

»Ich glaube, der 8. Januar«, sage ich.

»Scheiße.«

Mein Sitznachbar ächzt und lässt sich wieder nach hinten in den Sitz fallen.

»Dann sind das da vorne bestimmt die Leute von Gauchito Gil.«

»Wer sind denn die Leute von Gauchito Gil?«, frage ich.

Mein Nachbar hat schon wieder die Augen zu.

»Na, die Leute eben, die an Gauchito Gil glauben«, sagt er.

»Und wer ist Gauchito Gil?«

Langsam richtet sich mein Nachbar wieder auf.

»Naja, Gauchito Gil ist eben Gauchito Gil, verstehst du? Ein heiliger Gaucho. Und da vorne ist sein Grab.«

Zwei Augen unter buschigen Augenbrauen leuchten mir jetzt aus der Dunkelheit entgegen.

»Vos no sos de acá, no?« Du bist nicht von hier, stimmt's?

*

Ich bin in München geboren und in einem kleinen Dorf in Oberbayern aufgewachsen, zwischen braun-weißen Kühen, saftigen Wiesen und einem bayerischen Himmel: weiß und blau, so wie die Farben der bayerischen Fahne – und genauso wie die Farben der argentinischen Flagge.

Aber Argentinien war für mich lange kaum mehr als ein gefürchteter Gegner bei Fußballweltmeisterschaften, die Heimat von Maradona, dem Spieler mit der »Hand Gottes«. Doch dann musste ich mir in der Mitte meines Studiums kurzfristig überlegen, wo ich gerne ein Auslandssemester verbringen würde. Irgendwo, wo man Spanisch spricht, dachte ich, denn Spanisch wollte ich schon immer mal lernen, nur bitte nicht in Spanien, das war mir zu nah, zu bekannt und zu voll von Erasmus-Studenten. Argentinien war weit genug weg, ein Land ganz unten auf der anderen Seite der Erde, von dem ich immerhin noch den Namen der Hauptstadt kannte. Argentinien, das klang nach Rindfleisch, nach Tango und Gauchos – und vor allem nach Abenteuer.

Anfang August 2006 kam ich am Flughafen von Buenos Aires an. Die Fluggesellschaft hatte mein Gepäck verloren, und ich trug nur ein T-Shirt und kurze Hosen. Dass der argentinische Winter im bayerischen Sommer ist, wusste ich. Dass Buenos Aires alles andere als eine tropische Stadt ist, hatte ich irgendwie nicht mitbekommen. Mit dem Taxi fuhr ich durch graue Straßen zu einer viel zu kalten Wohnung und Mitbewohnern, die ich nicht verstand. Irgendwie schaffte ich es, abends zur Uni zu gelangen. Meine Fakultät aber war ein Chaos, und dann fiel auch noch der Strom im ganzen Viertel aus.

»Warte hier, bis es wieder Licht auf der Straße gibt«, meinte eine Studentin. »Im Dunkeln ist es draußen viel zu gefährlich.«

Es konnte nur besser werden.

Neun Monate später hatte ich mich nicht nur in Argentinien, sondern auch in eine Argentinierin verliebt. Nach dem Ende des Auslandssemesters kehrte ich nach Buenos Aires zurück, um dort meine Abschlussarbeit zu schreiben, dann begleitete mich meine Freundin nach Deutschland, und das nächste Mal fuhren schon ›wir‹ zurück nach Argentinien. So ging es weiter, hin und her, bis heute.

Argentinien ist das achtgrößte Land der Welt und nach Brasilien das zweitgrößte Lateinamerikas. Zwischen dem Norden und dem Süden liegen etwa dreitausendsiebenhundert Kilometer, dazwischen Gletscher und Wüsten, Berge und Seen, Wälder und Steppen. Es gibt überfüllte Straßen und unendliche Einsamkeit. Deutsche Kolonien und Dörfer der Guaraní. Rinder und Revolutionäre. Hippies und Heilige. Kurz: Es gibt unendlich viel zu entdecken.

Aus den Grundtönen – Rindfleisch, Tango, Gauchos, Abenteuer –, die ich vor meiner ersten Argentinienreise im Ohr hatte, ist längst eine Symphonie geworden. Es gibt schräge und schrille Töne, schöne und schiefe, leise und laute. Argentinien klingt nicht nur nach Tango, sondern auch nach Cumbia Villera, der Musik aus den Armenvierteln, dem Akkordeon des Chamamé im Norden oder nach tausend Fans, die zusammen Fußballlieder singen, bis sie heiser sind.

Argentinien ist ein Land, dessen Name sich vom lateinischen Wort für Silber herleitet, obwohl es für seine Rinder berühmt ist und heute vor allem Soja exportiert. Ein Land, das unendlich reich ist und dennoch hoch verschuldet. Das in großen Teilen menschenleer ist und eine Hauptstadt hat, die aus allen Nähten platzt. Das die Heimat eines Papstes ist – und eines heiligen Gaucho: Gauchito Gil.

Das erste Mal traf ich ihn während meines Auslandssemesters 2006, auf ebenjener Busfahrt von Resistencia nach Buenos Aires.

*

»Vos no sos de acá, no?«, sagt mein Sitznachbar noch mal und mustert mich von oben bis unten.

»Nein, ich bin aus Deutschland«, sage ich, »aus München. Aber gerade lebe ich in Argentinien.«

Ich kann jetzt neben der Straße Autos erkennen, dazwischen Zelte und Menschen. Neben unserem Bus laufen ein paar junge Männer, jeder hat eine abgeschnittene 2,5-Liter-Plastikflasche mit brauner Brühe in der Hand. Zwischen einem knorrigen Baum im Straßengraben und einem alten Auto hat jemand eine Plastikplane gespannt, daneben steht ein Grill so groß wie ein Billardtisch. Jeder Zentimeter ist bedeckt mit Fleisch und dicken Würsten, zusammen könnte man aus ihnen bestimmt eine halbe Kuh formen.

Ein verbeulter Linienbus parkt im Straßengraben. An ihm hängt eine rote Fahne. Auf ihr steht: »Gauchito Gil«, darunter ist ein Kreuz gezeichnet und davor ein Mann mit langen Haaren, Stirnband und dichtem Schnauzer.

»Gauchito Gil ist ein Volksheiliger, ein Schutzpatron für Lastwagenfahrer und Reisende«, erklärt mir mein Sitznachbar. »Jeder kann sich von Gauchito Gil etwas wünschen: einen neuen Job, Glück in der Liebe, Gesundheit für einen Verwandten oder eben eine gute Reise. Und wenn dir der Gauchito gegeben hat, um was du ihn gebeten hast, dann kommst du hierher, an sein Grab, und bedankst dich bei ihm.«

*

Es ist nun fast zehn Jahre her, seit ich am Grab Gauchito Gils vorbeigefahren bin. Eine Kerze für eine gute Reise, das schien mir damals schon ein gutes Geschäft. Und nach siebentausend Kilometern über Schotterpisten, Andenpässe und eiskalte Seen wird es vielleicht Zeit, sich bei Gauchito Gil zu bedanken.

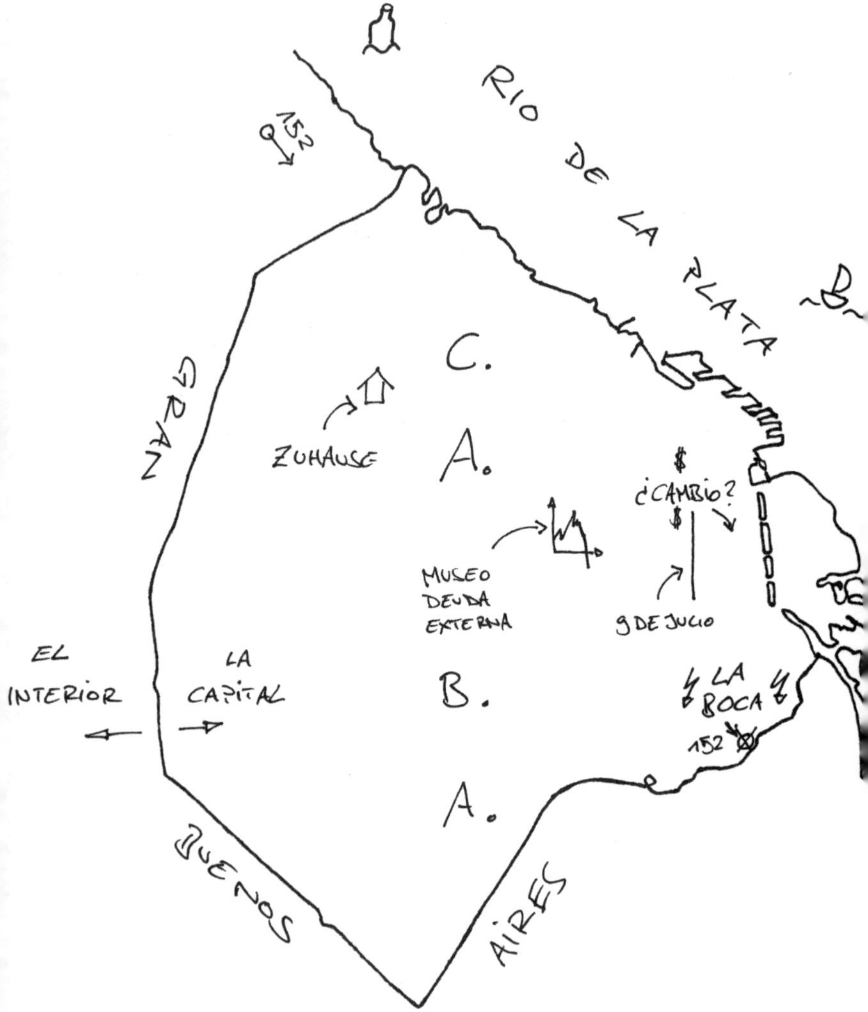
RIO DE LA PLATA
152
C.
A.
B.
A.
GRAN
BUENOS
AIRES
ZUHAUSE
$
¿CAMBIO?
$
MUSEO
DEUDA
EXTERNA
9 DE JULIO
EL
INTERIOR
LA
CAPITAL
LA
BOCA
152

Teil 1

DIE STADT
BUENOS AIRES

Kapitel

1

Die Linie 152 –
Busfahrt mit einem Gespenst

» Du fährst nach La Boca?«, fragt meine Freundin am Telefon. Es klingt, als wäre das ein Kriegsgebiet und kein Stadtteil von Buenos Aires.

Es ist Dienstagnachmittag und ich stehe an einer Bushaltestelle in Olivos, einem Vorstadtviertel im Norden der argentinischen Hauptstadt. Zur Stadt Buenos Aires gehört es nicht direkt, sondern zu Vicente López, einem Distrikt im Ballungsraum der Metropole. Doch die Übergänge sind fließend, Vicente López wirkt wie ein Vorort der argentinischen Hauptstadt. Autos rollen durch einspurige Straßen, vorbei an Vorgärten mit Blumenbeeten und Rasen, der nur so kurz bleibt, wenn man ihn zweimal die Woche schneidet. Familienwagen parken neben dem Gehsteig, darüber blühen die ersten kleinen Blüten der Zedrachbäume. Auf Spanisch heißen sie *árboles de paraíso,* Paradiesbäume. Jedes Jahr gibt es eine

Woche, in der sich ihr Duft über die Hauptstadt und ihre Umgebung legt, als habe ganz Buenos Aires in Parfüm gebadet. Es riecht nach Sommeranfang, nach Ferien und frischer Liebe, aber dann kommen Wind oder Regen, die Blüten werden weggeweht oder weggewaschen, und Buenos Aires riecht wieder so wie immer: nach Abgasen, Stau und Millionen von Menschen.

Buenos Aires heißt übersetzt so viel wie Gute Lüfte, was aber leider nicht bedeutet, dass man in dem Millionenmoloch besonders befreit atmen kann. Als die Spanier 1536 die erste Siedlung am Ufer des Río de la Plata gründeten, gaben sie ihr den Namen Puerto de Nuestra Señora del Buen Ayre: Hafen Unserer Jungfrau der Guten Luft. Es ist heute nicht ganz klar, ob sie das aus Dank dafür taten, dass gute Winde sie bis an die argentinische Küste geweht hatten, oder in der Hoffnung darauf, dass die Schutzheilige der Guten Lüfte die neu gegründete Stadt vor Krankheiten schützen würde. Damals glaubte man, diese würden durch schlechte Lüfte übertragen. Sicher ist: Die Luft in Buenos Aires ist weit entfernt davon, gut zu sein. Dafür gibt es zu viele Autos, Fabriken und Müllhalden. Die Straßen riechen nach Abgasen und Abfall, und im Sommer dampfen auf den Gehsteigen die Hundehaufen wie Buletten in der Pfanne. Manchmal schafft es eine Brise vom Fluss durch die Hochhausfront bis in die Stadt, doch dann müffelt es meistens auch nur faulig und nach Brackwasser.

Neben mir an der Bushaltestelle steht eine alte Dame. Sie trägt eine kleine Brille, ihr Körper sieht aus wie der einer alten Henne: breite Brust und dünne Beine. Ein paar Meter weiter tippen zwei Mädchen gelangweilt auf ihren Smartphones herum. Ihre langen Haare glänzen wie in der Werbung für teures Shampoo, beide tragen Segelschuhe, Schottenröcke und grüne Polohemden mit dem Wappen einer Privatschule. Potenzielle Bedrohungen sehen anders aus, zumindest in Buenos Aires.

Auf Satellitenbildern wirkt Buenos Aires wie ein grauer Fleck aus Zement und Beton. Im Norden und Osten schmiegt er sich eng an die Ufer des Río de la Plata, im Süden und Westen franst er aus in die grüne Monotonie der Pampa. Von Ausnahmen abgesehen, findet man die wohlhabenden Viertel und reichen Vororte vor allem im Norden der Hauptstadt. Hier liegt auch Olivos mit seinen schicken Villen und gepflegten Einfamilienhäusern, Tennis- und Yachtclubs, noblen Restaurants und Privatschulen. In der südlichen Hälfte von Buenos Aires liegen dagegen die Arbeiter- und Armenviertel, unter ihnen auch La Boca.

Das Viertel gehört zu Buenos Aires wie die Bronx zu New York, früher wohnten hier die Hafenarbeiter in Mietskasernen und selbst gezimmerten Häuschen. Wenn in den Schiffswerften etwas Farbe übrig blieb, strichen sie mit ihr die Bretter und das Wellblech an: gelb, grün, blau, rot, wie bunte Holzklötzchen, weil das Leben schon farblos genug war. Die letzten Überreste dieser Tradition kann man in El Caminito sehen, einer kleinen Gasse, durch die jeden Tag Tausende Touristen geschleust werden. Sie machen Fotos von den bunten Häusern, essen Steaks und sehen den Tangotänzern zu, die sich gegenseitig über das Kopfsteinpflaster schieben, in der Hoffnung, dass ihnen jemand ein bisschen Kleingeld in den Hut wirft. Daneben ist La Boca berühmt für La Bombonera, das Stadion der Boca Juniors, Argentiniens bekanntestem Fußballverein, und für *los choros*, die Diebe, die immer wieder verirrte Touristen rund um El Caminito und La Bombonera ausrauben.

Jeder Reiseführer warnt ausländische Besucher davor, die nähere Umgebung der beiden Sehenswürdigkeiten zu verlassen. »Unsicheres Gebiet«, steht in den Stadtplänen für Touristen. *Hic sunt dragones:* Vorsicht, Drachen.

So schlimm ist es in La Boca natürlich nicht. Ich habe Freunde, die in dem Viertel wohnen, und es gibt bei Weitem unsicherere Zonen in der Stadt. Trotzdem: La Boca hat nicht gerade den besten Ruf, auch nicht bei den Einwohnern von Buenos Aires. Und dieser Ansicht ist auch meine Freundin.

Lucia und ich haben uns am Ende meines Auslandssemesters kennengelernt, in einem Bus in den Anden im Norden von Argentinien. Nach drei Stunden Fahrt und dreihundert Kurven waren wir ineinander verknallt und nach ein paar Tagen ein Paar, doch dann musste ich weiter nach Lima und sie zurück nach Buenos Aires. Lucia ist dort in einem Mittelklasseviertel aufgewachsen, sie ist *porteña*, wie die Einwohner von Buenos Aires sich nennen, und das in mindestens dritter Generation. Im Moment allerdings ist das ziemlich egal, denn gerade ist Lucia vor allem eins: besorgt. Um mich.

La inseguridad, die Unsicherheit, ist neben der desolaten wirtschaftlichen Lage Argentiniens das Thema, das die *porteños* am meisten beschäftigt. Egal ob auf Partys, beim Friseur oder im Wartezimmer beim Arzt: Ständig erzählt einem irgendjemand von Überfällen oder Einbrüchen. Die großen Zeitungen haben neben dem Politik-, Wirtschafts- und Sportteil auch ein paar Seiten, auf denen es nur um Diebstähle und Polizeiberichte geht. Am schlimmsten aber sind die Nachrichtensender, die in den meisten Cafés und Restaurants im Dauerbetrieb laufen: Sie berichten rund um die Uhr über Mord und Totschlag, am besten live vor Ort und am liebsten schon dann, wenn das Blut noch nicht getrocknet ist. All das gibt einem das Gefühl, ständig in Gefahr zu schweben und verfolgt zu werden. Irgendjemand lauert hinter einem, doch wenn man sich umdreht, dann ist da niemand – und man fühlt sich unsicherer als zuvor.

Wie schlimm die Situation wirklich ist, lässt sich schwer sagen. Auf der einen Seite ist die Mordrate in Argentinien eine der niedrigsten von ganz Lateinamerika, auf der anderen Seite soll es auf dem Kontinent nirgendwo so viele Überfälle geben wie hier. Die Eltern meiner Freundin ersetzen längst nicht mehr das Radio in ihrem Auto, weil es ja ohnehin nach ein paar Wochen wieder geklaut würde. Unter den Tischen der Cafés in Buenos Aires gibt es Haken, um die Handtasche anzuketten, und die meisten meiner

Freunde wurden schon überfallen und ausgeraubt, genauso wie ich selbst auch.

Damals war ich auf dem Weg zurück vom Zentrum nach Hause. Um kurz nach zwölf Uhr mittags durchquerte ich einen Park vor dem Hauptbahnhof, als plötzlich ein Mann mit Baseballkappe neben mir stand. Er sprach zwar undeutlich, aber irgendwie war klar, was er wollte, schließlich hatte er ja ein Jagdmesser in der Hand. Alles ging ganz schnell, völlig unspektakulär, ohne Schreie, ohne Hektik. Am Ende hatte ich etwa vierzig Euro verloren, meinen Ausweis und mein Urvertrauen, dass schon immer alles gut gehen würde. In den nächsten Monaten wechselte ich die Straßenseite, wenn mir jemand entgegenkam, der irgendwie nach *choro* aussah, nach Dieb und potenzieller Gefahr. Ich machte Umwege und ich begann, mich umzudrehen, ungewollt und unbewusst, als ob da ein Gespenst in meinem Rücken lauern würde: *la inseguridad.* Die Unsicherheit.

»Sei bitte vorsichtig, ja?«, sagt meine Freundin am Telefon. »Bei deinem Gringo-Gesicht erkennen die *choros* doch sofort, dass du ein Ausländer bist. Und überhaupt: Was willst du eigentlich in La Boca?«

»Schwer zu erklären«, sage ich. »Eigentlich nur aussteigen.«

Buenos Aires hat so viele Buslinien, dass es einen taschenbuchdicken Fahrplan braucht, um sie alle aufzulisten. Die *porteños* nennen die Busse *colectivos,* wahrscheinlich gibt es in der Stadt mehrere Tausend von ihnen, sie röhren vierundzwanzig Stunden pro Tag und sieben Tage die Woche durch die Straßen, auf über dreihundert verschiedenen Linien und Unterlinien. Wenn Paris die Stadt der Métro ist und London die Stadt der roten Doppeldecker, dann ist Buenos Aires die der *colectivos.* Die Busse sind das meistgenutzte, aber auch meistgehasste Verkehrsmittel der Stadt. Sie sind laut, unbequem und haben zwar theoretisch einen Fahrplan, an den sie sich jedoch nicht halten. Aber sie fahren an jeder Ecke und haben hochsubventionierte Billigpreise. Ein Großteil der Einwohner von Buenos Aires verbringt mehr Zeit in *colectivos* als am eigenen Esstisch. Hier lästern sie mit der besten Freundin oder telefonieren mit den Eltern, hier lernen sie für die Uni, sie schlafen, streiten oder flirten. *Colectivos* sind wie ein Ausflug in die Wohnzimmer der *porteños,* und will man dabei die Anwälte genauso sehen wie die Arbeiter, nimmt man am besten die Linie 152: Sie fährt einmal quer durch die Stadt bis ins nahe Umland, fünfundzwanzig Kilometer, vom Norden bis in den Süden, von reich bis arm, von Olivos bis nach La Boca.

Der Terminal der Linie 152 in Olivos ist ein blau-weiß gestrichener Hinterhof mit integrierter Tankstelle. Auf einer Bank sitzen Fahrer, die Pause machen. Zwei spielen Karten, der Rest trinkt Mate-Tee oder liest Zeitung. Vor den Fahrern steht eine Reihe 152er-Busse. Die Seiten sind rot, weiß und blau gestrichen, rund um den Motor ist der Lack von den Abgasen dunkel verfärbt.

Nach zehn Minuten fährt ein Bus langsam aus dem Terminal und stoppt an der Haltestelle.

»Wo soll es denn hingehen, Kleiner?«

Ein dicker Mittvierziger mit verspiegelter Brille und Halbglatze beugt sich vom Fahrersitz zu mir herunter Richtung Einstiegstür. Die meisten *colectivo*-Fahrer sind eine Mischung aus Trucker und Preisboxer – beides Berufe, die nicht unpraktisch sind, wenn man jeden Tag stundenlang durch das Verkehrschaos einer Megastadt fahren muss.

»Bis zur Endstation«, sage ich.

Mir kommt es so vor, als mustere mich der Busfahrer ganz kurz von oben bis unten.

Der Bus ist noch leer, die zwei Dutzend Sitze aus hartem, grauem Plastik sind noch unbesetzt. Über ihnen sind Haltestangen an der Decke angeschraubt, dazu Halterohre und Handschlaufen, ein Wirrwarr aus Stangen und Seilen, als würden sich hier normalerweise Affen entlanghangeln und nur ausnahmsweise würde man auch mal kurz Angestellte und Rentner ins Zentrum fahren. Manchmal verschönern die *colectivo*-Fahrer ihre Busse mit Spiegeln oder Vorhängen, meiner beschränkt sich aber auf das Wesentliche: ein Bild von Maradona über der Fahrerkabine.

»Vamos!«, ruft er laut in den Bus: Los geht's.

Wir rumpeln durch ruhige Straßen. Links und rechts blühende Bäume, dahinter Einfamilienhäuser. Kleine Gebäude im englischen Landhausstil, Siebzigerjahre-Bauten aus Beton und kleine Kolonialvillen. Meistens aber sieht man nur dicke Mauern und hohe Zäune, als wäre hier ein Gefängnis für Wiederholungstäter mit Fluchtgefahr und nicht das Zuhause von höheren Angestellten und Ärzten. Manchmal blitzt Stacheldraht auf den Mauern, einige Hausbesitzer haben mit elektrisch geladenen Zäunen aufgestockt. An jeder dritten Straßenecke steht eine telefonzellengroße Kabine, in der ein Wachmann sitzt oder gleich ein Polizist. *La inseguridad.* Ein Gespenst. Nur nicht umdrehen, denke ich.

Mein Telefon klingelt. »Bist du schon losgefahren?«, will meine Freundin wissen. »Sei vorsichtig, okay? Und ruf an, wenn du wieder zurückfährst.«

Langsam füllt sich der Bus. Ein älteres Ehepaar mit Einkaufstaschen lästert eine Reihe vor mir über eine Bekannte: »Jeden Monat hat sie einen neuen Typen«, sagt sie, woraufhin er erwidert: »Der geht es doch nur ums Geld.«

Wir biegen ab auf die Avenida Maipú. Links und rechts von uns sind Cafés, Restaurants, kleine Läden, Supermärkte und Banken, dazwischen schieben sich Autos, Taxis und *colectivos* über drei Spuren in Richtung Innenstadt. Ein chaotisches Gedränge und Geschiebe, wie ein bunter Fischschwarm aus Gummi und Blech, der durch eine viel zu enge Röhre muss.

Mir schräg gegenüber sitzt jetzt ein bulliger Typ im Boca-Juniors-Trainingsanzug und mustert mich von oben bis unten. So geht das seit fünf Minuten und ich werde langsam nervös. War das mit Boca vielleicht doch eine blöde Idee?

Eine große Werbetafel verkündet: »Vos sos Buenos Aires«, du

bist Buenos Aires. Darunter schläft ein Obdachloser auf einer zerrissenen Matratze.

»Ich fahre jeden Tag von Núñez nach Avellaneda«, erzählt mir María.

Die Siebenundvierzigjährige ist vor ein paar Blocks zugestiegen, und weil kein Platz mehr frei war, habe ich ihr meinen angeboten. Argentinien mag ein Macholand sein und Buenos Aires eine Megastadt, doch was den öffentlichen Nahverkehr angeht, haben die Argentinier so gute Manieren, als wäre man gerade in einem Clubhaus und nicht in einem rumpelnden *colectivo*. An Haltestellen stellt man sich grundsätzlich in einer ordentlichen Reihe auf, niemand drängelt, und Rentnern, Schwangeren und oft auch Frauen im Allgemeinen wird ohne Zögern ein Sitzplatz angeboten.

María ist rundlich und hat dunkle, freundliche Augen. »Ich bin Haushaltshilfe, weißt du? Ich putze und koche bei einer Familie in Núñez, im Norden von Buenos Aires, aber ich wohne im Süden, in Avellaneda, auf der anderen Seite der Stadt, da sind die Mieten billiger. Hier könnte ich mir nicht mal ein Zimmer leisten! Darum muss ich eben mit dem Bus fahren, jeden Tag insgesamt fast drei Stunden. Das ist anstrengend, aber seit meine Tochter mir ein Telefon mit Radio geschenkt hat, ist es nicht mehr ganz so schlimm.«

Wir rauschen über vierspurige Straßen, durch Tunnel, Wohnviertel und Einkaufsstraßen. Ich habe einen anderen Platz gefunden, mittlerweile fühlt sich das harte Plastik jedoch an wie Sandpapier, das über meinen Hintern schmirgelt.

Ein älterer Mann bekreuzigt sich jedes Mal, wenn wir an einer Kirche vorbeikommen.

Langsam schieben wir uns weiter Richtung Zentrum. Links und rechts verdunkeln Hochhäuser den Himmel, neben dem Gehsteig werben Modeläden mit Rabatten. Wir fahren vorbei an schicken Einkaufszentren, an Spielwarenläden, an Parfümerien und an Unterwäschegeschäften. Leute warten auf den Bus, Fußgänger auf die grüne Ampel, über ihnen blinken Neonreklamen, von gigantischen Plakaten lachen Models. Und dann hören die Häuser auf. Mit einem Schlag. Blauer Himmel, weiße Wölkchen, strahlende Sonne, davor die Avenida 9 de Julio, die angeblich breiteste Straße der Welt: ein knappes Dutzend Fahrspuren in beide Richtungen. Wie in einem breiten Strom gießen sich Autos und Busse aus den Avenidas und Seitenstraßen auf die 9 de Julio. In einer Stadt wie Buenos Aires mit ihren überfüllten Straßen, dem Gedränge und der Enge hat die 9 de Julio etwas Verschwenderisches. Es ist, als stünde man vor einem Naturwunder, als träte man aus dem tiefen Dschungel plötzlich auf eine riesige Lichtung mit Platz und freiem Blick bis zum Horizont. Auch nach dem hundertsten Mal bin ich immer noch überwältigt, wenn ich diesen Boulevard sehe. Vielleicht braucht man Platz, um zu erkennen, wie groß Buenos Aires ist.

Wir fahren über die 9 de Julio, Kinder in alten Trainingshosen schrubben in den Rotphasen für ein paar Peso die Scheiben der Autos, Touristen machen Fotos mit sich vor dem großen weißen Obelisken, dem Wahrzeichen der Stadt. Dann tauchen wir wieder ein in die Häuserschluchten, der 152 füllt sich jetzt mit Männern in Anzügen und Frauen in Businesskostümen. Wir fahren durch Downtown Buenos Aires, hier sind die Banken und die Büros der wichtigen Firmen. Nach einer Weile ragen links von uns Wolkenkratzer in den Himmel, Wolken spiegeln sich in den Glasfassaden. Das schicke neue Hafenviertel Puerto Madero wurde erst vor wenigen Jahren errichtet, heute residieren hier Nobelhotels und Millionäre. Direkt gegenüber liegt die andere Seite der Macht, die Casa Rosada, der argentinische Präsidentenpalast. Seit 2007 herrscht hier Cristina Fernández de Kirchner, die meistgehasste und meistgeliebte Frau Argentiniens seit Eva ›Evita‹ Perón. Auf eine Mauer gesprüht steht: »Cristina estas re linda«, Cristina, du bist wunderschön.

Kaum jemand im Bus unterhält sich noch, die meisten tippen

stumm auf ihren Handys oder starren aus dem Fenster. Ein *paseador*, ein professioneller Hundeausführer, hat neben der Straße seine Hunde an einen Zaun gebunden: Doggen, Pudel, Retriever und Schnauzer, ein sabberndes und hechelndes Bündel aus Fell und Pfoten.

»Brauchst du Hilfe?«

Freundlich schaut mich das ältere Pärchen neben mir an. Draußen vor dem Busfenster wird Buenos Aires schmutziger, an den Fassaden kleben Farbreste und Plakate blättern von den Wänden. Auf dem Gehsteig stehen Typen in kleinen Gruppen und trinken Bier. Ich wollte nur kurz schauen, wo genau die Endhaltestelle des 152 ist – und jetzt bin ich schon mittendrin in La Boca. Das ältere Paar sieht jetzt nicht mehr mich an, sondern den Busplan in meiner Hand. Beide sind etwa Mitte sechzig und haben Einkaufstüten in der Hand.

»Hast du dich verlaufen?«, fragt der Mann. »Wo willst du denn hin?«

»Zur Endhaltestelle in La Boca«, sage ich, »das finde ich bestimmt, ich muss ja nur sitzenbleiben.«

Die Frau beugt sich vor und lächelt mich an: »Bestimmt. Aber sei vorsichtig. *Es una zona fea*, das ist ein unschönes Viertel.«

Ich muss kurz an meine Freundin denken. An das Gespenst. *La inseguridad.* Nur nicht umdrehen.

Auf der Straße sieht man jetzt keine Anzüge und Krawatten mehr, dafür haben die meisten Männer Trainingsanzüge an, fast immer klebt irgendwo das kleine Wappen der Boca Juniors. An der Straße braten auf zusammenklappbaren Grillständen fettige Würste, in den Hausecken liegt Müll.

Mit jeder Haltestelle wird der Bus jetzt leerer, und ich werde ein bisschen nervöser. Was soll schon passieren, sage ich mir. Alles Panikmache der Medien. Hunderte Touristen fahren jeden Tag nach La Boca, ich muss nur ein paar Blocks gehen, dann bin ich in El Caminito. Dann überlege ich, ob ich vielleicht besser meine

Kapuze aufsetzen sollte. Aber da sind wir schon an der Endhaltestelle.

Vor uns ragen die verrosteten Stahlträger des Puente Nicolás
Avellaneda in den Frühlingshimmel. Die Brücke führt einmal quer
über den Riachuelo, den Fluss, der es 2013 zusammen mit Tscher-
nobyl in die Top Ten der weltweit am stärksten vergifteten Öko-
systeme schaffte. Seit Jahrzehnten lassen Fabriken ihre Abwässer
ungehindert in den Riachuelo fließen, dazu kommen Müll und Fä-
kalien aus Elendssiedlungen entlang der Ufer. Eine stinkende, giftige Brühe, die biologisch längst tot ist.

Aber im Moment sieht der Riachuelo malerisch aus. Im stillen
Wasser spiegeln sich dürre Bäume und heruntergekommene Lagerhallen, ein paar Jugendliche stehen rauchend an der Brüstung
und spucken abwechselnd ins Wasser, eine Mutter in viel zu en-
gem T-Shirt spielt mit ihrem kleinen Kind.

Ich spaziere über die Uferpromenade, vorbei an verfallenen
Häusern mit vernagelten Fenstern und heruntergekommenen
Wohnblocks. Niemand schaut mich komisch an, kein Dieb weit
und breit. Ich biege in eine Nebenstraße ein, die Wände sind voller Graffiti, aber niemand hier liebt Cristina Fernández de Kirchner, alle lieben die Boca Juniors. Dann rennt jemand von hinten direkt auf mich zu. *La inseguridad,* blinkt es kurz in meinem Kopf
auf, und ich drehe mich um. Ein Jogger mit Kopfhörern läuft an
mir vorbei.

Als ich zurück am Terminal des 152er bin, warten dort schon
ein Mädchen mit riesigem Rucksack und ein Mann mit Aktenkof-
fer und müden Augen. Nach zehn Minuten startet der Bus zurück
nach Olivos. Als ich meine Freundin auf dem Telefon erreiche,
habe ich La Boca schon lange hinter mir gelassen.

»Alles okay«, sage ich. »Ich bin wieder heil im Bus, und mal ehrlich: La Boca ist nicht so schlimm.«

Dann beginnt ein paar Sitze neben mir eine Frau zu schreien:
»Achtung! Hier ist ein Dieb an Bord!«

Der ganze Bus dreht sich um. Neben einer Frau Mitte fünfzig mit gefärbten Haaren und Sonnenbrille sitzt ein nervöser Mann mit schlecht sitzendem Jackett und Halbglatze.

»Dieser Mann hier hat versucht, mir den Geldbeutel aus der Tasche zu klauen!«, ruft sie. »Und als ich ihn mit meinem Handy fotografieren wollte, hat er probiert, es aus dem Fenster zu schmeißen.«

Der Mann neben ihr schaut auf den Boden.

Erst sagt niemand etwas, dann reden alle durcheinander: dass der Fahrer die Tür verriegeln solle, dass jemand die Polizei rufen müsse oder noch besser einen Streifenpolizisten von der Straße. Wir stecken mitten im Feierabendverkehr, der *colectivo* ist voll. Um den Mann mit dem schlecht sitzenden Jackett hat sich eine Lücke gebildet.

Nach zwei Blocks steigt ein Polizist in den Bus und nimmt die Frau und den vermeintlichen Dieb mit nach draußen.

»Así no se puede!«, schreit die Frau davor noch einmal laut in den Bus: So geht das nicht! »So darf man sich nicht benehmen«, sagt sie und streckt den Zeigefinger in die Luft. »Nicht in meinem Land!«

Schon zwei Blocks weiter unterhalten sich die Leute wieder. Sie lesen, schlafen, lästern, telefonieren und flirten Als wäre das alles Alltag, als wäre das ganz normal.

Als ich aussteige, drehe ich mich kurz um. Ein Reflex, ungewollt, unbewusst. *La inseguridad.*

Kapitel

2

Die Stadt, die nicht schlafen kann

Ich wohne in einem ruhigen Wohnviertel im Nordwesten von Buenos Aires. Die meisten Häuser hier sind ein oder zwei Stockwerke hoch, die Straßen sind ruhig und Zedrachbäume heben ihre Zweige über die Gehsteige wie einen Sonnenschirm. Es gibt zwei Autowerkstätten und ein Möbelgeschäft, ein paar chinesische Supermärkte, in denen immer asiatische Popmusik mit Maximallautstärke leiert, und La Amistad, eine Art Tante-Emma-Laden, nur dass Emma Elisa heißt und aus Bolivien stammt. Zusammen mit ihrem Mann Sandro verkauft sie Gemüse, Getränke und Fleisch. Über der Kiste mit den Kartoffeln flimmern auf einem alten Farbfernseher lautlos Autounfälle und Fußballspiele, es gibt ein Regal mit Chips und eines mit Wein, und hinter einer alten Kühltheke mit Fleisch und Würsten steht Sandro und wetzt seine Metzgermesser.

Sandro und Elisa sind einer der Gründe, warum ich mich in Buenos Aires verliebt habe. Die Stadt mag zwar riesig sein, ein Moloch, laut und dreckig, aber die meisten Menschen sind herzlich, freundlich und zuvorkommend. Das fängt schon bei der Begrüßung an. Bei Freunden, Familie, Bekannten und sogar dem Zahnarzt ist das immer ein Kuss, selbst dann, wenn man gerade auf eine Party gekommen ist und fünfunddreißig Leute in der Wohnung stehen. »Hallo!« Kuss. »Hallo!« Kuss. »Hallo!« Kuss. Das ist anstrengend, aber immer noch besser, als sich wortlos in die Küche zu stellen und wieder nur mit den Leuten zu sprechen, die man ohnehin schon kennt.

In Supermärkten, an Tankstellen, am Kiosk oder beim Portier fragt man immerhin noch: ¿Qué tal? Wie geht's? Und anders als in Deutschland wird darauf tatsächlich auch eine Antwort erwartet, vielleicht nicht unbedingt eine ehrliche, aber immerhin. Sandro und Elisa fragen immer, wie es mir geht. Schon nach zwei Monaten kannten sie meinen Namen, Elisa erkundigt sich nach meiner kleinen Tochter und Sandro fragt, wie es in Deutschland mit dem Fußball so läuft.

Buenos Aires ist zwar eine Millionenstadt, aber auch ein Dorf. Die meisten *porteños* bewegen sich in ihrem Viertel, hier kaufen sie ein, hier gehen sie essen, und hier ist auch immer irgendwo ein Platz, auf dem man sich treffen kann, um Mate zu trinken, zu joggen, um Fußball zu spielen oder den Hund auszuführen. Der Platz in meinen Viertel liegt direkt gegenüber von Sandros und Elisas Laden. In den Palmen krächzen kleine grüne Papageien, morgens machen Rentnerinnen in alten Trainingsanzügen Tai-Chi, abends drehen Jogger bis spät in die Nacht ihre Runden.

Vom Park aus sind es nur ein paar Hundert Meter bis zu mir nach Hause. Gemeinsam mit meiner Freundin und unserer kleinen Tochter wohne ich in einem schlichten dreistöckigen Neubau. Wir haben Glück, kein Apartmentblock oder Hochhaus auf der anderen Straßenseite verdunkelt unsere Wohnung. Von unserem Balkon aus blicken wir auf Baumkronen und ein Wirrwarr aus Dächern, Dachterrassen, Antennen, Wassertanks und Hochhäusern.

Eine Exildeutsche in Buenos Aires hat mir einmal gesagt, die Stadt sei exotisch genug, um interessant zu sein, aber europäisch genug, um sich auch länger wohlzufühlen.

Tatsächlich sehen die Häuser in manchen Vierteln von Buenos Aires so aus, als hätte man sie in Paris in einen großen Karton gepackt, nur um sie dann elftausend Kilometer weiter westlich am Río de la Plata wieder genauso aufzubauen. Buenos Aires ist eine Einwandererstadt, Ende des 19. und vor allem Anfang des 20. Jahrhunderts legten in Italien, Spanien, Frankreich und Deutschland jede Woche Schiffe in Richtung Buenos Aires ab. Argentinien brauchte Arbeiter in den Schlachthöfen und den Lagerhallen, und es brauchte Menschen, die das Land im Inneren besiedelten, vor allem im Süden. Vielleicht ist es ein Kompliment an Buenos Aires, dass das nicht geklappt hat. Dass die meisten Immigranten lieber hier geblieben sind, in der Stadt der Guten Lüfte am Río de la Plata, dem Silberfluss.

Argentinien und vor allem seine Hauptstadt waren jahrzehntelang ein Versprechen, und für viele löste es sich ein. Franzosen, Engländer, Italiener, Spanier und Deutsche machten Vermögen mit Weizen, Leder und Fleisch. Und wer dann immer noch das alte Europa vermisste, der baute es sich einfach nach, mit Stadtvillen, die genauso aussehen wie an der Seine, mit englischen Cottages, italienischen Villen oder Schweizer Almhütten. Wer heute durch Stadtteile wie Belgrano oder Núñez wandert, der sieht das steingewordene Heimweh der Immigranten.

Mit der Zeit wurde auch Argentinien ein Zuhause und am Río de la Plata mischte sich Europa einmal kräftig durch. Der Sohn von Bauern aus der Ukraine und die Tochter von Schuhmachern aus dem Piemont heirateten, ein Baske und eine Deutsche bekamen ein Kind zusammen, das dann wiederum eine Polin heiratete. Buenos Aires ist multikulturell. Selbst als bleichgesichtiger Deutscher mit rotem Bart und blonden Haaren habe ich in der U-Bahn nicht das Gefühl, dass ein großer leuchtender ›Gringo-Pfeil‹ über meinem Kopf schwebt. In Lima, La Paz oder Mexiko City werde ich auf der Straße nach Kleingeld gefragt, in Buenos Aires dagegen nach dem Weg. Es gibt armenische, jüdische und chinesische Viertel, es gibt russische Internetcafés, japanische Wäschereien, bolivianische Gemüseläden, koreanische Supermärkte und – natürlich – italienische Pasta-Läden.

Buenos Aires ist eine Welt für sich, ein Land im Land. Das geht so weit, dass viele Argentinier zwischen *la capital* und *el interior* trennen, der Hauptstadt und dem Landesinneren, zwischen Buenos Aires und dem Rest. Mit mehr als dreizehn Millionen Einwohnern ist der Großraum Buenos Aires die mit Abstand größte Stadt im ganzen Land, über ein Viertel aller Argentinier lebt in oder im Umkreis von *la capital,* viele seit mehreren Generationen. Tatsächlich ticken die *porteños* anders als die Menschen aus San Miguel de Tucumán oder Río Gallegos. Im Landesinneren macht man Siesta, in *la capital* schläft man nicht einmal nachts. Buenos Aires ist Tango, melancholisch und nostalgisch. Musik aus dem Hafen, für Menschen, die die alte Heimat immer noch nicht ganz vergessen haben. *El interior* dagegen ist Chamamé und Chacarera, fröhlich und schnell, Volksmusik vom Land, für Menschen, die längst angekommen sind und nie wieder weg wollen.

So stark die Unterschiede sind, so sehr dominiert Buenos Aires aber gleichzeitig den Rest Argentiniens. In der Hauptstadt befinden sich die Firmensitze, die Banken, die Redaktionen der großen Zeitungen und die Fernsehsender. Die Folge ist, dass man auch im kalten Süden von Argentinien noch in der Zeitung liest, dass Buenos Aires gerade unter einer Hitzewelle leidet, während vor dem eigenem Fenster gerade ein Schneesturm tobt. Einmal musste ich in einem Hotel im einsamen Andenhochland übernachten. Als ich am nächsten Morgen den Frühstücksraum betrat, lief im Fernseher gerade die Staumeldung für die Stadtautobahn von Buenos Aires.

Die Zentralisierung von Argentinien gilt nicht nur für Politik und Medien, sondern auch für Kultur. In Buenos Aires gibt es die wichtigsten Museen und Galerien, es gibt Arthouse-Kinos und Theater, Opern und Musikclubs, Kneipen, Bars und Restaurants. Zwar trinkt man auch in Buenos Aires wie im Rest des Landes Mate-Tee, doch die Stadt ist darüber hinaus für ihre Kaffeehaus-Kultur bekannt, für traditionsreiche Institutionen, durch die nicht nur der Duft von Kaffee schwebt, sondern auch die Aura von Nobelpreisträgern und großer Literatur. Dazu kommen die Viertel-Cafés, die nicht altehrwürdig sind, sondern einfach nur um die Ecke. Mein Lieblingscafé liegt nur ein paar Blocks von unserer Wohnung entfernt. Die Bedienung ist etwas langsam, kennt mich aber beim Namen und beschwert sich nie, wenn ich stundenlang arbeite und einen Tisch blockiere, obwohl ich am Ende nur zwei Kaffee und ein Wasser bezahle. Tagsüber ist das Café meist ohnehin leer, ab achtzehn Uhr aber füllen sich die Plätze, dann treffen sich Freundinnen zur *merienda,* einer Art ›Frühstück‹ am Abend, das die Zeit bis zur *cena,* dem Abendessen, etwas verkürzt.

Während sich in deutschen Restaurants die Tische um einundzwanzig Uhr schon wieder leeren, kommen in Buenos Aires zu dieser Uhrzeit langsam die ersten Gäste. Selbst unter der Woche stehen um elf Uhr abends noch Schlangen vor Restaurants, das Gleiche gilt für Kinos und Theater. Die meisten Konzerte beginnen erst um Mitternacht, und wer ausgehen will, braucht nicht vor zwei Uhr morgens das Haus zu verlassen, denn das Gros der Clubs macht ohnehin nicht früher auf. Oft frage ich mich, wer in Buenos Aires trotzdem noch jeden Morgen aufsteht. Vielleicht sieht man deshalb hinter jedem Banktresen und jedem Schreibtisch eine Kaffeetasse und den aufputschenden Mate-Tee. Vielleicht ist es auch andersrum. Vielleicht sind der Kaffee, die Cola und der Mate-Tee an der Hektik und dem Trubel schuld. Vielleicht ist New York die Stadt, die niemals schläft, und Buenos Aires die Stadt, die nicht schlafen kann.

Die Kehrseite des Trubels ist auf jeden Fall, dass auch noch spät in der Nacht *colectivos* an unserem Fenster vorbeirauschen und dass es nie richtig dunkel wird, es sei denn, der Strom fällt aus. Weil die Transformatoren und Leitungen alt und überlastet sind, passiert das ziemlich oft, in kompletten Vierteln fällt dann das Licht aus und obendrein der Kühlschrank, der Aufzug und das Internet. Manchmal dauert das einige Stunden, manchmal aber auch ein paar Tage.

Buenos Aires ist groß und die Wege sind lang. Besonders beschwerlich werden sie im Sommer, wenn die Temperaturen bis auf vierzig Grad steigen und die Luft sich in ein Dampfbad verwandelt. Dann wache ich morgens schon verschwitzt auf, und sobald ich das Haus verlasse, bildet sich eine schmierige Schicht aus Staub und Feuchtigkeit auf meiner Haut.

In einem Trödelladen habe ich mal alte Fotos aus den Fünfziger- und Sechzigerjahren gefunden. Sie zeigten die Costanera, die Uferpromenade am Río de la Plata. Lachende Menschen in Badeanzügen lagen auf Liegestühlen oder auf Handtüchern im Sand, oder sie standen bis zum Hals im Wasser. Heute trauen sich das nur noch wenige. Zu verschmutzt ist der Fluss, der Strand längst verschwunden, und die meisten *porteños* kommen höchstens noch zur Costanera, um Würstchen und Sandwiches an einem der Grillstände an der Promenade zu essen. Die Stadt hat dem Río de la Plata den Rücken zugekehrt und sie hat die Sicht auf ihn mit einem Dickicht aus Hochhäusern und Werbetafeln zugepflastert.

Da der Fluss keine wirkliche Option mehr ist, muss man sich in Buenos Aires anderweitig abkühlen. Öffentliche Schwimmbäder gibt es kaum, darum bleibt nur das eigene Schwimmbad. Wer Geld hat, hat einen Pool im Garten, ein Planschbecken auf der Dachterrasse oder zumindest eine Klimaanlage. Wer kein Geld hat, hat dagegen ein Problem. Aber zumindest ist er damit nicht allein in Argentinien.

Kapitel

3

Reich wie ein Argentinier

Die Wirtschaftsfakultät der Universität von Buenos Aires stinkt nach faulen Eiern. Ich bin heute Morgen mit der Subte, der U-Bahn von Buenos Aires, von mir zu Hause bis ins Zentrum der Stadt gefahren. Die Abteile in der U-Bahn sind immer stickig und immer überfüllt, fliegende Händler verkaufen Haarspangen oder Sammelbögen mit bunten Glitzeraufklebern, und Musiker versuchen das Quietschen und Rattern der Räder auf den alten Gleisen zu übertönen. Als ich nach einer halben Stunde aussteige, hasten Männer in Anzügen neben mir die Treppe hoch ins Licht.

Die Fakultät steht direkt an der Avenida Córdoba, fünf Fahrspuren breit, die aber dennoch nie ausreichen für die dicken Schwärme von schwarz-gelben Taxis, die rumpelnden Laster, die Busse, die Autos und die Motorräder. Auf dem Gehsteig verkauft ein dicker Mann mit Dreitagebart und Trainingsanzug gefälschte DVDs und Kirschen aus einem Pappkarton, das halbe Kilo für zwanzig Peso – kein schlechter Preis, aber wer will schon Kirschen kaufen, wenn es nach faulen Eiern riecht.

Von außen sieht die Fakultät ein wenig aus wie der Buckingham-Palast, ein wuchtiger Bau, mit Fresken über dem Eingang und Säulen neben den Fenstern. Der Gestank kommt vom Haupteingang beziehungsweise von der Wand rechts neben ihm. Vor ihr stellen sich die Studenten nach bestandenem Examen auf, sie jubeln und schreien, und dann bespritzen Freunde und Familie sie mit Ketchup, sie werfen Mehl, Mate-Tee und Eier. Das ist Tradition und soll Glück bringen, die Absolventen gehen – und zurück bleibt ein brauner Brei, der sich auf dem Gehsteig mit Zigarettenkippen und Staub vermischt. Scheint die Sonne, verwandelt der Matsch sich in eine Kruste, so fest gebacken, dass man einen Hochdruckreiniger braucht, um ihn zu lösen.

Passanten stöhnen im Vorbeigehen wegen des Gestanks kurz auf. Viele beschleunigen ihren Schritt, eine alte Dame hält sich ein Taschentuch vor die Nase. »Manchmal zieht der Gestank sogar bis in die Vorlesungsräume«, sagt mir eine Studentin. Dann stört er die Konzentration bei etwas, was ohnehin nicht einfach zu begreifen ist: argentinische Wirtschaft.

»Riche comme un Argentin« soll man eine Zeit lang in Paris gesagt haben: reich wie ein Argentinier. Ende des 19. Jahrhunderts kamen Pampa-Barone per Schiff und Eisenbahn bis an die Seine, die Taschen voller Geld, das sie mit Weizen, Fleisch und Leder verdient hatten. Sie kauften sich halbe Straßenzüge und verprassten ihren Reichtum in Pariser Restaurants und Kasinos. So ging das jahrzehntelang, Argentinien war eines der reichsten Länder der Erde, noch Ende des Zweiten Weltkriegs war der Peso so stabil wie das Pfund Sterling oder der Dollar. Natürlich gab es kleinere Krisen und nicht alle profitierten vom Reichtum, aber das konnte ja noch werden, die Wirtschaft brummte und bewegte sich wie eine gut geölte Lokomotive mit Volldampf Richtung Zukunft.

Doch spätestens ab der zweiten Hälfte des 20. Jahrhunderts begannen die Maschinen zu stottern. Immer neue Lokführer stritten darum, wie man sie wieder zum Laufen bringen könnte, und kaum hatte einer eingeheizt, ließ der nächste Dampf ab. Wenn es doch einmal aufwärtsging, keuchte die Lokomotive, meistens aber ging es abwärts, immer schneller und immer steiler. Ende der Achtzigerjahre kam es zu einer Hyperinflation, es folgte ein Boom auf Pump, bis 2001 der Kessel endgültig explodierte. Die Wirtschaft brach zusammen, die Währung stürzte ab, Stillstand, nichts ging mehr. Es war der größte Staatsbankrott aller Zeiten, Hunderttausende Argentinier verloren ihre Ersparnisse und einige auch ihr Leben.

Für viele meiner Freunde war die Krise von 2001 ein ähnlich einschneidendes Erlebnis wie die Anschläge auf das World Trade Center oder der Fall der Berliner Mauer. Binnen weniger Wochen brach ihr Land komplett zusammen, ein halbes Dutzend Präsidenten gab sich die Klinke in die Hand, jeden Tag fanden Demonstrationen statt. Es kam zu Plünderungen, die Argentinier versuchten sich mit Tauschringen über Wasser zu halten, und aus dem Einwanderungsland Argentinien wurde ein Auswanderungsland. Wer konnte, ging fort oder zurück, nach Spanien, Italien oder auch Deutschland, in die Länder, aus denen einst die Großeltern oder Eltern eingewandert waren, in der Hoffnung auf ein besseres Leben in Argentinien.

Heute hat sich die argentinische Wirtschaft wieder erholt, der Schock jedoch sitzt immer noch tief. Wenn ich mit meinen Freunden rede, sprechen die meisten von »Krisen«, Plural statt Singular, schließlich war 2001 nicht die erste, und die nächste, da sind sich die meisten einig, kommt bestimmt. Der Crash als Naturgewalt, der Absturz nicht aufhaltbar, auf die Flut folgt die Ebbe, nur weiß man nicht, wann, und meistens auch nicht, wieso.

Derweil versuchen Politik, Experten und Wissenschaftler herauszufinden, wo und wann genau die Weichen falsch gestellt wurden. Wieder Plural, nicht Singular, denn man baut keinen wirtschaftlichen Totalschaden, nur weil man einmal falsch abgebogen ist. Korruption, Vetternwirtschaft, fehlende oder verfallene Infrastruktur, Misswirtschaft: All diese Faktoren spielen eine Rolle, aber selbst wenn man den Weg zurück auf die richtige Bahn genau kennen würde, wäre die Reise immer noch lang und beschwerlich, und nicht zuletzt bremst hinten immer noch die Last, die frühere Lokführer aufgenommen haben.

»Die Schulden«, sagt Juan Marutian, »sind in Argentinien einer der Hauptgründe für Krisen und Unterentwicklung.« Juans Augen sind klein, seine Augenbrauen buschig und schwarz. Juan trägt Karohemd und Jeans, aber wenn er spricht, dann klingt er, als hätte er einen Anzug an. Keine Pausen, keine ›Ähs‹, druckreif, Politikersätze.

Juan ist der Sprecher des Museums der Auslandsschulden, des Museo de la Deuda Externa. Es gehört zu einem Dutzend Museen, die die Universität von Buenos Aires betreibt. Es gibt ein archäologisches Museum, eines für Pathologie und eben auch eines für Auslandsschulden. Wenn es ein Interesse für Scherben und kranke Organe gibt, warum dann nicht auch für überfällige Kredite?

»Das Museum wurde gegründet, weil die Auslandsschulden große Bedeutung für den Verlauf der argentinischen Geschichte haben.« Juan macht mit einer Fernbedienung die Klimaanlage an und schließt die Tür. Draußen hetzen ein paar Studenten zu ihren Vorlesungen. »Grundsätzlich muss man sagen, dass Schulden nicht unbedingt etwas Schlechtes sind. Es kommt darauf an, wie man sie verwendet. Man kann das Geld zum Beispiel einsetzen, um die Produktion anzukurbeln, oder man kann es in Bildung investieren. In Argentinien aber ist das alles nicht passiert. Hier haben die Schulden dazu geführt, dass das Kapital sich konzentriert

hat und dass sich einige wenige auf Kosten der Mehrheit berei-
chert haben. Jedes Mal, wenn die Schulden gewachsen sind, sind
auch Armut und soziale Ungleichheit gewachsen.«

Das Museum der Auslandsschulden ist in einem Neubauflügel
der Wirtschaftsfakultät der Universität von Buenos Aires untergebracht. Ein kleiner Glaskasten, kaum größer als ein Lastwagenanhänger, vollgestellt mit Schauwänden und Bildschirmen. Videos
und Animationen flimmern auf ihnen in Dauerschleife.

Das Museum wurde 2001 von Absolventen der Fakultät initi-
iert. Ihnen war aufgefallen, dass in der Öffentlichkeit immer weniger über die Auslandsschulden gesprochen wurde, je größer der
Schuldenberg wurde. Sie wollten der argentinischen Bevölkerung
erklären, was es mit den Schulden auf sich hat, und fasst man ihre
Botschaft zusammen, klingt sie ungefähr so: Schuld sind die Militärs und die Neoliberalen, und heute müssen die Argentinier aus-
baden, was diese verbockt haben.

Auf ein paar Aufstellern wird erklärt, wie es zu dem gigantischen Schuldenberg kommen konnte, auf dem Argentinien nach
der Krise 2001 saß. Schon kurz nach der Unabhängigkeit von Spanien nahm das Land seinen ersten Kredit im Ausland auf. So ging
es weiter, mehr als ein Jahrhundert lang, bis zur Amtszeit von Juan
Domingo Perón. Eine Schautafel zeigt ein Foto von ihm: Perón im
Anzug, die schwarzen Haare streng nach hinten gekämmt, über
der Brust eine Schärpe mit den Farben der argentinischen Flagge
und im Gesicht ein strahlendes Lächeln, das genauso gut auch
eine Drohung sein könnte.

Peróns Ziel war es, ein neues Argentinien erschaffen. Dazu gehörte für ihn auch, dass der Staat schuldenfrei ist. Bis Anfang der
Fünfzigerjahre des 20. Jahrhunderts hatte Argentinien daher alle
Rechnungen im Ausland beglichen, bis auf den letzten Peso. Doch
dann putschten die Militärs – und alles begann wieder von vorne.
Der Schuldenberg wuchs, erst langsam, dann immer schneller und
am Schluss bis in schwindelerregende Höhen.

»Es gibt vor allem zwei Perioden, in denen Argentinien Schulden aufgenommen hat.« Durch die Glasfront des Museums dringen Sonnenstrahlen. Wie Scheinwerfer ziehen sie über die Schautafeln, als wollte die Sonne Dinge hervorheben, die ihr besonders wichtig sind. »Begonnen hat alles mit der letzten Militärdiktatur 1976. Die Generäle haben damals versucht, die argentinische Wirtschaft umzuorganisieren, weg von der Industrie und zurück zum Agrarland. Die Folge war, dass die Produktion einbrach, es kam zu Massenarbeitslosigkeit, und einige korrupte Politiker, Firmen und Privatleute bereicherten sich enorm bei Spekulationen und Privatisierungen. In sechs Jahren stiegen die Auslandsschulden um mehr als dreihundert Prozent. Nach der Diktatur gab es dann eine Hyperinflation und in der Folge die zweite Phase der Schuldenanhäufung, 1991 bis 1999, die Jahre des *Uno a Uno* während der Regierungszeit von Menem.«

Ich habe eine Freundin, die sich bis heute mit der rechten Hand an die linke Brust fasst, wenn sie den Namen Carlos Menem hört. In Argentinien gilt das als probates Mittel, um Unheil abzuwehren, und Menem bedeutet für viele Argentinier genau das: Unheil. 1989 ließ sich der Rechtsanwalt und Strahlemann zum Präsidenten wählen, mit goldenen Ringen an den Fingern und solariumsgebräuntem Gesicht. In den folgenden zehn Jahren verwandelte er Argentinien in ein neoliberales Wirtschaftswunderland. Menem privatisierte und verkaufte wahllos Staatsunternehmen, meist weit unter ihrem Wert und oft mit der Konsequenz, dass der Staat nach dem Verkauf für die gleiche Leistung, die er vorher umsonst bekommen hatte, viel Geld bezahlen musste. Die Argentinier nahmen das alles hin, denn Menems Regierung hatte ihnen den *Uno a Uno* gegeben, die Eins-zu-Eins-Bindung des Peso an den Dollar. Nach der Hyperinflation der Achtzigerjahre, in der die Währung im Stundentakt verfiel, bedeutete der *Uno a Uno* für viele Sicherheit und das Paradies auf Erden. Auf einmal flanierten wieder Argentinier durch die Straßen von Paris, die Taschen voller

Peso, die wie durch ein Wunder genauso viel wert waren wie der Dollar. In den Geschäften von Buenos Aires lagen nun Jeans aus den USA, Mixer aus Deutschland, Orangen aus Israel und Äpfel aus Italien. Die Argentinier konnten sie sich nicht nur leisten, sondern meist waren die Importprodukte sogar billiger als die einheimischen. Es war, als hätte jemand einen Schalter umgelegt und Licht ins Dunkel gebracht, als hätte Argentinien endlich die richtige Weiche gestellt; und nun war der Weg viel zu schön, um Fragen zu stellen.

»Die argentinische Industrie ist durch die Eins-zu-Eins-Bindung komplett zusammengebrochen. Weil der Peso genauso viel wert war wie der Dollar, war es unglaublich teuer, hier zu produzieren. Niemand wollte argentinische Produkte, weder im Ausland noch hier zu Hause. Der Staat hat darum immer weniger eingenommen, gleichzeitig aber immer mehr ausgegeben. Um das System am Laufen zu halten, lieh man sich immer mehr Geld. Als Menem an die Macht kam, lagen die Auslandsschulden bei fünfundsechzig Milliarden Dollar. Als er zehn Jahre später wieder ging, waren es über einhundertdreißig.« Der Großteil des Geldes war nicht in den Ausbau von Infrastruktur oder Bildung gewandert, sondern in die Taschen korrupter Politiker und Firmenbosse.

Von da an ging es steil bergab. Die Arbeitslosigkeit stieg, die Wirtschaftskraft sank. Der Internationale Währungsfonds verweigerte im November 2001 Kreditauszahlungen, und die Argentinier stürmten die Banken, woraufhin die Regierung eine Kontensperre einführte, den *corralito,* auf Deutsch: Laufstall.

Über Juans Kopf läuft auf einem Bildschirm ein Video in Dauerschleife. Man sieht darauf einen Helikopter, der im Dezember 2001 den damaligen Präsidenten Fernando de la Rúa vor der aufgebrachten Menschenmenge auf der Plaza de Mayo in Sicherheit bringt. Nach dem *corralito* strömten in Argentinien die Massen auf die Straße, sie trommelten auf Pfannen und Töpfe und skandierten: »¡Qué se vayan todos!« Haut alle ab!

Die Folgen des Crashs waren verheerend. Die Mittelklasse stürzte ab, und auf einmal tauchten *cartoneros* in den Straßen auf, Menschen, die alles verloren hatten und nun im Müll nach Verwertbarem suchen mussten. Immer wieder erzählen mir argentinische Taxifahrer von dem Crash, der ihre Rente vernichtete.

»Über zweihundert Milliarden US-Dollar hat Argentinien am Schluss seinen Gläubigern geschuldet.« Juans Augenbrauen haben sich zusammengezogen wie dunkle Wolken. »Als Nestor Kirchner 2003 an die Macht kam, hat er erst einmal die Schuldenzahlungen ausgesetzt und dann die Schulden neu verhandelt. Für jedes Schuldenpapier mit einhundert Dollar hat er fünfundzwanzig Dollar angeboten. Das scheint wenig, aber vierundneunzig Prozent der Gläubiger haben das Angebot trotzdem angenommen, ein Viertel ist eben immer noch besser als gar nichts.«

Seitdem zahlt Argentinien seine Schulden zurück, 2006 hat das Land sogar alle offenen Rechnungen beim Internationalen Währungsfonds auf einen Schlag beglichen. Es könnte alles gut sein. Bleibt ein Problem: die Geier.

Durch die Glasfassade des Museo de la Deuda Externa blickt man auf einen etwas heruntergekommenen Platz. Jugendliche liegen im Gras und trinken Bier, ein paar Angestellte essen auf einer niedrigen Mauer zu Mittag, auf die jemand in Lila gesprüht hat: »Patria o Buitres«, Vaterland oder Geier.

Fondos buitre, Geierfonds, nennt die argentinische Regierung die Hedgefonds, die nach der Krise 2001 billig argentinische Anleihen aufkauften, nur um jetzt den vollen Betrag inklusive Zinsen zu fordern. »Der berühmteste Geierfonds, NML, hat zum Beispiel Anleihen für fünfzig Millionen Dollar gekauft, für die er jetzt tausenddreihundertfünfzig Millionen vom argentinischen Staat einfordert«, sagt Juan. Über seinen Augen zuckt jetzt eine Gewitterfront.

Die argentinische Regierung wehrt sich gegen die Spekulanten. Würde sie NML und die anderen Hedgefonds zu hundert Prozent auszahlen, würde auch der Rest der Gläubiger wieder die volle Summe fordern. So tobt seit Jahren ein Rechtsstreit zwischen Argentinien und den Fonds, bei dem sogar das Segelschulschiff der argentinischen Kriegsmarine gepfändet wurde, Gleiches versuchte man mit der Präsidentenmaschine und einer Dinosauriersammlung. Argentinien machte derweil Stimmung gegen die Fonds. In Zeitungen in Frankreich, England und Deutschland erschienen ganzseitige Anzeigen, in denen die Regierung Kirchner ihrer Wut auf die Geier Luft machte. In Argentinien selbst wurden komplette Straßenzüge mit Plakaten tapeziert und die kirchneristische Jugendorganisation La Cámpora sprühte auf Mauern im ganzen Land: »Patria o buitres«. Vaterland oder Geier.

Auch das Museum der Auslandsschulden ist bis zu einem gewissen Grad Teil dieser Maschinerie. »Neben der Ausstellung hier gibt es noch eine weitere, die in einem Lastwagenanhänger untergebracht ist und durchs Land fährt«, erzählt Juan. Dazu gibt es die Geschichte der Auslandsschulden als Brettspiel. Es heißt: »Auslandsschulden – ein Land steht auf dem Spiel«. Spieler müssen sich auf Spielfeldern von den ersten Schulden Argentiniens bis zur Zahlungsunfähigkeit vorarbeiten und dabei Fragen beantworten wie: »Welche Aktivitäten sind durch den Wirtschaftsplan ab 1976 gefördert worden?« Antwort: »Finanzspekulationen«. »Unsere Aufgabe ist es, den Menschen zu erklären, wie die Schulden entstanden sind und was für Folgen sie noch bis heute haben«, sagt Juan. Dann drückt er mir noch ein paar Postkarten in die Hand, die Argentinien als leerlaufende Blutkonserve zeigen, und dazu noch einen Comic über Außerirdische, die die Geschichte der argentinischen Auslandsschulden erkunden. Er heißt »Schulden – die Imperien schlagen zurück«.

*

»¿Dólar?« Der alte Mann mit dem ausgewaschenen Pulli hat Zähne, die aussehen wie eine ausgebombte Häuserzeile. Müde Augen sehen mich kurz an, ein flüchtiger Blick, dann nuschelt er durch die Ruinen: »¿Cambio?, Cambio?« Geldwechsel?

Es ist kurz nach Mittag. In der Calle Florida, der Haupteinkaufsstraße von Buenos Aires, flüstert und wispert es alle zwei Meter. »¿Cambio? Cambio?« Fast immer sind es Männer, manche haben zerrissene Jeans an, manche Trainingskleidung, manche sogar Anzüge. »¿Dólar? ¿Dólar?«

Arbolitos, Bäumchen, heißen die Männer in Argentinien, angeblich, weil sie herumstehen wie Bäume, wahrscheinlich aber auch, weil *arbolito* besser klingt als illegaler Geldwechsler. Deshalb spricht man in Argentinien auch nicht von geheimer Wechselstube, sondern von *cueva,* Höhle, genauso wie vom *dólar blue* oder *dólar paralelo,* statt vom illegalen Dollar.

Er ist das Produkt einer alten argentinischen Liebe, manchmal flackert sie auf Sparflamme, dann lodert sie wieder auf, als wollte sie alles um sich herum verbrennen. Noch Anfang der Fünfzigerjahre soll Juan Domingo Perón die Menge auf der Plaza de Mayo im Herzen von Buenos Aires gefragt haben, ob irgendjemand irgendwann schon einmal einen Dollar gesehen habe. Als wäre die US-Währung ein seltenes Tier, das sich alle Jubeljahre einmal durch Zufall aus dem hohen Norden herunter in den Süden verirrt.

Heute ist der Dollar nicht nur heimisch geworden in Argentinien, er hat dort längst die einheimischen Arten verdrängt. Der Immobilienmarkt in Buenos Aires funktioniert fast ausschließlich in Dollar. Und wenn die Argentinier mal einen Peso übrig haben, dann legen sie ihn nicht aufs Sparbuch, sondern tauschen ihn so schnell es geht in Dollar um. Es ist die natürliche Auslese, Survival of the Fittest.

Dabei ging es nach dem Crash von 2001 mit der argentinischen Wirtschaft ziemlich schnell bergauf. Anfang des neuen Jahrtausends wollte die ganze Welt Weizen, Fleisch und Soja kaufen – und genau davon hatte Argentinien mehr als genug. Jahrelang wuchs die Wirtschaft um annähernd zehn Prozent, und die Einnahmen sprudelten nur so in die Staatskasse. Die Regierung Kirchner gab das Geld mit vollen Händen aus: einmal, um damit die Schulden zu bezahlen, dann aber auch, um Schulen zu bauen und Lehrergehälter zu erhöhen, als Subventionen für die Industrie, für Gas, Wasser und Transport. Ein Kindergeld wurde eingeführt und eine Art Universalrente, der Konsum wurde mit billigen Krediten für Häuser und Autos angekurbelt. Manche sprechen von Populismus, andere vom langen Weg zurück auf die richtige Bahn. Wahrscheinlich haben beide Seiten recht. Das Problem ist nur, dass die Maschine längst wieder stottert.

Seit der Weltwirtschaftskrise ist auch in Argentinien das Wachstum eingebrochen, und mit ihr der Peso. Wie hoch die Inflation ist, lässt sich schwer sagen, denn die Regierung schönt die offiziellen Zahlen. Sicher aber ist: Alles wird teurer. Essen gehen, Supermarkteinkäufe, die Miete, Benzin – das Preisniveau ist fast so hoch wie in Deutschland, die Löhne allerdings liegen weit darunter. Viele meiner Freunde und Bekannten kommen mit ihrem Gehalt gerade eben so durch den Monat – und wenn doch mal etwas übrig bleibt, frisst die Inflation alles auf.

In solchen Zeiten erinnern sich die Argentinier ihrer alten Liebe, des Dollars, des Fels in der Brandung, wenn mal wieder die Ebbe naht. Und so wurde aus einer alten Flamme ein Leuchtfeuer, zeitweise nahm der Ansturm auf den Dollar solche Ausmaße an, dass die Dollarreserven der Regierung zu schwinden drohten – und das wäre ein Problem, denn das Land muss seine Schulden zahlen, und zwar in Dollar. 2011 führte die Regierung darum eine Dollarsperre ein: Wer nicht ins Ausland musste, erhielt keine US-Devisen mehr. Es folgte ein Aufschrei in Bevölkerung und Presse, aber weil wahre Liebe keine Grenzen kennt, standen bald die ersten Bäumchen in der Calle Florida und riefen: »¿Cambio? ¿Dólar? ¡Cambio, Cambio!«

»Hundert Dollar? Dafür kann ich dir tausendvierhundert Peso zahlen.« Der Geldwechsler schaut mich gelangweilt an. »Kannst im

Internet nachschauen. Einen besseren Kurs kriegst du woanders auch nicht.«

Der *dólar blue,* erzählt man in Argentinien gern, sei zwar nicht erlaubt, aber auch nicht verboten, eine Grauzone, oder noch besser: Blauzone, ein Paralleluniversum mit einer Parallelwährung. All das stimmt nicht, der *dólar blue* ist illegal, und das nicht nur eigentlich, sondern wirklich. Trotzdem kann man auf den Websites der großen argentinischen Tageszeitungen den Kurs nachsehen, und die Polizisten, die durch die Calle Florida patrouillieren, scheinen taub zu sein oder zumindest desinteressiert. Es heißt, dass Polizisten nach ihrem Dienst oft als Geldboten für die illegalen Wechselstuben arbeiten.

»Komm mit«, sagt der Geldwechsler.

Er ist um die vierzig, trägt Turnschuhe und Markenjeans. In der Kaffeeküche einer Firma oder in einem deutschen Lehrerzimmer würde er kaum auffallen. Wir laufen zwei Blocks, vorbei an Modeläden und Elektroshops, Flyer-Verteiler schieben mir Flugzettel mit Mittagsangeboten oder neuen Läden zu, dann biegen wir um eine Ecke in eine Einkaufsgalerie und schließlich in einen Handyladen. Weiße Ledermöbel, Glasvitrinen mit Smartphones und Hintergrundmusik, hinter einem Tresen aus weißem Holz sitzt ein dicker Mittvierziger. Wenn es wahr ist, dass Herrchen ihren Hunden gleichen, dann hat dieser Mann bestimmt eine große Bulldogge.

»Wenn du wechseln willst, dann musst du kurz warten«, erklärt er mir. »Gerade ist kein Geld da. Heute war ganz schön viel los.«

Die *cuevas* und der illegale Geldwechsel sind ein Riesengeschäft. Die Touristen verdienen dabei, weil sie manchmal doppelt so viel für ihre Dollar oder Euro erhalten wie am Bankschalter. Am meisten verdienen aber die Mafiabanden, die hinter den Höhlen stecken. Sie verkaufen die Devisen an Argentinier, natürlich teurer, als sie sie eingekauft haben. Angebot und Nachfrage, so einfach ist das, und die Nachfrage ist eben immer noch riesig.

Vor einiger Zeit hat die Regierung die Dollarsperre zwar gelockert, jeder, der über eine bestimmte Einkommensgrenze kommt, kann Dollar kaufen. Theoretisch zumindest, denn dafür muss man Formulare beim Finanzamt ausfüllen und auf das Gutdünken eines Finanzbeamten hoffen. Vor allem aber muss man nachweisen, dass man wirklich genug verdient. Das ist ein Problem, denn, freundlich ausgedrückt, ist die Steuermoral in Argentinien längst nicht so groß wie das Verlangen nach US-Dollar. Viele meiner Bekannten und Freunde bekommen einen Teil ihres Gehalts schwarz, als Bargeld in einem Kuvert am Ende des Monats. In vielen Geschäften, Hotels und Restaurants erhält man erst nach mehrmaligem Nachfragen eine Rechnung. Wer aber offiziell nur ein paar Tausend Peso verdient oder Umsatz macht, der kann natürlich nicht mehrere Tausend Dollar beim Finanzamt beantragen. Und so kaufen viele die Devisen eben auf dem Schwarzmarkt. Angebot und Nachfrage. So einfach ist das.

Nach fünf Minuten hetzt ein dünner Mann mit Rucksack in den Handyladen.

»Geld ist da«, sagt die Bulldogge und hebt dicke Bündel mit Pesoscheinen aus dem Rucksack auf den Tisch. Eines davon schiebt er zu mir rüber.

»Wenn du das nächste Mal kommst, dann bring große Banknoten mit. Hunderter oder Zweihunderter. Dafür kann ich dir einen besseren Kurs geben. Die Leute wollen lieber große Scheine, weißt du, die kann man besser verstecken.«

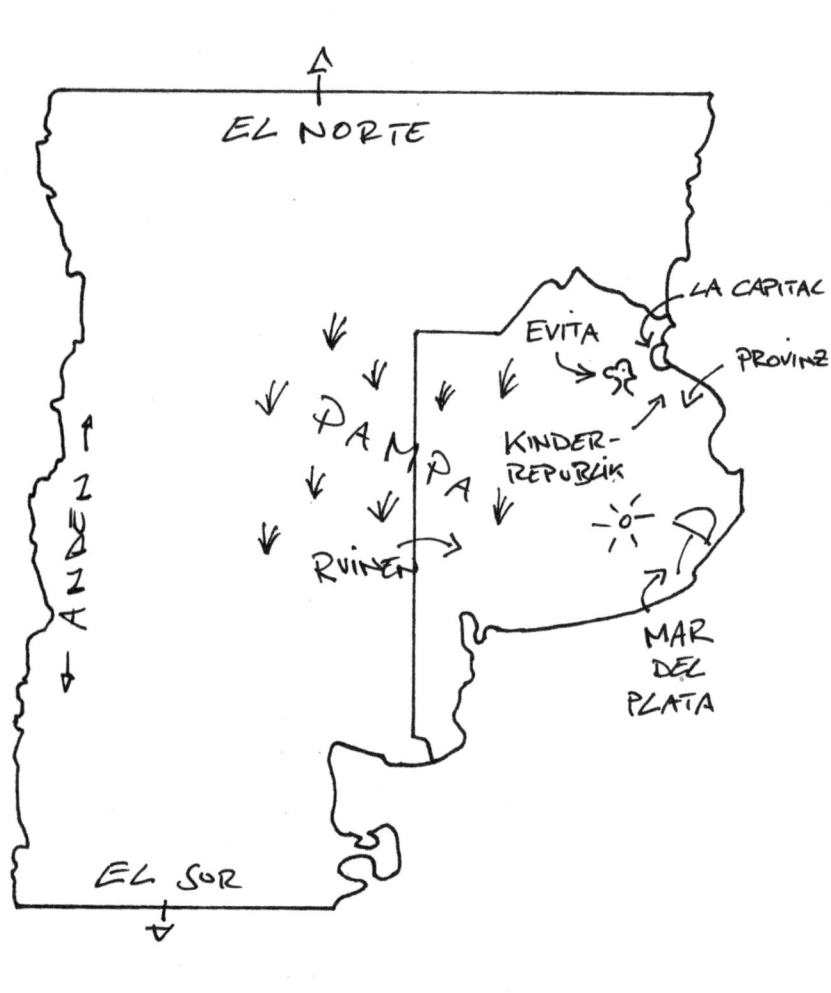

Teil 2

DIE PROVINZ BUENOS AIRES

Kapitel

4

Ein Themenpark
für Perón

» Zur República de los Niños?«, fragt der Mann im Golf neben mir an der Ampel. »Die 9 bis zur 32 und dann rechts auf die 25.« Irgendwie fühlt sich La Plata an wie Matheunterricht. Da war ich meistens ähnlich verloren.

Die Achthunderttausend-Einwohner-Stadt La Plata liegt eine knappe Autostunde südlich von Buenos Aires. Als ich heute Morgen losfuhr, war der Himmel noch bedeckt, jetzt brennt die Sonne auf die Autobahn vor mir. Vor ein paar Minuten bin ich über den Riachuelo gefahren, der Fluss trennt im Süden die Stadt Buenos Aires von der gleichnamigen Provinz. Neben mir ragen die Wohnblocks und Fabrikhallen des *conurbano* in den Himmel, der Vorstadtviertel, die sich Dutzende Kilometer breit um die Hauptstadt legen und in denen etwa zehn Millionen Menschen leben.

Beton, Asphalt und Häuserwände, kilometerlang, dann ein kurzer Grünstreifen: Wiese, Weiden, dünne Pferde, und wieder beginnt der gleiche Beton, der gleiche Asphalt und sieht man die gleichen Häuserwände. Als wäre man im Kreis gefahren, gefangen in einer Schleife aus Städten und noch mehr Städten.

»Willkommen in La Plata«: Kurz hinter dem Schild neben der Straße verkauft jemand hausgemachte Salamis aus seinem Kofferraum.

La Plata ist eine bedeutende Studentenstadt. Sie ist berühmt für ihren Zoo und ihr Naturkundemuseum mit etwas verstaubten Exponaten und schwülstigen Bildern von *indígenas* und Gauchos, vor allem aber dafür, eine der ersten Planstädte auf dem Kontinent zu sein.

Nach jahrzehntelangem Streit zwischen den unterschiedlichen argentinischen Provinzen wurde die Stadt Buenos Aires Ende des 19. Jahrhunderts zu einer autonomen Stadt erklärt. So erhielt Argentinien eine eigenständige Hauptstadt, doch die Provinz Buenos Aires verlor dadurch die ihre. Und weil es kaum würdige Nachfolger gab, beschloss man, einfach eine neue Stadt zu bauen.

1882 wurde La Plata gegründet: komplett auf dem Reißbrett entworfen und aus dem Nichts heraus auf einem fünf mal fünf Kilometer großen Quadrat in die Pampa gepflanzt. Während die Stadtpläne fast aller anderen argentinischen Städte nur so wimmeln von den Namen siegreicher Unabhängigkeitshelden, sieht der von La Plata eher aus wie eine Excel-Tabelle ohne Buchstaben: ein Quadrat, mit durchnummerierten waagerechten und senkrechten Linien, durchbrochen von mehreren Diagonalen, die sich alle paar Blocks kreuzen und schneiden. Auf dem Stadtplan ergeben sich dadurch schöne Sternformen, ein bisschen sieht das Straßennetz daher aus wie das Muster auf einer Weihnachtsserviette. In der Praxis aber bedeutet das, dass es alle paar Blocks Kreuzungen mit bis zu acht durchnummerierten Straßen gibt, die in alle Himmelsrichtungen führen. Während ich durch La Plata fahre,

habe ich ständig das Gefühl, Gleichungen mit mehreren Unbe-
kannten lösen zu müssen.

Die 9 bis zur 32 und dann rechts auf die 25, hatte mir der Mann
an der Ampel gesagt. Ich zähle, rechne und verfahre mich, nach einer halben Stunde aber stehe ich vor dem Eingang der República
de los Niños.

*

Argentinier sind große Erfinder. Zumindest erzählt man mir das
hier seit Jahren immer wieder, mit stolzgeschwellter Brust und
voller Überzeugung. Denn da ist nicht nur die Geschichte vom
Omnibus, den die Argentinier angeblich entwickelt haben wollen
(stimmt nicht), sondern auch der Kugelschreiber soll eine argentinische Erfindung sein (stimmt halb), die süße Milchcreme *dulce de
leche* (nicht allein) und das Wiener Schnitzel à la Napoli mit Tomatensoße und Mozzarella (unglaublich, aber wohl tatsächlich wahr).

Vor ein paar Jahren war ich zum Abendessen bei Freunden eingeladen. Es gab Pizza, Bier und Fernet-Coca, ein Mischgetränk
aus Coca-Cola und Fernet Branca. Der bittere italienische Kräu-
terschnaps soll angeblich der Verdauung helfen, weshalb ihn der
Rest der Menschheit nach dem Essen trinkt, die Argentinier dagegen schon vor dem Kochen und dann auch noch den ganzen
Rest des Abends. Fernet-Coca schmeckt nach sehr, sehr süßem
Hustensaft mit Kohlensäure und ist bestimmt eine der schreck-
lichsten argentinischen Erfindungen, auch wenn die Argentinier
das völlig anders sehen und Fernet-Coca mit einer Art Nationalstolz verteidigen, den vielleicht nur Schweden nachvollziehen
können, weil sie mit Surströmming, den in Salzlake vergorenen
Heringen, ja auch einiges gewohnt sind.

An jenem Abend auf der Dachterrasse meines Freundes sprachen wir über das Pro und Contra von Fernet-Coca und landeten
am Ende beim Thema Argentinische Erfindungen. Für die nächsten zwanzig Minuten verwandelte sich die Unterhaltung in Stich-

worte: »Tango!«, »Bluttransfusion!«, »Fingerabdruck zur Verbrecherjagd!«, »Blindenstock!«. Bei »Helikopter!« meldete ich kurz Zweifel an, der Rest aber ging unkommentiert durch – was hätte ich auch sagen können? Doch dann rief jemand: »Disneyland!«

»Disneyland?«, fragte ich.

»Na klar«, sagte mein Freund Oscar und nahm einen Schluck von seinem Fernet-Coca. »Bevor Walt Disney sein Disneyland gebaut hat, war er in Argentinien. Hier hat er sich die Idee für einen Freizeitpark für Kinder geholt, in La Plata, in der República de los Niños.«

*

»Willkommen in der República de los Niños!«, sagt eine Studentin am Eingang und drückt mir eine Eintrittskarte in die Hand. »Zwanzig Peso bitte, das Auto können Sie da hinten abstellen.«

Ich rolle durch einen großen spanisch-kolonialen Torbogen und parke im Schatten eines alten Eukalyptusbaums.

República de los Niños heißt übersetzt so viel wie Republik der Kinder. Im Grunde genommen ist sie eine Mischung aus Themen- und Vergnügungspark, mit Schwimmbad, einem Freilufttheater, Streichelzoo, Autoscooter, Karussells und einer kleinen Bahn, die das ganze Gelände umfährt. Auf der Broschüre, die ich am Eingang bekommen habe, sind ihre Haltestellen eingezeichnet, sie heißen Peter Pan und Schneewittchen. Der Hauptbahnhof liegt am Platz der Freundschaft, direkt neben dem Stadtzentrum. Dort gibt es einen Justizpalast, der im Keller sogar ein kleines Gefängnis hat, und in der kleinen Kapelle der República de los Niños finden tatsächlich Gottesdienste statt, verrät die Broschüre. Und dann steht dort auch noch: »Walt Disney besuchte die Republik und war so beeindruckt von der República de los Niños, dass er sich später zum Bau von Disneyland inspirieren ließ.«

Ich schließe das Auto ab und gehe über den Parkplatz Richtung Stadtzentrum der República. Von hier aus gesehen wirken die Gebäude tatsächlich wie von Disney persönlich geplant und gebaut: kleine niedrige Häuschen wie aus dem Mittelalter, angestrichen in quietschbunten Farben, mit steilen Dächern und spitzen runden Türmchen.

Es ist kurz nach halb zwölf, und im Zentrum der Kinderrepublik ist noch nicht viel los. »Wollen Sie ein Foto von sich in der República de los Niños?«, fragt ein gelangweilt aussehender Mittdreißiger mit großer Spiegelreflexkamera um den Hals. Ein paar Meter weiter versucht ein junges Paar, einen kreischenden Dreijährigen zu beruhigen.

Ich laufe einmal um den Hauptplatz der Republik. In der Mitte steht ein Denkmal für einen Freiheitshelden, José de San Martín, einen argentinischen General, der die Spanier aus dem südlichen Südamerika vertrieb. Normalerweise sind die Statuen mindestens lebensgroß, diese hier würde bequem in den Kofferraum eines Kleinwagens passen. Um den Platz gruppieren sich die wichtigsten Gebäude der Stadt: das Rathaus, die Kirche, ein Restaurant und eine Bank. So ist das in jeder anderen argentinischen Stadt auch, nur sieht das Rathaus normalerweise nicht aus wie die türkis-rosa Comic-Version eines mittelalterlichen Schlosses, und in normalen argentinischen Städten habe ich auch noch nie eine Bank gesehen, die wie ein venezianischer Dogenpalast gebaut ist. Immerhin: Innen gibt es Schalter, nur sind sie ein bisschen niedriger als sonst.

»Die Kinder können hier ein Konto eröffnen und einen Kredit aufnehmen. Wir erklären ihnen, wie das Geldsystem funktioniert und was man alles in einer Bank machen kann.« Ana María hat blondierte Haare, rosa lackierte Fingernägel und Falten um die Augen, wie sie nur Leute haben, die gern lachen. Seit 1992 arbeite sie in der República de los Niños, sagt sie, meistens in der Verwaltung, aber wenn jemand krank sei, springe sie ein. Darum sitzt sie heute hinter dem Schalter der Bank und hilft Kindern dabei, erste Erfahrungen mit dem kapitalistischen Geldkreislauf zu machen.

Im Moment ist das Interesse mäßig. »Unter der Woche kommen vor allem Schulklassen hierher, jetzt, am Wochenende, sind die meisten Besucher Familien. Die wollen picknicken und zu den Fahrgeschäften.« Karussell also statt Kapitalismus.

Eigentlich, erzählt Ana María, sei sie Grundschullehrerin, aber weil sie hier ganz in der Nähe wohne, sei sie auf dem Weg zu ihrer damaligen Schule immer an der República vorbeigekommen.

»1992 haben sie dann Leute gesucht, die Erfahrung mit Kindern haben und auch am Wochenende arbeiten können. Ich habe mich beworben und die Stelle bekommen. Und seitdem bin ich verliebt in die Republik.«

»Warum das?«, frage ich.

»Weil sie als Ort so schön ist. Der Park, die Häuser, die Plätze. Und dann mag ich auch die Idee, die hinter alldem steckt.«

Ana María hat Mittagspause und sagt, dass ich mir am besten selbst ansähe, was die Republik so besonders mache. Wir laufen die Straße María Elena Walsh hinunter, benannt nach der wichtigsten argentinischen Kinderliedautorin. Die Laternenmasten sehen aus wie rot-weiß gestreifte Zuckerstangen, aus Lautsprechern dudeln Kinderlieder, und in der Taberna del Gigante, der Taverne Zum Riesen, sitzen Familien und essen Hamburger mit fettigen Pommes.

Die Gebäude links und rechts sehen aus wie die Märchenpark-Version einer mittelalterlichen Stadt mit steilen Dächern und spitzen Erkern. Sie sind jedoch so klein, dass ich mir vorkomme wie ein Zweieinhalb-Meter-Mann, der durch Rothenburg ob der Tauber läuft.

»Die Republik wurde für zehnjährige Kinder und nicht für Erwachsene geplant und gebaut«, sagt Ana María. »Die Räume, die Türen, die Fenster, die Bänke: Alles ist hier ein Drittel kleiner als normal.«

Wir laufen über einen kleinen Schotterweg, vorbei an einer Tankstelle und vorbei an einem Häuschen der Steuerbehörde AFIP. Die Rollläden sind runtergelassen, der Putz bröckelt, es sieht so aus, als wolle in Argentinien selbst in der Kinderrepublik niemand etwas von Steuern wissen. Am Rand des Weges stehen Figuren von argentinischen Comic-Helden: Patoruzú, ein Kazike mit übernatürlichen Kräften, und Mafalda, ein altkluges Mädchen im Grundschulalter, die so etwas wie eine argentinische und weibliche Version von Charlie Brown ist.

Das Archiv der República de los Niños hat gezwirbelte Türmchen und erinnert eher an eine Torte als an ein Gebäude. Gegenüber wirbelt ein Kettenkarussell ein paar kreischende Kinder durch die Luft. Von einem kleinen Stand mit Hamburgergrill zieht der Geruch von verbranntem Fett herüber, und Familienväter schleppen Kühlboxen groß wie Gefriertruhen in den Picknickbereich neben dem künstlichen See der Republik.

Durch ein großes Holztor betreten wir das Archiv. An den Wänden hängen Schwarz-Weiß-Fotos: Grundschulkinder in weißen Kitteln, der argentinischen Schuluniform. Teenager, die lachend auf dem Platz der Freundschaft stehen. Menschenmassen, die sich durch die Hauptstraße schieben. Und ein Mann in perfekt sitzendem Anzug, mit strahlend weißen Zähnen und schwarzen, nach hinten gegelten Haaren. Lächelnd geht er durch die Menge und schüttelt Hände: Juan Domingo Perón.

*

Wahrscheinlich hat niemand die argentinische Politik in der zweiten Hälfte des letzten Jahrhunderts so sehr geprägt wie Perón: Anfang der Vierzigerjahre stieg der damals fast fünfzigjährige General in der Militärdiktatur zum Vizepräsidenten auf. Perón nutzte sein Amt und schuf sich bei den Armen und Arbeitern eine breite Machtbasis und dazu noch eine eigene Art, Politik zu machen: den Peronismus.

Wenn man über argentinische Erfindungen redet, muss der Peronismus ganz oben mit auf die Liste, und das gleich mehrmals, so oft hat er sich wieder und neu erfunden. Dreimal wurde Perón zum Präsidenten gewählt: 1946, 1951 und 1973. Vor seiner Wiederwahl 1973 hatte er knapp zwei Jahrzehnte im spanischen Exil verbracht, verbannt von erneuten Diktaturen und vergöttert von Arbeitern, Armen und schließlich sogar Linken und Studenten.

1974 starb Perón, den Peronismus aber nahm er nicht mit ins Grab, im Gegenteil: Bis heute ist argentinische Politik ohne den Peronismus nicht vorstellbar, manche sagen, dass Argentinien sowieso und einzig und allein von Peronisten regiert werden könne.

Perón ist noch heute überall: Straßen tragen seinen Namen, Schulen, Krankenhäuser, Kasernen und Restaurants. ›El General‹ hat weiterhin glühende Anhänger, nicht nur unter Ewiggestrigen, sondern auch bei jungen Menschen, einige meiner Freunde inklusive.

Das Problem dabei ist, dass es Nicht-Argentiniern fast unmöglich ist, den Peronismus zu verstehen, schließlich tun sich schon Argentinier schwer damit. Selbst stramme Peronisten und Bekannte mit Abschluss in Politikwissenschaften beginnen zu stammeln, wenn ich sie nach einer Definition des Peronismus frage: nationalistische Partei mit Ursprung im Militär, der dritte Weg zwischen Kapitalismus und Sozialismus, Arbeiterbewegung für soziale Gerechtigkeit, eine Idee, ein Gefühl, der einzige Ausweg, der direkte Weg ins Verderben, ein Segen, ein Fluch. Die Bandbreite der Erklärungsversuche ist groß – und widersprüchlich.

Der Peronismus kann für so ziemlich alles stehen, was das politische Spektrum hergibt, und in der argentinischen Geschichte haben sich linksperonistische und rechtsperonistische Gruppen bis aufs Blut bekämpft. Auch heute noch ist die peronistische Partei, der Partido Justicialista, auf Deutsch in etwa Gerechtigkeitspartei, ein großer Sammeltopf, in dem die unterschiedlichsten Köche mit allen nur erdenklichen Zutaten ein Süppchen kochen: Während sie unter Perón noch nach Arbeiterbewegung geschmeckt hat, nach Gewerkschaft, Industrialisierung, sozialer

Gerechtigkeit und einer Prise erzkonservativem Katholizismus, wurde aus ihr in den Sechziger- und Siebzigerjahren eine sozialrevolutionäre scharfe Brühe nach kubanischem Rezept. Carlos Menem verwandelte den Peronismus in den Neunzigern dann in einen proamerikanischen und neoliberalen Privatisierungseintopf, während die Kirchners in den ersten Jahren des neuen Jahrhunderts die Geschmacksrichtung dann noch einmal komplett änderten, diesmal mit Antiimperialismus, Protektionismus, Industrialisierung und einem Esslöffel Nationalismus gewürzt. Einziger gemeinsamer und gleichzeitig kleinster Nenner ist dabei die Berufung auf Perón und die Macht des Volkes.

Der argentinische Schriftsteller Martín Caparrós hat einmal geschrieben, dass der Peronismus so etwas wie die Buslinie 60 von Buenos Aires sei. Die Busse haben die gleiche Farbe und die gleiche Nummer, aber sie fahren alle in verschiedene Richtungen über verschiedene Strecken und haben unterschiedliche Endhaltestellen. Zusammengedrängt und schicksalsergeben fahren die Passagiere mit, ohne zu wissen, wohin es geht.

Doch egal, was der Peronismus ist, ob Bus oder Suppe, ob links oder rechts: Am Ende bleibt die Frage, wieso es ihn immer noch gibt, auch vierzig Jahre nach dem Tod seines Gründers. Oder anders ausgedrückt: Wieso nehmen die Argentinier nicht einfach einen anderen Bus?

Eine Erklärung ist bestimmt, dass viele glauben, sie würden in den anderen Linien unbequemer reisen. Ganz besonders gilt das für die Armen und die Arbeiter. Eines der Hauptziele des Peronismus ist die »Soziale Gerechtigkeit«, und damit ist nicht gemeint, dass die Reichen weniger haben, sondern die Armen mehr. Als Perón unter der Militärregierung Anfang der Vierzigerjahre zum Sekretär für Arbeit ernannt wurde, sorgte er dafür, dass die Arbeiter Lohnerhöhungen erhielten und dass sich die oft grausamen Arbeitsbedingungen besserten. Es gab gigantische Sozialprogramme, die Armen bekamen Häuser und die Gewerkschaften

ungeheure Macht. Bald hatten die Arbeiter, Armen und Gewerk-
schaftsbosse Angst, wieder zurück in die Holzklasse zu müssen,
sobald die Peronisten vom Steuer verschwinden würden. Alterna-
tiven wie Kommunismus oder Sozialismus waren von Perón vor-
sorglich ausgeschaltet worden, und so entstand ein System, das
sich selbst erhielt – zumindest bis zum nächsten Putsch.

Ein weiterer und vielleicht noch wichtigerer Punkt für das
Fortbestehen des Peronismus ist die Loyalität seiner Anhänger. Es
reicht nicht, alle paar Jahre auf einem Stimmzettel sein Kreuz zu
machen. Der Peronismus braucht Anhänger, die mit vollem Herzen dabei sind, die nicht nur einfach eine Fahrkarte kaufen, sondern auch so oft wie möglich ein Hoch auf ihren Busfahrer singen.

Bis heute wird der 17. Oktober 1945, der Gründungstag des Peronismus, als *Día de la Lealtad,* Tag der Loyalität, gefeiert. Damals marschierten Peróns Anhänger auf die Plaza de Mayo, um von der Militärregierung seine Freilassung zu fordern. Als die Militärs erkannt
hatten, dass Péron, bis dato Sekretär für Arbeit und Vizepräsident,
zur Gefahr für sie werden könnte, hatten sie ihn zum Rücktritt gezwungen und ihn auf einer Insel im Río de la Plata inhaftiert. Die
Gewerkschaften mobilisierten daraufhin ihre Mitglieder, und bald
standen Hunderttausende Arbeiter vor dem argentinischen Präsidentenpalast und riefen so lange: »¡Perón! ¡Perón!«, bis der General
tatsächlich freikam. Loyalität ist also so etwas wie der Grundstein
des Peronismus und gleichzeitig sein Treibstoff. Und vielleicht waren nur wenige Peronisten so loyal wie Domingo Mercante, der Erschaffer der República de los Niños.

*

»Das ist Domingo Mercante«, sagt Ana María und zeigt auf ein
Foto, das bei der Einweihung der República de los Niños geschossen wurde. Hinter Perón kann man einen streng blickenden Mann
erkennen, mit dünnem Schnauzer und einer runden Brille. »Damals war zwischen Mercante und Perón noch alles in Ordnung.

Zwei Jahre später durfte man in der Gegenwart von Perón nicht einmal mehr seinen Namen erwähnen.«

Ich habe schon früher von Domingo Mercante gehört. Kurz nachdem meine Freunde mir das erste Mal von der República de los Niños erzählt hatten, las ich mir im Internet Lexikoneinträge und Artikel über sie durch und stieß dabei auch auf Mercante. Er war der Sohn eines Eisenbahn-Gewerkschafters, hatte eine Offizierslaufbahn eingeschlagen und in diesem Zusammenhang auch Perón kennengelernt. Die beiden wurden Freunde, Mercante stellte Perón dessen spätere Frau Eva ›Evita‹ Duarte vor und wurde Trauzeuge des Paares. Vor allem aber half er Perón beim Aufbau seiner Macht und des Peronismus. Als Sohn eines Gewerkschafters wurde Mercante zu einem Bindeglied zwischen Perón und der Arbeiterschaft. Er war es, der im Oktober 1945 die Gewerkschaften anstiftete, für die Freilassung Peróns auf die Straße zu gehen. Unter Perón wurde Mercante zum Gouverneur der Provinz Buenos Aires und startete einen gigantischen Sozialplan. Einhundertfünfzig Siedlungen für Arbeiter wurden unter seiner Regierung gebaut, eintausendsechshundert Schulen, mehrere Krankenhäuser – und auch die República de los Niños.

»Ein Ziel der Peronisten war die Industrialisierung von Argentinien«, sagt Ana María. »Also haben sie Fabriken gebaut, viele davon rund um Buenos Aires. Die Folge war, dass viele Arme vom Land in die Stadt kamen, weil es hier Arbeit gab. Oft konnten sie nicht schreiben und hatten keine Ahnung, was Demokratie eigentlich heißt. Mercante wollte das ändern, und so ist dann die República de los Niños entstanden: Hier sollten die Kinder der Arbeiter im Kleinen lernen, wie ein Staat funktioniert, was für Rechte sie haben und was für Pflichten.«

Mercante ließ für die República de los Niños den Golfclub des englischen Fleischkonzerns Swift enteignen. Wo höhere Angestellte und Direktoren früher eingelocht hatten, bauten ab 1949 über eintausendfünfhundert Arbeiter in zwei Schichten an den

Häusern und Straßen der Kinderrepublik. Sie verlegten Schienen für die kleine Eisenbahn mit dem knatternden Dieselmotor und sie hoben Erde aus für ein Schwimmbad. Im Archiv der Kinderrepublik kann man Fotos vom Bau sehen: Lachende Arbeiter sitzen auf Balken oder winken von Holzgerüsten. Eine fröhliche Baustelle für eine frohe Republik. Ein peronistisches Wunderland. Damit die Arbeiten schneller vorangingen, erzählt mir Ana María, wohnten die Arbeiter auf dem Gelände. In einer Rekordzeit von zwei Jahren war die República de los Niños fertig, die große Einweihungsfeier fand mit Tausenden Besuchern statt, ein riesiger Erfolg für Mercante, der damals schon als Nachfolger Peróns gehandelt wurde. Doch dann war es, wie es immer ist: Alles kam anders.

»Wahrscheinlich hatte Perón Angst, dass Mercante ihm irgendwie gefährlich wird. Vielleicht war es auch Peróns Frau Evita, die Mercante auf die Abschussliste setzen ließ, weil er ihr nicht passte. Mercante wurde danach jedenfalls aus der peronistischen Partei ausgeschlossen und sein Name aus der Öffentlichkeit getilgt. In allen Schulen, die er hatte bauen lassen, wurden die Plaketten von den Grundsteinen abgeschlagen, weil Mercantes Name auf ihnen stand. In den Zeitungen wurden Bilder von ihm zensiert, die Radios durften seinen Namen nicht mehr erwähnen, seine Mitarbeiter wurden verfolgt.«

Auch das war der Peronismus: Häuser und Freizeitparks fürs Volk und seine Kinder – und Zensur und Verfolgung für alle, die Perón und seinen großen Plänen in die Quere kamen. In der República de los Niños, sagt Ana María, gebe es bis heute nichts, was an Mercante erinnere, kein Denkmal, keine Widmung, keine Inschrift. Nach seiner Absetzung und der Hetzkampagne gegen ihn zog sich Mercante aus der Politik zurück, blieb aber weiterhin beim Militär. Dort regte sich Mitte der Fünfzigerjahre immer größerer Unmut gegen Perón und seine Machtgelüste. Doch als es 1955 zum gewaltsamen Sturz von Perón kam, stellte sich ein Offi-

zier den Putschisten entgegen: Domingo Mercante. Loyalität bis
zum Schluss.

*

Es ist kurz nach drei und auf einer Bühne neben dem Platz der
Freundschaft steht ein Mann in rosa Hosen mit einem großen Zy-
linder in der Hand. Zwei Dutzend Kinder sehen Felix, dem Magi-
er, starr vor Aufregung dabei zu, wie er eine Schlange bunter Tü-
cher aus seiner Hand zaubert.

»Wir waren schon als Kinder hier, und jetzt, wo wir Eltern sind,
dachten wir, dass wir mal wieder kommen könnten. Das hier ist ja
fast ein Klassiker für Familienausflüge.« Andrés und Camilla haben sich in dem Krankenhaus kennengelernt, in dem sie beide arbeiten, er in der Verwaltung, sie als Krankenschwester. Nach drei
Jahren Beziehung wurde Nahuel geboren, ein kleiner, jetzt sieben-
jähriger Junge mit dicken Pausbacken, der gerade Chips und ein
belegtes Brot in sich hineinstopft. »Klar, die ganzen kleinen Häuser und so sind toll, aber das Beste ist eigentlich der große Park.
Wir kommen aus Avellaneda, da ist alles grau, keine Bäume, nur
Zement. Hier aber kann Nahuel rumlaufen, ohne dass wir Angst
haben müssen, dass ihn ein Auto überfährt.« Eigentlich, denke ich,
wäre es ganz schön, wenn der Rest der Republik auch ein bisschen
so wäre wie die República de los Niños.

Als die Militärs 1955 Perón aus dem Amt putschten und die
Macht übernahmen, wurde aus der Republik der Kinder eine Stadt
der Kinder. »Hier gab es natürlich keinen Präsidenten, die Militärs
konnten ja nicht hier Demokratie unterrichten und im Rest des
Landes keine Wahlen zulassen. Republik passte da natürlich nicht
mehr, Städte aber gibt es auch in Diktaturen, darum der Namens-
wechsel.« Ana María steht rauchend vor der Bank der Kinderrepublik. Gleich kommt wieder eine Gruppe, der sie einen Grund-
kurs in Kapitalismus und Bankgeschäften geben muss. »Wir haben
kaum Aufzeichnungen und Informationen darüber, was mit der

República de los Niños in den Jahren zwischen 1960 und 1990 passiert ist. Nach der Diktatur fanden wieder freie Wahlen statt, dann wurde wieder geputscht und so weiter. In der Zwischenzeit war das alles hier abwechselnd geschlossen oder geöffnet, mal nur als Feriendorf, mal als Vergnügungspark. Erst 1992 haben wir angefangen, die alte Idee von der Republik wiederzubeleben.«

Heute kommen nicht nur Schulklassen, die lernen, wieso es wichtig ist, dass man Steuern zahlt, oder wie ein Gesetz entsteht. Sie wählen auch gemeinsam jedes Jahr einen Präsidenten und ein Parlament.

»Bei den Wahlen machen Schulen aus dem ganzen Land mit, manche davon liegen in schicken Stadtvierteln, manche in kleinen Dörfern. Hier mischen sich alle und arbeiten zusammen.«

»Hat sich denn in den letzten zwanzig Jahren etwas in der Art verändert, wie die Kinder hier Politik machen?«

»Nein, nicht wirklich. Wir fangen meistens immer noch bei null an, da merkt man keinen großen Unterschied.«

»Und ist ein Präsident der Kinderrepublik später auch mal wirklich in die Politik gegangen?«

»Nein, auch nicht, aber ich glaube, einer ist später in den Knast gekommen«, sagt Ana María und ihr Lachen klingt wie ein kleiner Mofamotor.

»Letzte Frage: Die Sache mit Walt Disney und der República de los Niños, stimmt die wirklich?«

»Naja, das hat uns ein Architekt erzählt. Beweise gibt es dafür nicht. Wir schreiben es aber trotzdem bei uns auf die Seite und in die Broschüren, weil man damit ganz gut Touristen locken kann.«

Wie gesagt: Argentinier sind große Erfinder.

Kapitel

5

Im Großhirn von Evita

Es ist neun Uhr und die Morgensonne strahlt. Der Berufsverkehr auf der General Paz, der Stadtautobahn von Buenos Aires, löst sich gerade langsam auf, wie ein Stück Wachs in der Sonne, zähflüssig und behäbig, aber immerhin bewegt sich etwas.

Ich habe mir das Auto der Eltern meiner Freundin geliehen und fahre Richtung Ezeiza, einem kleinen Städtchen im Großraum Buenos Aires. Hier liegt der Internationale Flughafen der argentinischen Hauptstadt und kurz davor das wahrscheinlich größte Denkmal Argentiniens: Ciudad Evita, ein Viertel, das nicht nur so heißt, sondern – von oben betrachtet – auch so aussieht wie Eva ›Evita‹ Duarte de Perón, die berühmteste Frau in der argentinischen Geschichte.

*

»Treffen wir uns auf dem Hauptplatz«, hatte mir Darío Cerrato per SMS geschrieben, und damit ich ihn auf jeden Fall finde: »Gleich da, wo die Hauptstraße auf den Dutt von Evita trifft.« Der Dutt – das ist der Haarknoten Evitas, der meist von einem perlenbesetzten Netz zusammengehalten wurde.

Nun stehe ich auf einem kleinen Platz in Ciudad Evita, neben mir eine Reiterstatue, die mehr an Bleigießen erinnert als an den argentinischen General aus dem Unabhängigkeitskrieg, den sie eigentlich ehren soll. Einige Kinder spielen auf bunt bemalten Schaukeln, zwei Teenager knutschen auf den Stufen eines unförmigen Denkmals für gefallene Soldaten.

Evita heißt übersetzt so viel wie Evalein. Evita war die zweite Frau von Präsident Juan Domingo Perón. An seiner Seite stieg Evita nicht nur zur First Lady, sondern auch zu einer Art Heiligen auf. Ihr Kopf ist auf dem argentinischen Einhundert-Peso-Schein zu sehen. Während sich Perón um die große Politik kümmerte, nahm sich Evita der Armen an, der Waisen, der Kranken und der Kinder. Mit ihrer Fundación Eva Perón ließ sie landesweit Tausende Schulen bauen, Krankenhäuser, Kinderheime und Ferienanlagen, sie gab den Armen Nähmaschinen, verschenkte mitunter ganze Häuser und wurde – und wird bis heute – dafür von den Menschen abgöttisch verehrt. Als Madonna die Rolle der Evita im gleichnamigen Musical annahm, ging ein Aufschrei durch Argentinien, weil man eine nationale Ikone nicht von einem Popstar entweihen lassen wollte, der mit softpornografischen Tanzbewegungen berühmt geworden war. Die jetzige Präsidentin Argentiniens, Cristina Fernández de Kirchner, hält ihre Reden meist vor dem Hintergrund eines Evita-Bildes, es gibt in Buenos Aires ein eigenes Evita-Museum und eine eigene Stiftung, die sich mit dem Erbe und der Rolle Evitas in der argentinischen Geschichte auseinandersetzt, auch Straßen, Krankenhäuser und Schulen tragen ihren Namen.

Mir fällt es manchmal schwer, die Begeisterung der Argentinier für Evita nachzuvollziehen, all das ist aber nichts im Vergleich mit der Massenhysterie, die noch zu ihren Lebzeiten herrschte. Damals schickten Evita-Anhänger Briefe an den Papst, damit er sie heiligsprach. Millionen forderten ihre Kandidatur als Vizepräsidentin – und als Evita auf Druck der Militärs und aufgrund ihrer fortschreitenden Krebserkrankung ablehnte, traten fanatische Fans in den Hungerstreik. Es war, als gäbe es einen Wettbewerb, in dem der größte Evita-Fan gewinnt, jedes Dorf, das etwas auf sich hielt, hatte eine Evita-Statue, manche benannten sich selbst nach Evita – und manchen war selbst das nicht genug.

Als Ciudad Evita geplant wurde, legten die Architekten die Siedlung so an, dass sie aus der Luft betrachtet die Umrisse von Kopf und Rumpf der Präsidentengattin bildet. Wenn man genau hinsieht, kann man Evita noch heute auf jeder Landkarte erkennen: Wie ein Schattenriss liegt ihre Silhouette neben der Autobahn, der Kopf eingeklemmt zwischen dem Flughafen und der Stadt Buenos Aires. Kleine Straßen und Wege bilden ihren Hals, ihren Dutt und ihre Nase, dazwischen stehen Hunderte kleine Häuser. Noch heute leben hier Menschen, mitten in Evitas Kopf, in ihren Wangen, ihrem Nacken oder ihrer Stirn. Ein komisches Gefühl, im Inneren eines Menschen zu sein. Dabei stehe ich ja gerade erst in Evitas Dutt.

»Du bist Christoph, oder?« Darío hat eine Thermoskanne unter den Arm geklemmt und einen hölzernen Mate-Becher in der Hand. »Setzen wir uns dort hinten unter den Baum?«, fragt er und zeigt auf eine steinerne Bank im Schatten einer großen Zypresse. Als wir näher kommen, krächzen zwischen deren Zweigen aufgeregt ein paar Papageien. Vielleicht haben wir sie bei etwas Wichtigem gestört.

Darío ist fünfunddreißig, er trägt einen dunklen Vollbart und eine schwarze Schiebermütze. Tagsüber arbeitet er als Systemtechniker, den Rest der Zeit ist er passionierter und unbezahlter Heimatforscher in Ciudad Evita. Ich habe Darío vor ein paar Tagen geschrieben, weil ich seinen Blog gefunden hatte: cdadevita.

com.ar, das Logo ist ein kleines rotes Herz, das Darío am Computer gemalt hat. »Ich hab vor vierzehn Jahren mit dem Blog angefangen. Damals gab es noch kein Facebook und die Seite sollte so etwas wie ein Schwarzes Brett sein. Ich wollte die hiesigen Leute miteinander verbinden.«

Darío schreibt über Bürgerversammlungen und Lokalnachrichten, vor allem geht es in seinem Blog aber um die Geschichte seiner Siedlung.

»Ciudad Evita war Teil eines Planes, mit dem Perón die Wohnungsnot in Argentinien und vor allem in Buenos Aires lösen wollte. In den Vierzigerjahren gab es viele Arme, die vom Land in die Stadt gezogen waren, dazu kamen Immigranten aus Europa, vor allem nach dem Krieg, und die meisten blieben in Buenos Aires hängen. Hier gab es Arbeitsplätze. Das Problem war nur, dass die Wohnungen nicht ausreichten. Die Peronisten legten darum landesweit mehrere Wohnbauprojekte auf, und eines davon war eben Ciudad Evita, mit Häusern für fünfzehntausend Menschen. Das war nicht nur ein neues Viertel, das war eine neue Stadt.«

Darío führte in den letzten Jahren Interviews mit den ersten Bewohnern aus Ciudad Evita, er las Bücher, Akten und alte Dokumente, sprach mit Historikern und schrieb am Ende selbst ein Buch: »¿Ciudad Evita – Leyenda o Realidad?«, Ciudad Evita – Legende oder Realität? Drei Auflagen gibt es schon, allerdings kann man es nur in Ciudad Evita kaufen, Darío druckt das Buch selbst, jedes Mal hundert Exemplare, die er dann in die Zeitschriften- und Schreibwarenläden des Viertels stellt. »Mir geht es nicht um Evita oder um Perón oder um Politik, mir geht es um die Idee, die hinter Ciudad Evita steckt. Perón war ein Typ, der sich die Inspiration für seine Politik und seine Projekte aus dem Ausland holte. Als es darum ging, Wohnraum zu schaffen, schaute er sich an, wie man das Problem anderswo auf der Welt gelöst hatte. In Paris sah von außen alles wunderschön aus, aber in ihren Wohnungen lebten die Menschen extrem eng und gedrängt. Also suchte er weiter und fand schließlich in England das Modell der Gartenstadt. Deren Ziel war es, das Beste von Stadt und Land miteinander zu vereinen, die Leute sollten in Fabriken arbeiten können, aber trotzdem im Grünen wohnen.«

Darío begleitet mich durch kleine Straßen. An ihren Rändern wachsen Blumen und in den Gärten stehen blühende Büsche. Autos rollen langsam durch das Viertel, vorsichtig, als könnte jeden Moment ein Kind auf die Straße springen. Wir laufen an einstöckigen Häusern mit Veranden und Vorgärten vorbei. Sie könnten genauso auch in einem kleinen Dorf irgendwo auf dem Land stehen.

»Die Planer von Ciudad Evita haben verschiedene Haustypen ausprobiert, zum Beispiel dreistöckige Wohnblocks mit Dachterrasse. Die meisten Häuser sind aber sogenannte *chalets,* mit zwei oder drei Zimmern und einem Garten mit Platz für ein Gemüsebeet und einen kleinen Hühnerstall. Die Idee der Peronisten war, dass der Vater jeden Morgen zum Arbeiten in die Stadt fährt, in eine Fabrik, den Hafen oder eine Werkstatt, während die Mutter zu Hause bleibt, auf die Kinder aufpasst und das Abendessen aus dem Gemüse kocht, das im Garten wächst.«

Wir müssen jetzt ungefähr im Großhirn von Evita sein, niemand hupt, niemand schreit. »Alles hier ist so geplant, dass man kein Auto braucht. Es gibt eine Bahnlinie, die direkt in die Stadt führt, und hier in Ciudad Evita konnten die Bewohner alles, was sie brauchten, auf kleinen Marktplätzen kaufen, zu denen man zu Fuß gehen konnte.« Heute kommen keine Bauern mehr nach Ciudad Evita, um Gemüse oder Eier auf dem Markt anzubieten. Stattdessen gibt es chinesische Supermärkte, die Tiefkühlgerichte verkaufen. Doch die Bahnlinie funktioniert immer noch, und Ciudad Evita ist – verglichen mit dem Moloch Buenos Aires – immer noch ein Idyll. Zumindest auf den ersten Blick.

Ciudad Evita sollte ein Paradies werden, geschaffen vom peronistischen Staat für die peronistische Bilderbuchfamilie. Die

Wohnungen gehörten keiner Firma und keiner Gemeinde, sie waren Eigentum der argentinischen Nation, die sie zu günstigen Konditionen vermietete. »Die *gorilas,* die Kritiker Peróns, behaupteten immer wieder, dass die Arbeiter und Armen mit den ganzen peronistischen Wohltaten überhaupt nichts anfangen könnten. Dass sie zum Beispiel das Parkett aus dem Boden reißen würden, um damit den Grill für das *asado* anzuheizen. Das stimmte natürlich nicht, im Gegenteil, in Ciudad Evita wurde kontrolliert, ob man auch ordentlich mit den Häusern umgeht.« »Haben denn nur stramme Peronisten eine Wohnung hier bekommen?« »Nein, nicht unbedingt. Voraussetzung war nur, dass man sich sonst keine Wohnung leisten konnte. Dann schrieb man einen Brief an die Fundación Eva Perón und bat Evita persönlich um eine Wohnung.«

Bis zur Regierung Peróns war Armenfürsorge kaum mehr als ein kostspieliges Hobby von Frauen aus der argentinischen Oberschicht. Dann kam Evita. Sie bezog kurz nach dem Regierungsantritt Peróns ein Büro direkt im Arbeitsministerium und fungierte von da an als persönliche Vertreterin des Präsidenten. Das Präsidentenpaar installierte die perfekte Arbeitsteilung, mit Perón als Vater der Nation und Evita als der Mutter, die sich der Armen, Arbeiter, Kinder und Alten annahm.

Die Aktivitäten Evitas gingen dabei über ein bisschen Wohltätigkeit hinaus. Mit der Fundación Eva Perón übernahm sie systematisch die Kontrolle über Kranken-, Waisen- und Armenhäuser. Mit Geld aus dem öffentlichen Haushalt, Lottoeinnahmen und Zwangsabgaben von Arbeitgebern legte die Fundación Eva Perón Lager mit Essen und Kleidung für die Armen an, sie baute Hunderte Schulen, Krankenhäuser, Altenheime und Unterkünfte für Kinder und alleinerziehende Mütter. Die Stiftung verteilte Geld an mittellose Familien und schickte Arbeiterkinder aus dem ganzen Land ans Meer. Die Einnahmen der Fundación Eva Perón waren gigantisch, aber die Präsidentengattin konnte über sie verfügen, ohne irgendjemandem Rechenschaft ablegen zu müssen. Wer etwas brauchte, konnte sich direkt an sie wenden. Selbst als Evita längst tot war, mussten Briefe weiterhin an sie adressiert werden. Statt Armenfürsorge und all die schönen Wohltaten eines Staates einem anonymen Apparat oder grauen Ministeriumsangestellten zu überlassen, verwandelte die peronistische Regierung die Präsidentengattin in das personifizierte Gute, die Mutter der Nation.

»Evita konnte ja keine eigenen Kinder bekommen, vielleicht hat sie sich deswegen so um die Armen gekümmert«, sagt Darío. Über unseren Köpfen flattert ein Papagei vorbei, im Schnabel einen Zweig, der doppelt so lang ist wie er selbst. »Siehst du die Ziegel auf dem Dach? Die waren eine direkte Anweisung von Evita. Als sie zum ersten Mal kam, standen schon ein paar Modellhäuser, die hatten aber ein Blechdach. Evita gefiel das nicht, sie fand, dass sehe ärmlich aus. Und weil sie für die Armen nur das Beste wollte, kamen danach eben Ziegel auf die Dächer. Evita meinte, dass Almosen das Vergnügen der Oligarchie seien. Es ging nicht darum, den Armen und den Arbeitern einfach nur ein Dach über dem Kopf zu bauen und ihnen ein Stück Brot auf den Teller zu legen. Es ging um soziale Gerechtigkeit, darum, dass sie das Gleiche haben sollten wie die Mittel- und die Oberklasse.«

Für sein Buch hat Darío Fotos aus den Anfangstagen von Ciudad Evita gesammelt. Man sieht auf ihnen Männer und Frauen, die vor den kleinen Häusern stehen und abwesend lächeln. Ich habe den Gesichtsausdruck schon öfter gesehen, auf Bildern, die Gewinner von Verlosungen zeigen, während ihnen ein Firmenboss einen großen Scheck mit vielen Nullen in die Hand drückt oder den Schlüssel zu ihrer neuen Luxuslimousine.

Bei den Armen und Arbeitern wurde Evita zur Heldin, Heilsbringerin und Heiligen. Es entstand ein Evita-Kult, ihre Anhänger standen tagelang Schlange, um sie zu sehen, andere stellten Rekorde im Akkordarbeiten auf, um sie zu beeindrucken. Die peronistische Regierung befeuerte den Heldenmythos, es gab Bilder von

Perón und seiner Frau in jedem Schulbuch, in jedem öffentlichen Amt; in Buenos Aires wurde ein Monument für Evita geplant, dessen Reproduktionen in allen Provinzhauptstädten stehen sollten.

Darío hat einen alten Plan von Ciudad Evita aufgeschlagen. Man kann darauf nicht nur den Kopf, sondern auch den Rumpf Evitas erkennen, eine Hand ist in die Höhe gestreckt. »Mir wurde erzählt, dass ankommende Besucher am Flughafen von Buenos Aires auf diese Weise direkt von Evita begrüßt werden sollten. Ich weiß nicht, ob das stimmt, ich glaube aber sowieso nicht, dass Evita von alldem etwas wusste. In den Zeitungen aus der Zeit finden sich zu dem Thema keine Artikel und auch keine Äußerungen von Perón oder Evita selbst. Ich denke, die Idee mit der Silhouette war eine heimliche Hommage der Architekten an Evita.« Eine Liebeserklärung, so groß, dass Leute darin wohnen können.

Wir müssen uns jetzt irgendwo im Zentrum von Evitas Kopf befinden. Neben einem runden Platz steht eine kleine Schule, in deren Vorgarten Gemüse wächst. Es gibt einen Schreibwarenladen und einen Obsthändler. Die Früchte sind so ordentlich vor dem Laden aufgestapelt, dass ich mich nicht trauen würde, einen Apfel zu kaufen und so das Kunstwerk zu zerstören.

Ich frage eine ältere Dame, was sie von Evita denkt.

»Evita? Ach, das ist doch alles längst Vergangenheit«, sagt sie.

In ihrem Einkaufskorb liegt ein großer Beutel mit bluitigem Fleisch.

»Natürlich erinnere ich mich an Evita. Aber was bringt mir das? Wir haben doch heute ganz andere Probleme, da hilft mir auch keine Evita, verstehen sie?«

»Wer hier wohnt, ist nicht automatisch ein Peronist«, sagt Darío, als wir weitergehen. »Es gibt Leute, die Evita nicht ausstehen können, aber trotzdem gern in Ciudad Evita wohnen.«

So wie Evita von vielen Armen abgöttisch geliebt wurde, so wurde sie von vielen anderen Argentiniern leidenschaftlich gehasst. Vor allem für die oberen Gesellschaftsschichten war sie nur

la yegua oder *la potranca,* die Stute und Nutte, die sich von der
Schauspielerin und Hörfunksprecherin zur Grande Dame mit
Perlenohrringen hochgeschlafen hatte, um ihnen nun ihre Pfrün-
den streitig zu machen. Als Evita 1952 an Krebs starb, schrieben
ihre Gegner an die Wände von Buenos Aires: »Viva el cancer«, es
lebe der Krebs.

Dennoch pilgerten Millionen zu Evitas einbalsamiertem Leichnam, der zwei Wochen lang im Arbeitsministerium aufgebahrt lag.
Die Liebe des Volkes ging über den Tod hinaus, und als die Militärs
1955 Perón aus dem Amt putschten, ließen sie auch den Leichnam
Evitas verschwinden und unter falschem Namen in Mailand bei-
setzen, so groß waren der Hass und die Angst vor der Macht der toten First Lady. Das Andenken an Perón und vor allem das an Evita
sollte ausgelöscht werden. Die Generäle ordneten eine Ent-Pero-
nisierungs-Kampagne an, die Bilder verschwanden, die Statuen
wurden zerschlagen, die Namen von Perón und Evita wurden aus
den Geschichtsbüchern getilgt und in der Presse zensiert.

»Das hatte natürlich Folgen für Ciudad Evita«, sagt Darío, »immerhin trug ja die ganze Stadt den Namen von Evita und war im
Prinzip nichts anderes als ein riesiges Denkmal, in dem noch dazu
Leute wohnten.« Nach dem Putsch stoppten die Generäle sofort
den weiteren Ausbau von Ciudad Evita. Die Siedlung wurde in
Ciudad General Belgrano umbenannt – Belgrano, der argentinische Held der Unabhängigkeitskriege. »Das Einzige, was die Militärs nicht auslöschen konnten, war das Bild von Evita. Dafür hätten sie die Häuser hier abreißen müssen, und selbst das hätte nicht
gereicht, schließlich hätte man dann von oben immer noch die
Straßen gesehen – und damit auch Evitas Kopf.«

Die linksperonistische Guerilla-Organisation Montoneros
kidnappte 1970 Pedro Eugenio Aramburu, einen General und ehemaligen Diktator. Eine Forderung der Entführer war die Rückga-
be von Evitas Leichnam. Aramburu wurde von den Montoneros
erschossen, der Körper Evitas kehrte dennoch vier Jahre später

zurück nach Argentinien. 1976 wurde Eva Duarte de Péron dann im Familiengrab der Duartes auf dem Zentralfriedhof Recoleta bestattet. Das Grab ist heute, mehr als sechzig Jahre nach ihrem Tod, immer noch eine Pilgerstätte für Fans und Touristen. Man könnte meinen, Ciudad Evita hätte darum ebenfalls das Zeug zur Touristenattraktion. Doch statt Evita-Fans mit Kameras stehen Ölfässer in den Straßen, als Blockade gegen Einbrecher.

Wir sind irgendwo unterhalb der Schädeldecke Evitas, an den Straßenlaternen hängen Schilder, auf denen steht: »Nachbarn in Alarmbereitschaft«. Ciudad Evita habe ein Sicherheitsproblem, erklärt Darío, es gebe Einbrüche und Überfälle, und weil ihnen die Polizei nicht genug mache, schöben die Nachbarn jetzt selbst Wache. »Hier in der Nähe liegen ein paar Armenviertel«, sagt Darío, »und gleich hier um die Ecke wurden Sozialwohnungen gebaut, bei denen niemand darüber nachgedacht hat, wie die Menschen dort leben und was aus ihnen wird.«

Statt kleine Häuser zu bauen, mit Vorgarten und Platz für ein Gemüsebeet, haben Politiker graue Wohnbunker an den Rand von Ciudad Evita gestellt. Sozialbauten, ohne Parkett und ohne Ziegel, Almosen für die Armen und kein bisschen Luxus. Es gibt Drogenprobleme und Schießereien und es kommt immer wieder zu Einbrüchen.

Ciudad Evita sieht heute in manchen Straßen nicht mehr wie eine Gartenstadt aus, sondern wie eine Festung, mit meterhohen Mauern und Stacheldraht. Gleichzeitig wurden viele der kleinen Häuser abgerissen, um große Neubauten auf die Grundstücke zu stellen. Eigentlich ist das aus Denkmalschutzgründen verboten, aber kümmern, sagt Darío, würde sich darum niemand. »Für mich ist das das schlimmste Verbrechen von allen. Diese Leute zerstören nicht nur ein Stück Geschichte, sondern auch die Idee von Ciudad Evita.«

Wegziehen will er auf keinen Fall. Seine Eltern wohnen in Ciudad Evita. Er sei hier aufgewachsen, sagt er, und er habe eine Wohnung gekauft, natürlich in einem der alten Häuser, die unter Perón gebaut wurden. Ich frage, wo genau es liege, und Darío holt den alten Plan heraus.

»Genau hier«, sagt er und zeigt mitten auf Evitas Auge.

Kapitel

6

¡Qué calor!

Es ist kurz vor Mitternacht. Ich sitze schwitzend auf einer kleinen Dachterrasse im Nordosten von Buenos Aires. Der Boden unter meinen nackten Füßen fühlt sich an wie eine heiße Herdplatte, die Topfpflanzen in der Ecke lassen die Blätter hängen, erschöpft von zu viel Photosynthese. Seit einer Woche brennt die Sonne auf Buenos Aires, keine Wolke, kein Windhauch, gnadenlos. Wie ein Vampir meide ich die Sonne und drücke mich tagsüber immer nur im Schatten und unter Bäumen und Vordächern die Straße entlang. Am besten geht man ohnehin erst am Abend vor die Tür, aber selbst dann ist es noch heiß, wie gesagt: Es ist kurz vor Mitternacht und ich schwitze.

Die Eltern meiner Freundin haben uns zum Essen eingeladen, Hamburger vom Grill, aber so richtig Hunger hat niemand, vielleicht weil wir uns vorstellen können, wie die Hamburger auf dem

Grill sich fühlen müssen. »¡Qué calor!«, stöhnt Silvia, die Mutter
meiner Freundin, und sinkt auf einer Holzbank zusammen. Was
für eine Hitze! Unter ihr liegt Uma, die kleine schwarz-weiße
Hündin und eigentliche Herrin des Hauses. Wenn unten auf der
Straße der 41er-Bus vorbeiröhrt, steht Uma oben auf dem Balkon
und verteidigt ihr Reich. Das klappt normalerweise ganz gut, der
41er-Bus ist bis jetzt immer wieder abgezogen, und Uma freut sich
jedes Mal über ihren Erfolg. Doch jetzt ist sie zu schwach zum Bellen, keine Kraft, nicht mal ein Jaulen, ¡qué calor! Ich bin froh, dass
ich kein Fell habe.

Buenos Aires liegt grob gemessen genauso weit vom Äquator
entfernt wie Tunis oder Tijuana, nur dass in Buenos Aires der Sommer im Dezember beginnt. Während in Deutschland Schnee fällt
und meine Freunde Fotos von Glühwein und Plätzchen bei Facebook posten, verwandelt sich Buenos Aires in eine Sauna. Die Luft
wird zähflüssig, alles klebt, und wenn sich zur Rushhour die Türen
der U-Bahn öffnen, hat man das Gefühl, jemand hätte gerade in
der Sauna einen Aufguss gemacht. Buenos Aires im Hochsommer
ist ein einziges Stöhnen und Ächzen: ¡qué calor! Die Hitze raubt einem den Schlaf, sie macht die Menschen aggressiv und ange-
spannt, alle träumen von Urlaub, Strand und Meer.

»Du machst es richtig«, sagt Nicolás, der Vater meiner Freundin, und drückt mir einen Hamburger in die Hand. »Mar del Plata,
da würde ich jetzt auch gerne hin. Weißt du, du musst unbedingt
ins Kasino gehen.« »Und einen Maiskolben am Strand essen«, sagt
meine Freundin. »Noch besser: churros!«, sagt Silvia. Und dann fangen alle an zu erzählen, von den churros, dem fettigen Spritzge-
bäck, dass am Strand von Mar del Plata aus Körben verkauft wird,
von der Rambla, den Theatern, den Straßenkünstlern und natürlich dem Strand und dem Meer.

Es ist schwer zu beschreiben, was Mar del Plata für die Argentinier bedeutet. Eine Mischung aus Rimini, Mallorca und der Ostsee vielleicht. Mar del Plata, das heißt Eis am Stiel und Sandbur-

gen, Bier am Strand und Sommerliebe. Mar del Plata ist eine Legende, eine Institution, eine Ferienbastion und der Ort, an dem seit Generationen Millionen von Argentiniern ihren Urlaub verbringen. Autokolonnen verlassen ab Ende Dezember Buenos Aires in Richtung Mar del Plata. Ein Exodus zum Strand, eine Völkerwanderung, die das halbe Land erfasst. Die Straßen sind verstopft, die Hotels ausgebucht, die Fernsehsender berichten jeden Tag live vom Strand. Mar del Plata, das Silbermeer, der goldene Sommer, der Urlaubswahnsinn. Fast jeder, den ich kenne, war schon einmal dort, nur ich nicht. Bis jetzt.

*

Es ist morgens kurz nach sieben und schon wieder heiß in Buenos Aires – oder immer noch, so genau weiß man das nicht. Sicher ist aber, dass es heute noch wärmer wird als gestern, schon wieder. Gefühlte vierzig Grad, sagen die Meteorologen. »Hitzewelle!«, steht darum in den Zeitungen und auf den Nachrichtenseiten im Netz, das Wetter ist eben immer ein Thema, auch wenn es sich jedes Jahr wiederholt. Fotos zeigen Menschen, die sich den Schweiß von der Stirn wischen oder in Brunnen baden. Ich glaube, einige der Bilder kenne ich schon vom letzten Jahr.

»¡Qué calor!«, hat der Taxifahrer gesagt, als ich einstieg, um dann, als ich die Tür schon zugeschlagen hatte, hinzuzufügen, dass die Auto-Klimaanlage leider kaputt sei.

Jetzt bläst mir durch das Fenster der Fahrtwind ins Gesicht, wir fahren von meiner Wohnung aus Richtung Norden und dann ins Zentrum, vorbei an Parks mit Springbrunnen und neongrünem Rasen. Jogger drehen ihre Runden zwischen alten knorrigen Bäumen und in den Glasfassaden der Villen-Hochhäuser an der Avenida del Libertador spiegelt sich die Morgensonne.

Die breite Prachtstraße endet kurz vor der Plaza San Martín, einem fußballfeldgroßen Platz, in dessen Mitte die Torre Monumental aufragt, ein Turm aus Backstein, der mit weißen Schnörkeln und Symbolen des Britischen Empire verziert ist. Der Turm war ein Geschenk der englischen Gemeinde Argentiniens an ihre neue Heimat. Früher hieß er darum auch Torre de los Ingleses, Turm der Engländer, doch dann kam die Niederlage der Argentinier gegen England im Kampf um die Islas Malvinas beziehungsweise die Falkland Islands. Es folgte eine große Verbitterung, ein Anschlag auf den Turm und die Umbenennung in Torre Monumental. Denkmalturm. Unverfänglicher geht es nicht.

Es ist kein Zufall, dass die Torre de los Ingleses respektive Torre Monumental ausgerechnet hier steht, in Retiro, dem Bahnhofsviertel von Buenos Aires. Die Engländer haben in Argentinien die Eisenbahn aufgebaut, bis heute fahren darum zum Beispiel die U-Bahnen in der Stadt im Linksverkehr. Englische Firmen haben Tausende Kilometer Schienen verlegt, von der Pampa bis zur Steppe Patagoniens im Süden und den tropischen Wäldern im Norden. Auch waren es zum großen Teil Engländer, die die großen Bahnhöfe gegenüber der Plaza San Martín bauten: zwei etwa hundert Jahre alte Eisenbahnpaläste im französischen Stil, mit Wartehallen wie Kirchenschiffe und Säulen neben den Eingängen. Sehr viel kleiner ging es nicht, schließlich besaß Argentinien Anfang des 20. Jahrhunderts eines der größten Eisenbahnnetze der Welt. Doch dann kam zuerst das Automobil und danach in den Neunzigerjahren des 20. Jahrhunderts die Privatisierung der staatlichen Eisenbahn. Strecken wurden stillgelegt und Bahnhöfe eingemottet, Dörfer waren auf einmal abgeschnitten vom Rest der Welt und ganze Landstriche verödeten.

Die Straße hatte gewonnen, viele Argentinier glauben aber, dass sie verloren haben. Denn heute verstopfen Hunderttausende Lastwagen die einspurigen Landstraßen, und wer verreisen will, muss den Bus nehmen, der wesentlich gefährlicher und teurer ist als die Bahn. Aber nur die *micros* erschließen heute das ganze Land, fahren in jedes noch so abgelegene Städtchen, in den Norden und den Süden, die Anden und ans Meer. Und egal, wo man von Buenos

Aires aus mit dem Bus hinfahren möchte, die Reise beginnt fast immer im Busterminal Retiro.

Er liegt hinter den Eisenbahnpalästen mit ihren Kronleuchtern und Marmorböden, ein grün-gelblicher Betonklotz, vierhundert Meter lang und drei Stockwerke hoch. Brücken und immer defekte Rolltreppen verbinden die verschiedenen Ebenen miteinander. Sollten Ameisen auf der Evolutionsleiter noch ein paar Stufen nach oben rücken, stelle ich mir so ihre Nester vor: ein Gewirr und Gewusel in dunklen und engen Gängen aus Beton. Zwischen Zeitschriftenständen und kleinen Läden zerren Menschen Taschen hinter sich her, Reisende sitzen auf Kisten, Kofferträger schleppen Kartons, Kinder schreien, Taxifahrer suchen Kundschaft, Militärpolizisten mit Maschinengewehren patrouillieren – und irgendwo da draußen, von einer der knapp hundert Busbuchten, fährt mein Bus nach Mar del Plata ab.

Er kommt mit einer halben Stunde Verspätung, und dann tropft auch noch die Klimaanlage. Die Sitze sind nass, die Stimmung ist trotzdem gut. Neben mir sitzen zwei Jungs in kurzen Hosen und Flipflops, und als der Bus den Motor startet, packen sie eine Thermoskanne und Mate aus. Sommer. Sonne. Strand. Wir kommen.

Etwas mehr als vierhundert Kilometer trennen Buenos Aires und Mar del Plata, das macht etwa fünf bis sechs Stunden Fahrt, immer nach Süden und fast senkrecht nach unten auf der Landkarte.

Langsam rollen wir aus dem Terminal, und noch bevor wir ihn verlassen haben, ragen neben uns kleine bunte Häuser in den Himmel. Wie Schuhschachteln stapeln sie sich übereinander, vier, fünf, sechs Stockwerke hoch. Ein Gewirr aus Wellblech, Ziegelsteinen, Satellitenschüsseln, Treppen, Wassertanks und Rohren, dazwischen enge Gassen, aus denen unaufhörlich Menschen quellen.

Villa oder *villa miseria* nennt man solche Armenviertel und Slums in Argentinien, und Villa 31 ist die wahrscheinlich berühm-

teste *villa* von Buenos Aires. Geschätzt vierzigtausend Menschen
leben hier, mindestens, denn in den letzten Jahren ist Villa 31
enorm gewachsen. Als ich das erste Mal in Buenos Aires war, gab
es in dieser Gegend kaum Häuser, die höher als zwei Stockwerke
waren. Heute sind manche Gebäude so hoch, dass sie schon die
Autobahnbrücke überragen, die sich quer über die *villa* spannt.
Lange Zeit gab es Pläne, Villa 31 zu räumen und abzureißen, 2009
haben Stadt und Regierung dann beschlossen, sie doch lieber zu
urbanisieren. Sonderlich viel ist seitdem nicht passiert, zwar sind
angeblich die Grundstückspreise und Mieten innerhalb der *villa*
nach oben geschnellt, aber eine richtige Infrastruktur gibt es bis
heute nicht, genauso wenig wie öffentliche Schulen. Andere
Elendsviertel in Buenos Aires sind vielleicht noch schlimmer dran,
doch lebenswert macht das Villa 31 noch lange nicht.

Wir biegen ab gen Süden, durch das Zentrum, vorbei an Hochhäusern und Glaspalästen. Nach einer halben Stunde haben wir
das Zentrum hinter uns gelassen, draußen rauschen die Vorstädte
von Buenos Aires vorbei, kleine Hütten aus Blech und rohen Ziegelsteinen, in offenen Abwasserkanälen schwimmen Plastiktüten
und Konservendosen. Vor Zäunen aus Zweigen stapeln sich Müll-
tüten, dahinter spielen Kinder Fußball auf Lehmböden.

Zwischen den Hütten und den wilden Müllkippen stehen immer wieder gesichtslose Wohnblocks und geklonte Zementmons-
ter, Sozialbauten für die, die Glück gehabt haben, zumindest werden das die Lokalpolitiker so sagen. Gleichzeitig sind da aber auch
die Mauern, mit Stacheldraht oben drauf und Kameras an den
Lichtpfosten. Sie sollen die *barrios privados* abgrenzen, auch *coun-
tries* genannt: eingezäunte Siedlungen nach Vorbild der amerikanischen Gated Communities. Villenparks hinter Mauern, mit eigenen Schulen und Supermärkten. Große Schilder werben für »Eine
Parzelle im Ecobarrio« mit Wald und Natur. Wir fahren vorbei an
Pförtnerhäuschen, die hinter künstlichen Wasserfällen verschwinden, wer will, kann gleich neben dem Golfplatz wohnen

oder – noch exklusiver – in einem Viertel mit integriertem Platz
für Polo.

Langsam franst Buenos Aires aus. Fabriken und Friedhöfe,
kleine Bauernhöfe und Kühe, die zwischen Hochspannungslei-
tungen grasen. Die Bäume werden höher, die Häuser immer weniger, zwei Polizisten sitzen unter einem Sonnenschirm auf einer
Wiese.

Die Straße ist voll mit Reisebussen und Autos. Manche haben
Koffer und Kisten auf dem Dach, Sonnenschirme und Campingstühle. Es ist, als wäre die Straße nach Mar del Plata das Ven-
til, durch das der Druck aus dem Dampfkochtopf Buenos Aires
entweicht.

*

Der Busterminal von Mar del Plata ist ein schöner Neubau und
nur halb so groß wie der von Buenos Aires. Braungebrannte Urlauber warten auf die Busse, die sie wieder zurück nach Hause bringen, auf denselben Sitzen, auf denen gerade noch abgearbeitete
Familienväter und bleiche Angestellte saßen, mit müden Augen
und zwei Wochen Urlaub vor sich.

»Wir sind hier nur beruflich«, sagt einer der beiden Jungen, die
im Bus neben mir saßen. Vor sich wuchtet er ein E-Piano durch
den Gang. »Wir spielen die ganze Woche hier, bei einem Musical,
nichts Anspruchsvolles, aber bezahlt werden wir gut.« Bevor er aus
der Bustür tritt, setzt sich mein Sitznachbar noch die Sonnenbrille auf. Ein bisschen Urlaubsfeeling muss sein.

Wenn sich Ende Dezember die Urlaubskarawane Richtung
Mar del Plata in Bewegung setzt, dann ziehen die Theater- und
Showensembles mit, die sonst nur in Buenos Aires auftreten. Im
Urlaub haben gestresste *porteños* endlich Zeit, die Stücke zu sehen,
die sie wegen zu enger Terminpläne zu Hause verpasst haben.
Gleichzeitig können die Urlauber aus der Provinz endlich die Stars
live erleben, die sie sonst nur aus dem Fernsehen kennen. Ricardo

Darín, Argentiniens Schauspielstar Nummer eins, steht in Mar del Plata mit einem Beziehungsdrama auf der Bühne, es gibt aber auch Klamaukstücke mit Bikinischönheiten für die Leute, die am Strand noch nicht genug Haut gesehen haben.

Als Mar del Plata vor einhundertvierzig Jahren gegründet wurde, wäre das undenkbar gewesen, sowohl das Unterhaltungsprogramm als auch nackte Haut am Strand. Damals galten Baderegeln, die es alleinstehenden Damen und Männern verboten, zusammen ins Wasser zu gehen, unehrenhafte Wörter zu benutzen und Badeanzüge zu tragen, die nicht mindestens vom Hals bis zum Knie reichten.

Urlaub war damals noch Luxus und kein Massenphänomen, man reiste mit der Eisenbahn an und nicht mit dem Bus, und statt sich zu bräunen, flanierte man über die Strandpromenade, Pampa-Barone und der argentinische Geldadel neben französischen Grafen und englischen Bankiers. Die Reichen blieben unter sich.

Mar del Plata war von Anfang an als nobler Strandort geplant, als eine Replik der Badeorte in Frankreich. 1874 gegründet, wurde es zehn Jahre später an die Eisenbahn angeschlossen. Ab da ging alles ganz schnell: Die ersten Nobelhotels wurden eingeweiht und schon 1890 war Mar del Plata das schickste Seebad Argentiniens. Hotelpaläste wuchsen zwischen den Dünen in den Himmel, Sommerresidenzen und Strandschlösser – doch dann kam erst die skandalöse Mode der Damen, sich Arme und Beine zu bräunen, danach die Weltwirtschaftskrise und am Ende kamen die Peronisten. Sie gaben der Arbeiter- und der Mittelklasse ein dreizehntes Monatsgehalt, Ferien und den Zugang zu den einstigen Urlaubshochburgen der Oberschicht. Mitte der Vierzigerjahre kauften und bauten Gewerkschaften massenweise Hotels in Mar del Plata, auf einmal besetzten Arbeiterfamilien den Strand, und die Reichen und Adligen rümpften angeekelt die Nase. Sie fuhren von nun an nach Punta del Este in Uruguay, und kaum waren sie weg, sprossen in Mar del Plata Hotelbunker und Plattenbauten aus dem Boden, manche so hoch, dass der Schatten, den sie werfen, bis zum Strand reicht.

Drei Millionen Menschen besuchen heute jedes Jahr Mar del Plata, die Stadt platzt im Sommer aus allen Nähten, alle Betten sind belegt, und ohne Reservierung geht nichts. Ich habe mit Glück noch ein Zimmer ergattert. Das Hotel sah zwar schon im Internet schmierig aus, dafür sind es nur ein paar Blocks bis zum Strand, und genau da will ich ja hin.

»Weißt du, ich mag den Winter lieber als den Sommer.«

Hector hat kurze braune Haare und trägt eine verspiegelte Sonnenbrille, in seinem Taxi riecht es nach Rauch und Putzmittel für Plastikarmaturen.

»Ich bin in Mar del Plata geboren und ich will hier nicht weg, aber wenn Hochsaison ist, dann ist hier alles voll, überall muss man anstehen, und dazu noch die Hitze, mit der komm ich gar nicht klar. Aber im Sommer müssen alle hier arbeiten, wir machen erst Urlaub, wenn eure Ferien vorbei sind.«

»Und wo fährst du dann hin?«, frage ich Hector.

»Nach Brasilien!«

Hector hupt ein paar Touristen zur Seite und schießt über eine orangene Ampel.

»Weißt du, in Brasilien sind die Strände viel schöner als die von Mar del Plata.«

*

Schwer zu sagen, ob Hector recht hat. Im Moment sieht man am Strand von Mar del Plata nicht einmal den Sand. Stattdessen: Schirme, Campingstühle, Kühlboxen, Handtücher, schwitzende Körper, dicht an dicht, kein Platz, nicht ein Zentimeter.

Ich stehe auf der Uferpromenade und schaue auf den Strand vor mir. Mar del Plata ist kein Silber-, sondern ein Menschenmeer.

Vor einer halben Stunde hat Hector mich beim Hotel abgesetzt. Leider ist es schlimmer, als die Bilder im Internet vermuten ließen: der Boden dreckig, über der Matratze ein Plastikbezug, die Dusche ein kaltes Rinnsal, und irgendwas lag hinter der Toilettenschüssel, aber mir fehlte der Mut, genauer nachzusehen.

Der Strand schien mir der bessere Plan, fünf Blocks durch Häuserschluchten, vorbei an Apartment-Burgen und Plattenbauten. Neben mir liefen Familienväter mit Sonnenschirmen unter dem Arm, Mütter mit Badetaschen und Thermoskannen, Rentner mit Kühlboxen und Campingstühlen. Eine Völkerwanderung Richtung Strand, Sonne und Meer.

Als ich einem Freund vor Kurzem erzählte, dass man in Deutschland selbst als Berufsanfänger schon knapp sechs Wochen Urlaub im Jahr bekomme, meinte er nur, ob wir auch in den Konferenzen massiert würden und jeden Morgen Champagner am Eingang bekämen. Selbst langjährige Angestellte bringen es in Argentinien nicht auf so viele Urlaubstage im Jahr wie die Deutschen. Das Gros der Argentinier hat fünfzehn Tage frei, und meistens dürfen sie den Urlaub nur im Januar oder Februar nehmen. In diesen zwei Monaten fällt Argentinien deshalb in eine Art Sommerstarre, Fabriken schließen, Geschäfte lassen die Rollläden herunter und in Behörden weht Papier durch einsame Gänge. Nichts geht mehr – und alle gehen in Urlaub.

Langsam kämpfe ich mich durch den heißen Sand Richtung Meer, ein Hindernisparcours über Handtücher und Picknickkörbe, vorbei an Rentnern, die Kreuzworträtsel lösen, vorbei an Teenagern, die Musik hören, vorbei an Freundinnen, die in der Sonne braten – und alle, alle trinken Mate. »Heißes Wasser«, steht auf einem Schild am Beobachtungsturm der Rettungsschwimmer, kein Mate am Strand ist in Argentinien ein Notfall, ähnlich dem drohenden Tod durch Ertrinken.

Irgendwie erinnert mich all das an früher, an Italienurlaube mit meinen Eltern, an Rimini in den Achtzigern, nur waren da die Sonnenschirme in Reihen aufgestellt. Hier gleichen sie eher einem dichten Urwald, wild wuchernd und undurchdringlich.

Das Meer ist genauso voll wie der Strand, aber irgendwann spüre ich Wasser unter meinen Füßen. Ein dickes Ehepaar hat seine Klappstühle direkt ins seichte Wasser gestellt, Teenager rennen ins Meer, Teenager rennen aus dem Meer, Spaziergänger gehen von links nach rechts, Spaziergänger gehen von rechts nach links, alles fließt, alles ist voll, kein Platz mehr, nicht ein Zentimeter.

»Wir kommen jedes Jahr hierher, zwei Wochen, das ist so, seit ich denken kann«, sagt Cyntia. Ihre Haut ist so braungebrannt, wie es meine nach zwei Monaten am Strand nicht wird: dunkles Leder mit einem Stich ins Rote. In ihrer Hand hält Cyntia einen kleinen, nassen Pudel. »Der geht verloren, wenn ich nicht auf ihn aufpasse«, sagt sie. »Ich war hier schon als Kind, jetzt kommen wir mit unserer kleinen Tochter her. Wir wohnen in Lanus, im Süden von Buenos Aires, früher habe ich in einem Supermarkt kassiert, aber gerade habe ich keinen Job. Erholung brauch ich trotzdem, ohne Sonne und Strand werde ich depressiv.« Ein paar Meter vom Ufer entfernt rast ein kleines Motorboot durch das Wasser, Kinder stürzen sich schreiend in die Wellen. »Und das hier ist für dich Erholung?«, frage ich. »Klar! Ich setze mich an den Strand und schau den Leuten zu, hier ist immer was los. Ein bisschen weiter im Süden gibt es leerere Strände, aber das ist nix für mich. Das einzige Problem ist, dass man früh kommen muss, sonst kriegt man keinen Platz mehr.«

Ich bin zu spät, also laufe ich den Strand entlang, ducke mich unter Fußbällen hinweg und wundere mich, was für ein seltsames Phänomen Mar del Plata ist: Auf der einen Seite sind da die Menschen, die in der ruhigen Provinz leben. Sie kommen ausgerechnet in ihrem Urlaub nach Mar del Plata, in eine Stadt, die alles andere als erholsam ist. Und dann sind da die *porteños,* die elf Monate sparen und auf ihren Urlaub warten, die von Strand und Meer träumen, während sie in stickigen Bussen durch Buenos Aires rumpeln oder sich durch zu volle Straßen quälen. Dann kommt der Januar, und alle fahren nach Mar del Plata: nur um dort in stickigen Bussen zu stehen und sich durch volle Straßen und – immerhin – Strände zu kämpfen.

Eines der Wahrzeichen von Mar del Plata ist ein neununddreißig Stockwerke hohes Hochhaus direkt am Strand. Offiziell heißt es Edificio Demetrio Elíades, die meisten Argentinier kennen es aber unter Havanna-Hochhaus, weil auf seinem Dach ein riesiger Schriftzug für die Gebäck- und Kaffeekette Havanna wirbt. Man kann das Havanna-Hochhaus auf Postkarten sehen und auf Panoramafotos, es gehört zur Skyline von Mar del Plata wie die Oper zu Sydney. Doch jetzt ziehen hinter dem Schriftzug dunkle Wolken auf, sie stapeln sich immer höher und übereinander. Libellen fliegen zwischen den Sonnenschirmen hindurch, die ersten Tropfen fallen, Klappstühle werden zusammengefaltet, Mate-Becher eingepackt und Bademattan aufgerollt.

Und dann: Applaus. Der halbe Strand klatscht. Als ich näher komme, sehe ich ein kleines Mädchen mit rosa Barbie-Badeanzug, das eingeschüchtert neben einem durchtrainierten Rettungsschwimmer steht. Wieso denn alle applaudieren würden, frage ich ein braungebranntes Rentnerpaar, dessen Zähne leuchten wie frisch gefallener Schnee in den Bergen.

»Na, wegen der Kleinen da vorne«, sagt der Mann und deutet auf das Mädchen im Barbie-Badeanzug.

Der Rettungsschwimmer nimmt sie jetzt in den Arm, irgendwie erinnert sie mich an Cyntias kleinen, nassen Pudel.

»Das Mädchen hat seine Eltern verloren, und damit sie wissen, wo sie suchen müssen, klatschen wir. Du bist nicht von hier, oder?«

»Nein, ich komme aus Deutschland.«

»Aha«, sagt der Rentner. »Und was macht ihr da, wenn ihr Kinder am Strand verliert?«

Bevor ich antworten kann, stapft eine runde Matrone mit blondierten Haaren durch den Sand und schreit: »Du bist ein *pelotudo!* Ein Vollidiot!«

Hinter sich her zieht sie einen dicken Mann mit Haaren auf dem Rücken.

»Kannst du nicht ein Mal aufpassen?«

Dann nimmt sie das Mädchen im Barbie-Badeanzug auf den Arm, haut ihrem Mann auf den Hinterkopf und stapft von dannen. Ende der Show. Vorhang zu.

Und kaum haben die Leute aufgehört zu klatschen, beginnt es zu regnen. Dicke Tropfen, die wie Geschosse in den Sand schlagen, ein Platzregen, als würde der Himmel all das Wasser, das er die letzten Wochen zurückgehalten hat, auf einmal über uns ausgießen. Badegäste versuchen sich unter Sonnenschirmen in Sicherheit zu bringen, ich stelle mich unter die Markise einer Frittenbude. Nach fünfzehn Minuten ist der Strand leer, im Sand liegen Plastikflaschen und Papiertüten. Regen im Paradies, denke ich und mache mich auf den Weg zurück ins Hotel. Morgen früh soll wieder die Sonne scheinen, dann werden die Leute wiederkommen, so früh es geht, weil man sonst keinen Platz kriegt am Strand von Mar del Plata.

Kapitel

7

Auferstanden aus Ruinen

» Indio Rico«, steht auf dem Ortsschild, Reicher Indio. Ich überlege kurz, wie es zu so einem Namen kommen kann. Ob Indio Rico sich diesen Namen gegeben hat, weil es hier wirklich einen reichen *indígena* gegeben hat. Oder ob das alles nur ein Trick ist, eine Falle, um Menschen in eine Gegend zu locken, die ansonsten langweiliger ist als der Landwirtschaftskanal im argentinischen Kabelfernsehen: Felder und Wiesen, bis zum Horizont und in Dauerschleife.

Als ich heute Mittag in Mar del Plata in den Bus stieg, war er voll besetzt mit Menschen in Urlaubsstimmung. Erst fuhren wir an der Küste entlang, nach und nach stiegen die Passagiere aus, in den Strandbädern im Süden von Mar del Plata, in Miramar und Necochea. Als nur noch der Busfahrer, einige Jugendliche und ich übrig waren, bogen wir nach Norden ab, weg von Strand und Meer und Sonnencreme, immer weiter hinein ins Herzland der Provinz Buenos Aires.

Sie ist die größte Provinz Argentiniens, dreihunderttausend Quadratkilometer Felder, Wiesen und Weiden, grüne Monotonie mit ein paar Hügeln und Bergen, der Rest ist so flach, dass nicht einmal das Wasser weiß, wohin es fließen soll. Wenn es regnet, bilden sich Pfützen, kleine Teiche und manchmal auch ganze Seen, wie Edelsteine auf dem grünen Tuch eines Billardtischs liegen sie in der Pampa. Einer der größten Seen, das Kronjuwel gewissermaßen, ist der Epecuén.

Er liegt am südwestlichen Rand der Provinz Buenos Aires, mitten im Nirgendwo, und bestimmt hätte ich nie vom Epecuén gehört, wenn nicht vor einigen Jahren Bilder im Internet aufgetaucht wären. Auf ihnen sah man nicht den See, sondern die Ruinen einer Stadt, die er vor dreißig Jahren verschluckt hatte, nur um sie nach fünfundzwanzig Jahren wieder auszuspucken: Villa Epecuén. Die Fotos zeigten eine Landschaft wie aus einem Kriegsfilm, abgestorbene Bäume und eingefallene Mauern, Häusergerippe, die wie Fratzen in der Landschaft standen, mit weit aufgerissenen Augen und Mündern dort, wo früher Fenster und Türen waren. Irgendwann druckten die ersten Magazine die Fotos, auf Nachrichtenseiten im Internet gab es Fotostrecken, und ein Energydrink-Hersteller drehte ein Video mit einem BMX-Fahrer, der in Epecuén von Mauer zu Mauer sprang. Epecuén, hieß es, sei ein »Pompeji in der Pampa«. Ein »argentinisches Atlantis«. Ein kleines Wunder zwischen Wiesen und Weiden, in der langweiligsten Landschaft der Welt.

*

Um kurz vor zehn Uhr abends hält der Bus schließlich in Carhué. Es ist schon dunkel, struppige Hunde stromern durch die kleine Stadt und einsame Autos rollen langsam durch die Nacht. Die Straßen von Carhué sind breit, eher Boulevards als Kleinstadtstraßen, als hätte man eigentlich Größeres mit Carhué vorgehabt, als sollten über diese Alleen nicht nur Pick-ups fahren, den Staub von den Feldern noch auf dem Lack, sondern auch Limousinen oder Sportwagen, exklusive Modelle, wie man sie sonst nur in Buenos Aires sieht.

Aber so ist es nie gekommen. Carhué ist eine Provinzstadt geblieben, fünfhundert Kilometer vom Glamour, den Lichtern und der Hektik der Hauptstadt entfernt, aber nur acht Kilometer von den Ruinen von Villa Epecuén. Und genau dort will ich hin.

»Gar kein Problem«, sagt man mir an der Rezeption meines Hotels. Es ist aufgeräumt und sauber und wirbt mit einem Spa-Bereich.

Vor ein paar Jahren hat sich Carhué in Termas de Carhué umbenannt, die argentinische Variante von Bad Carhué. Auf diese Weise sollten Touristen angelockt werden, schließlich war hier lange Zeit sonst nicht viel zu sehen. Doch dann gab der Epecuén die Stadt wieder frei, die er Jahrzehnte unter sich begraben hatte, und aus dem angeblich heilenden Wasser stiegen Ruinen empor, ein argentinisches Atlantis, eine neue Attraktion.

»Gar kein Problem«, sagt also der junge Angestellte des Hotels. »Morgen in der Früh rufe ich Norma an. Die bringt dich hin.«

*

»Du willst nach Epecuén?« Norma trägt beige Hosen, die ihr nur bis zu den Knöcheln reichen, fast so, als müsste sie heute noch durchs Wasser waten. Ihr T-Shirt ist so pink, dass es fast wehtut, und die dunklen Gläser ihrer Sonnenbrille sind so groß, als wäre Carhué eben doch kein Provinzstädtchen, sondern ein Vorort von Hollywood.

Norma ist Anfang fünfzig, sie hat aber den Körper einer Vierzigjährigen und mehr Energie als die meisten um die dreißig. Sie ist die Einzige in Carhué, die Touristen zu den Ruinen von Epecuén fährt. In ihrem Auto wartet schon ein Ehepaar aus Bahía Blanca, der Hafenstadt im Süden der Provinz Buenos Aires.

»Meine Frau hat sich die Hüfte gebrochen«, erklärt mir der Mann, ein rundlicher Angestellter mit Topfschnitt und Herrenhandtasche. »Jetzt sind wir hier in Carhué zur Kur, eine ganze Woche, da wollten wir natürlich auch die Ruinen sehen.«

»Da hättet ihr sonst auch was verpasst«, sagt Norma und lässt den Motor an.

Es ist morgens kurz nach zehn, Carhué ist so wach, wie es ein verschlafenes Provinzstädtchen nur sein kann. Pick-ups rumpeln über die breiten Straßen, zwei Teenager radeln schwatzend nebeneinander, Norma winkt einem Polizisten zu und hupt kurz für zwei Freundinnen am Straßenrand. So wird das die nächsten Kilometer gehen, ein kurzes Hallo, einmal kurz aufgeblendet: Die Provinz Buenos Aires mag die bevölkerungsreichste Argentiniens sein, aber hier, in Carhué, kennt man sich.

Die Geschäfte neben der Hauptstraße verkaufen Arbeitskleidung und Werkzeug, es gibt einen Schreibwarenladen, und am Ortsrand passieren wir die Diskothek Picasso, einen grünen Klotz mit kubistischen Gesichtern neben dem Eingang. An der Tür steht: »Im Moment geschlossen«, und es sieht so aus, als ob der Moment schon eine halbe Ewigkeit dauert.

»Also gut«, sagt Norma und biegt von der Hauptstraße auf einen Schotterweg ab. »Das, was ihr hier seht, war früher alles Land der *indígenas*. Dann kam Ende des 19. Jahrhunderts das argentinische Heer, um sie zu vertreiben. Danach erhielten mehrere Großgrundbesitzer das Land, sie haben Rinder gezüchtet, Weizen gepflanzt und das Salz aus dem Epecuén abgebaut. Denn der Epecuén ist ein Salzsee, es gab sogar mal eine Zeit, da hatte er fast so viel Salz wie das Tote Meer. Die Leute haben es gekauft, um ihr Rheuma zu heilen oder Hautkrankheiten, und irgendwann kamen die ersten Touristen hierher, um direkt im See zu baden.«

Carhué sei damals die dem See nächstgelegene und lange Zeit auch einzige Siedlung am Epecuén gewesen, erzählt Norma. Ein paar einsame Häuser in den Weiten der Pampa, doch dann wurde Carhué an die Bahnstrecke nach Buenos Aires angeschlossen.

Bald stiegen am Bahnhof von Carhué die ersten reichen *porteños*
aus, es entstanden Hotels und Restaurants, allein der See wollte
nicht mitspielen, er zog sich immer weiter zurück und die Badegäste mussten die Kutsche nehmen, um baden zu können. »Also
hatten ein paar Geschäftsleute die Idee, einen neuen Badeort zu
bauen, diesmal aber direkt am Ufer.«

Norma kurbelt das Lenkrad von rechts nach links, um den
Schlaglöchern vor uns auf der Straße auszuweichen. Ein Pick-up
braust an uns vorbei, Norma hupt kurz, die Arbeiter auf der Lade-
fläche grüßen.

»Das hier ist die Straße, die früher zum Bahnhof von Villa Epecuén führte. Wenn im Sommer die Züge hier eintrafen, begann unter den Hotelbesitzern ein Wettrennen. Reservierungen oder Bu-
chungen kannte man damals nicht, also musste man die Gäste direkt
am Bahnhof abpassen und zu sich locken. Wer als Erster da war, hatte die besten Chancen und machte am Ende das beste Geschäft.«

Der Bahnhof von Epecuén ist ein einstöckiges Gebäude mit
Wellblechdach, außen herum nur Felder und Wiesen. Seit in den
Neunzigerjahren in Argentinien die Eisenbahn privatisiert wor-
den ist, hält auch hier kein Zug mehr. Ein Bahnhof, mitten in der
Pampa, wie ein Koffer auf dem Bahnsteig, den jemand vergessen
hat mitzunehmen.

Dort wo früher Gleise waren, wächst heute gelbbraunes Gras.
Und dort wo früher wohlhabende Familien mit Schrankkoffern
und Bediensteten ankamen, steht heute ein kleines Museum. Es
gibt Glasvitrinen mit alten Postkarten, Fotos an den Wänden zeigen Epecuén, wie es früher einmal war. Es gibt Schwarz-Weiß-Bil-
der aus den Zwanziger- und Dreißigerjahren von Männern und
Frauen in langen Badeanzügen, die vor dem See von Epecuén po-
sieren oder sich an seinem Ufer mit Schlamm eingerieben haben.
Es gibt Bilder von Holzstegen mit Türmen und Kurbädern mit
maurischen Bögen. Epecuén lag zwar mitten in der Pampa, das
Niveau aber sollte das gleiche sein wie in den mondänen Strandbä-

dern an der Ostsee, der französischen Atlantikküste oder Mar del Plata. Epecuén war das, was man heute High-class nennen würde, ein nobles Spa, und erst in den Fünfziger- und Sechzigerjahren kamen auch die Arbeiter- und Angestelltenfamilien. Farbfotos im Museum zeigen Bikinischönheiten und braungebrannte Urlauber, Männer mit großen Schnauzern, Jugendliche neben einer Wasserrutsche und Siebzigerjahre-Autos auf den Straßen.

»Das hier bin ich«, sagt Norma und zeigt auf ein kleines Mädchen, das zusammen mit anderen Kindern auf die Kamera zurennt. »Ich bin hier aufgewachsen, mein Vater hat Touristen zum See gefahren. Während der Saison haben alle wie verrückt gearbeitet, drei Monate lang, das hat für den Rest des Jahres gereicht. Epecuén war ein Paradies.«

Wir steigen wieder ins Auto und fahren zu dem, was vom Paradies noch übrig geblieben ist. Am Ende der Schotterstraße funkelt jetzt der See. Das Wasser des Epecuén ist hellblau, fast türkis, wie eine Lagune in der Karibik, nur dass keine Palmen am Strand stehen, sondern weiße Baumgerippe. Ihre Wurzeln ragen aus dem hellen Schlamm wie Tentakel, als wollten sie sich mit aller Kraft im Boden festkrallen.

Der Epecuén sei ein See ohne Zu- und Abfluss, erklärt Norma. Regne es viel, steige sein Pegel, und bei Dürreperioden sinke er. Während der Epecuén zu Beginn des 20. Jahrhunderts noch eine weite Wasserfläche war und manche sogar vom »Meer von Epecuén« sprachen, schrumpfte er bis in die Sechzigerjahre so sehr zusammen, dass die Hotel- und Restaurantbesitzer begannen, um ihr Geschäft zu fürchten. »Also haben sie die Regierung gebeten, über einen Kanal Wasser in den Epecuén zu leiten. Das Problem war nur, dass niemand diesen Kanal geschlossen hat.« Wie in einer Badewanne stieg das Wasser, immer weiter und weiter, dazu kamen 1985 schwere Überschwemmungen in der ganzen Provinz Buenos Aires. Am Ende war der Pegel des Epecuén so hoch, dass das Wasser fast über die Deiche schwappte, die man entlang des Ufers gebaut hatte.

»Die Hunde und Katzen waren schon zwei Tage vorher wegge-
laufen.« Norma hat ihre Sonnenbrille abgenommen. Ihre Augen
sind so blau wie der Epecuén. »Am Sonntagmorgen kam das Wasser. Als wir aufwachten, stand es in manchen Häusern schon ein
paar Zentimeter hoch. Uns hat das Wasser erst nach fünf Tagen er-
reicht. Da hatten wir schon alles zusammengepackt und wegge-
schafft. Nach zwanzig Tagen war die gesamte Stadt über-
schwemmt, am Schluss stand das Wasser acht Meter hoch.«

Niemand starb bei der Überschwemmung, aber das heilende
Wasser, das Villa Epecuén einst in ein Paradies verwandelt hatte,
vernichtete die Lebensgrundlage der meisten der tausendfünfhundert Einwohner der kleinen Stadt. »Meine Eltern haben ein
bisschen Geld von der Regierung bekommen, das war aber weniger als die Hälfte von dem, was unser Haus wert war. Wir mussten
Monate auf die Zahlungen warten, und als wir das Geld dann endlich hatten, hatte die Inflation schon alles aufgefressen. Meine Eltern hatten keine Wahl, wir besaßen sonst nichts und brauchten
das Geld. Einige Hotelbesitzer haben geklagt, aber die wohnten
ohnehin in Buenos Aires und hatten Geld für Anwälte. Die haben
jahrelang prozessiert und am Ende ein gutes Geschäft gemacht.«

So wie die meisten anderen Familien aus Villa Epecuén zog
Norma mit ihren Eltern nach Carhué. Dort, sagt Norma, waren
viele nicht wirklich traurig über die Überschwemmung, denn in
dem See versank mit den Häusern der Nachbarn auch die Konkur-
renz, die Carhué einst das Wasser abgegraben hatte.

»Ich habe in Epecuén als Touristenführerin gearbeitet. Als das
Wasser kam, ging das natürlich nicht mehr. Also habe ich angefangen, Französisch zu studieren. Ich wollte Lehrerin werden, aber
kaum war ich fertig, hat die Regierung Französisch aus dem Lehr-
plan gestrichen. Da war ich wieder arbeitslos. Also habe ich in den
Hotels und Restaurants Zettel verteilt. Auf ihnen stand, dass ich
Touren zum Epecuén mache.«

Norma macht bis heute die Runde durch Carhué. Unter dem

Radio ihres Autos liegt ein Stapel der Zettel, Schwarz-Weiß-Kopien, die Norma selbst druckt und zurechtschneidet.

»Die ersten Jahre stand ich nur am Ufer des Sees und habe aus einer Mappe heraus Fotos von früher gezeigt. Damals hätte ich nie gedacht, dass ich mal Touren in Villa Epecuén mache. Dass ich wieder durch die Straßen laufe und dass ich mein altes Zuhause wiedersehe.«

Seit 2003 sinkt das Wasser des Epecuén wieder. »Erst sind nur ein paar Mauern aus dem See aufgetaucht, dann ganze Häuser, und seit 2011 liegt Villa Epecuén komplett trocken.«

Norma stellt den Motor aus. Wir sind auf einem Parkplatz, gleich daneben beginnt ein asphaltierter Weg. An seinem Rand steht eine Hütte aus Holz, als habe jemand hier ein Gartenhäuschen vergessen. Es ist ein improvisierter Ticketschalter, zwanzig Peso Eintritt kostet Epecuén heute, die großen Nationalparks verlangen fast zehn Mal so viel, aber wer hätte gedacht, dass überhaupt noch einmal Touristen nach Epecuén kommen würden.

Wir laufen den kleinen Weg entlang und Norma beginnt, Villa Epecuén wieder zum Leben zu erwecken. »Das hier war die Schule, das hier ein Hotel und das die Hauptstraße.« Wir stehen auf einer breiten Straße, links und rechts von ihr wachsen dünne Büsche und braunes Gras. Dazwischen ragen Ruinen in den Himmel, das Wasser hat die Scheiben eingedrückt, das Salz alles Holz zersetzt, übrig blieb nur der Stein. Mauern mit Löchern, wo früher Fenster und Türen waren, zweistöckige Totenschädel, die uns aus leeren Augenhöhlen anstarren.

Wir gehen durch Alleen abgestorbener Bäume, das Salz hat die Stämme und Äste weiß gefärbt wie Knochenhände, die sich aus der Erde strecken. Auf dem Boden liegen zwischen Trümmern verrostete Schubkarren und Schilder. Ein Auto ist im Schlamm versunken, das Salzwasser hat es aufgefressen, erhalten sind nur noch die Felgen und das Fahrwerk.

»Hallo, Pablo!«, ruft Norma.

In einer Ruine sitzt ein alter Mann im Schatten und liest in einer zerknitterten Zeitung.

»Alles Gute zum Geburtstag, Pablo! Hast du schön gefeiert?«

»Klar«, sagt der Mann. »Mit der ganzen Familie.«

Sein Hemd ist bis zur Brust aufgeknöpft, auf dem Kopf trägt er eine blau-weiße Schirmmütze, die Haare darunter sind so weiß wie die Äste der abgestorbenen Bäume. »Sechsundachtzig bin ich geworden, aber weißt du, den nächsten Geburtstag will ich schon nicht mehr feiern. Mir reicht's.«

Dann vergräbt Pablo sein Gesicht wieder in der Zeitung.

Als wir außer Hörweite sind, erklärt Norma, dass Pablo in den Ruinen wohne. »Er erzählt den Touristen und den Journalisten, dass er der letzte Bewohner von Epecuén sei. Das stimmt natürlich nicht. Pablo stammt gar nicht aus Epecuén, er hat hier nie gewohnt, erst als der See zurückgegangen ist, ist er hergekommen. Seine ganze Familie lebt in Carhué.«

Wir gehen weiter, durch Ruinen und Schutt. Je mehr wir uns dem See nähern, desto schlammiger wird der Boden. Unter den Steinplatten quillt Wasser hervor. Es riecht brackig, kein Wind weht, kein Vogel pfeift, absolute Stille.

Uns kommen Touristen entgegen, mit schweren Kameras und Objektiven so dick wie ein Oberschenkel. Viele stellen am Ende ihre Bilder ins Internet und machen so Gratiswerbung für Epecuén, dazu gibt es mehrere Musikvideos, die in den Ruinen gedreht wurden.

»Und dann sind da natürlich noch die Filmteams. Die benutzen Epecuén als Kulisse für Kriegs- oder Katastrophenfilme. In ein paar Monaten wollen sie hier wieder drehen, in Carhué hab ich schon Plakate gesehen, dass Komparsen gesucht werden.«

Ich frage Norma, ob mehr Leute nach Carhué kämen, um in den Thermen zu baden, oder wegen der Ruinen von Epecuén.

»Schwer zu sagen. Aber das, was wir hier haben, ist einzigartig«, sagt sie.

Aus dem Wasser vor ihr ragt eine alte Rutsche, blauer Lack blättert von ihr ab. »Das ist wirklich einzigartig. Wir müssen das nutzen.«

Auf eine eingestürzte Hauswand hat jemand ein Graffiti gesprüht: »Eröffnung in der Saison 2030«.

Auf dem Weg zurück treffen wir noch einmal Pablo. Er steht auf der Straße und spricht mit einer Gruppe von Touristen, die ihm andächtig lauschen.

»Dieser Mann wohnt hier«, flüstert eine Frau uns zu. »Hier, in den Ruinen! Das ist der letzte Bewohner von Epecuén. Wahnsinn, oder?«

*

Es ist fünf Uhr nachmittags, als Carhué langsam aus seiner Siesta erwacht. Erst sind es nur ein paar Mofas, die durch die Straßen knattern, dann kurbeln die Ladenbesitzer die Jalousien wieder nach oben und Cafés stellen Stühle und Tische nach draußen in die Spätnachmittagssonne. Eine Digitalanzeige auf einer Werbesäule zeigt die Temperatur: neunundzwanzig Grad. Eine betagte Dame zieht einen Handwagen mit Einkäufen hinter sich her, ein alter Tanklaster holpert über die Straße. Ein Schriftzug verrät, was er transportiert. »Agua termal«, Thermalwasser.

In einem Buch über Epecuén habe ich von Cambacita gelesen, einer kleinen Fabrik für *alfajores,* Argentiniens berühmtestes Gebäck. Die kleinen Törtchen gibt es mit Fruchtfüllung oder mit *dulce de leche,* einer Milch-Karamellcreme, die so süß ist, dass die Zähne knistern. *Alfajores* sind ein Klassiker zum Mate oder zum Kaffee, sie sind aber auch ein Klassiker, den man von Reisen mitbringt. Das ist nicht unwichtig, denn was in anderen Kulturen das Gastgeschenk, ist in Argentinien das Mitbringsel: Selbst wenn man nur für ein paar Tage weg war und eigentlich auch nur im Nachbarort, man sollte immer etwas mit nach Hause bringen – und wenn es nur *alfajores* sind.

Es gibt Dutzende *alfajores*-Marken, manche kann man im ganzen Land kaufen, einige haben sogar eigene Café-Ketten in Shoppingcentern und Fußgängerzonen. Neben diesen Großkonzernen existieren aber auch kleine, lokale Fabriken. Jedes einigermaßen große Touristenzentrum hat mindestens eine eigene *alfajores*-Produktion, und fast immer wird das Dutzend in einer Pappschachtel mit einem aufgedruckten Foto verkauft: von den Wasserfällen in Iguazú, dem Gletscher in El Calafate oder den Bergen in Córdoba. Sie zeigen die lokalen Sehenswürdigkeiten. Die Schachtel ist eine gefüllte Postkarte. Doch auf den Schachteln von Cambacita Alfajores sind nur Bilder von etwas zu sehen, was schon lange nicht mehr ist: Farbfotos von lachenden Urlaubern und Panoramaaufnahmen von Villa Epecuén vor der Überschwemmung, als wäre die Stadt nicht untergegangen, als hätte das Salz nicht die Schilder der Hotels aufgefressen und als hätte das Wasser nicht alles unter sich begraben, inklusive der *alfajores*-Fabrik Cambacita.

»Hier, das ist ein Foto von dem Laden in Epecuén.« Alcira steht hinter einem Glastresen mit Bonbons, kleinen gefüllten Hörnchen und Pralinenschachteln. Als das Wasser kam, war Alcira gerade einmal siebzehn Jahre alt, heute, dreißig Jahre später, hat die Zeit ihre Haare so grau werden lassen wie ihre Schürze. Alcira trägt sie so fest um die Hüften gebunden, als ginge es ihr nicht um Schutz vor Mehl und Dreck, sondern um Halt.

Alcira ist in Epecuén aufgewachsen, als Kinder spielten sie und ihre zwei Jahre ältere Schwester am Ufer des Sees, später arbeiteten beide als Verkäuferinnen in dem Laden von Cambacita. »Ich weiß noch, dass unser Chef bei der Stadtverwaltung gefragt hatte, wie hoch das Wasser steigen würde. Dreißig Zentimeter, haben sie ihm gesagt, nicht mehr. Am Ende stand der Laden bis zum Dach im Wasser, mit all den Maschinen drin. Hätten sie ihm damals die Wahrheit gesagt, hätte man vielleicht noch was retten können, aber so waren wir beide und die anderen sieben Angestellten arbeitslos.«

Alcira und ihre Schwester gingen nach Carhué, lebten bei einer Tante. Dann teilte die Regierung ihnen mit, dass sie eine Abfindung erhalten würden, fünfzig Prozent vom Wert ihres Hauses.

»Die haben uns das hingeschmissen, als wäre es ein Rettungsring, und wenn man ertrinkt, dann greift man zu, egal, wie schlecht das Angebot ist. Wir haben unsere Ersparnisse genommen und das Geld vom Staat und haben einen neuen Laden aufgemacht, wieder unter dem Namen Cambacita, der Besitzer hat ihn uns geschenkt, weil er nach der Überschwemmung keine Verwendung mehr dafür hatte. Und jetzt machen wir wieder *alfajores,* nur eben nicht in Epecuén, sondern in Carhué.«

Das Geschäft von Cambacita ist kaum größer als eine Garage, es liegt ein paar Blocks entfernt von der Hauptstraße von Carhué. Eine Glocke klingelt, wenn man die Tür aufmacht, und an der Decke flackert eine Neonröhre. In Glasregalen liegen Schachteln mit *alfajores,* so ordentlich aufgestapelt, wie es nur jemand macht, der viel Zeit hat, aber wenig Kunden.

»Was für *alfajores* willst du denn?«, fragt Alcira. »Mit Fruchtfüllung? Oder Schokolade?«

Ich lasse sie aussuchen, und während Alcira die Törtchen in eine kleine Schachtel packt, erzählt sie mir, dass sie von Wolgadeutschen abstamme, die vor hundert Jahren nach Argentinien gekommen seien. »Dann haben sie sich dummerweise hier niedergelassen, in Epecuén, und am Ende haben wir alles verloren.«

»Aber so schlecht ist es hier doch nicht«, sage ich zu Alcira.

»Ja, das stimmt schon.« Alcira bindet ein Geschenkband um das Päckchen. »Es ist schon schön hier, und jetzt kommen auch immer mehr Touristen, wegen der Ruinen. Aber hier in Carhué sind wir nur adoptiert. Unser Zuhause ist immer noch Epecuén.«

Dann gibt sie mir die Schachtel mit den *alfajores.* Die Schleife ist so fest gebunden wie die an ihrer Schürze. Als fiele etwas auseinander, würde man sie lösen.

BUENOS AIRES

ANDEN

PATAGONIEN

MINEN

? →

FÄHRE

CHILE

RIO GRANDE

SÜDPOL

USHUAIA

HABERTON

Pinguine

Teil 3

FEUERLAND

Kapitel

8

Der Wilde Westen im Süden

Ushuaia ist eine ganz normale Stadt. Man muss das vielleicht klarstellen, denn als ich heute Morgen am Inlandsflughafen von Buenos Aires auf das Flugzeug wartete, standen Touristen in voller Trekkingmontur neben mir, mit Wanderstiefeln, Outdoor-Hosen und bunten Funktionsjacken. Als würden wir für eine Extrem-Expedition anstehen und nicht für den Flug nach Ushuaia, eine Stadt mit Straßen, Häusern, fließendem Wasser und Elektrizität.

Ushuaia liegt im Süden des argentinischen Teils von Feuerland, jener Inselgruppe, die auch Fin del Mundo genannt wird, Ende der Welt, obwohl sie das natürlich nicht ist. Sollte aber irgendjemand irgendwann einmal einen Ort suchen, an dem man das Ende der Welt unterbringen könnte, dann wäre Feuerland kein schlechter Platz dafür. Im Westen und im Osten peitscht der Wind das eiskalte Wasser zu meterhohen Wellen auf, und dort, wo der Pazifik und der Atlantik im Süden zusammentreffen, kommt lange nichts, bis zu den Eiswüsten der Antarktis.

Vier Stunden hat der Flug von Buenos Aires nach Ushuaia gedauert, zweitausenddreihundert Kilometer über die Weiten Patagoniens und dann einmal quer über Feuerland, über braunbeige Steppen, über schroffe Gipfel und bewaldete Täler, kein Haus, keine Straßen, kein Mensch, nirgendwo.

Als Feuerland irgendwann in grauer Vorzeit vom Rest des amerikanischen Kontinents abbrach, drehte sich die Insel obendrein um neunzig Grad. Die Anden verlaufen darum auf Feuerland nicht von Süden nach Norden, wie im Rest Argentiniens, sondern von Westen nach Osten. Wer nach Ushuaia will, muss also nicht nur ans südliche Ende von Südamerika fahren, sondern auch die Meerenge der Magellanstraße überqueren und anschließend quer über die Gipfel der letzten Ausläufer der Anden, fast zweitausendfünfhundert Meter hoch, bedeckt von Gletschern, Schnee und Eis. Man ahnt es schon: Ushuaia war lange Zeit nicht gerade überlaufen. Doch dann kamen der Boom und die Touristen.

In den letzten Jahrzehnten hat sich Ushuaia zu einem In-Reiseziel für ausländische Urlauber entwickelt. Der Absturz des argentinischen Peso 2001 hat den Flug erschwinglich gemacht, das Ende der Welt ist vielleicht nicht näher gekommen, aber immerhin billiger geworden. Die Tourismusbehörden von Ushuaia und Feuerland haben den Boom befördert, mit Werbeanzeigen und Festivals, und längst gibt es in den Reiseagenturen in Buenos Aires vorgefertigte Pauschalangebote: eine Woche am Ende der Welt mit Flug, Hotel und Halbpension. Jedes Jahr kommen so Hunderttausende Touristen nach Ushuaia, die meisten von ihnen zwischen Oktober und April, während des Südhalbkugel-Sommers. Jeden Tag legen dann im Hafen von Ushuaia Kreuzfahrtschiffe an. Aus ihren Bäuchen strömen Passagiere in Warnwesten, sie mischen sich in der Innenstadt mit den Pauschalurlaubern, den Backpackern, den Campern und den Wandertouristen. Sie alle wollen Riesenkrabbe essen und patagonisches Lamm, gegrillt über dem offenen Feuer. Sie alle wollen Pinguine sehen oder zumindest Souvenirs mit Pinguinmotiven kaufen. Und sie alle wollen Fotos von sich vor einem der vielen Schilderbäume: Buenos Aires: 2300 km, New York: 11 000 Kilometer. Ushuaia: ganz weit weg. Was früher ein Nachteil war, ist heute ein Standortvorteil, denn Ushuaia behauptet von sich selbst, die südlichste Stadt der Welt zu sein, obwohl das natürlich auch nicht ganz stimmt. Denn noch ein bisschen südlicher als Ushuaia liegt Puerto Williams in Chile. Aber das, sagen die Argentinier, sei kaum mehr als ein Versuch der Chilenen, ihnen den Rang abzulaufen. Puerto Williams sei ein Dorf und keine Stadt, nur ein paar Häuser, verloren in den Weiten von Feuerland, am unteren Ende der Welt. Man könnte auch sagen: Puerto Williams ist das, was Ushuaia bis vor wenigen Jahrzehnten auch noch war. Bevor der Boom losging. Bevor die Touristen kamen.

*

»Das Problem hier ist nicht die Kälte«, sagt Carlos und lässt den Motor an. »Das Problem ist, dass es nie warm wird. Das klingt unlogisch, oder? Ist es aber nicht. Pass auf: Im Winter wird es hier null Grad kalt und es schneit. Das ist okay, damit kann man leben. Das Schlimme ist aber, dass es im Sommer nicht richtig warm wird. Niemals. Und dazu wechselt das Wetter auch noch ständig. Du hast hier vier Jahreszeiten in einer Stunde. Kaum hast du die Mütze auf, brauchst du eine Sonnenbrille und dann fängt es an zu regnen.«

Carlos ist Ende fünfzig, das gute Leben hat seinen Bauch gemütlich werden lassen. Wenn Carlos spricht, klingt er immer noch so, als säße er gerade in einem der vielen Eckcafés in Buenos Aires, dabei lebt er schon seit dreißig Jahren in Ushuaia. Er hat hier eine Frau, zwei Kinder und ein Haus, einstöckig und aus Holz gebaut. Ein Zimmer vermietet er an Touristen, und wenn er Zeit hat, dann holt er Gäste wie mich auch noch vom Flughafen ab.

Der Flughafen von Ushuaia liegt ein paar Kilometer außerhalb der Stadt, eine Schnellstraße führt Richtung Zentrum. Draußen riecht es nach Meer und Schnee, eisige Böen wirbeln feine Flocken durch die Luft. Im Inneren von Carlos' Auto riecht es nach einem Duftbaum, Variante Tanne, und die Heizung bläst wie ein Föhn in mein Gesicht. Wir fahren vorbei an kargen Hügeln, Werbeschildern und verlassenen Rohbauten.

»Genau hinter uns ist jetzt der Beagle-Kanal, der verbindet den Pazifik mit dem Atlantik. Und die Berge vor uns, das sind die Anden. Die Häuser, die du genau dazwischen siehst, das ist Ushuaia.«

Von Weitem sieht die Stadt aus wie ein Hafen in einem norwegischen Fjord: die Fischkutter, die bunten Häuser und dahinter die Berge. Je weiter wir ins Zentrum kommen, desto mehr wirkt Ushuaia aber wie ein Retorten-Skiort. Hotelbunker stehen neben gesichtslosen Geschäften und Souvenirläden.

»Siehst du das Haus dort drüben?« Carlos zeigt auf eine Hütte, kaum größer als eine Gartenlaube. Die Wände und das Dach sind aus buntem Wellblech, die Fenster klein und quadratisch. »Das ist eines der wenigen alten Gebäude, die es heute noch in Ushuaia gibt. Früher sah die ganze Stadt so aus, kleine Häuser aus Wellblech und Brettern. Als die ersten Siedler hier eintrafen, gab es nichts, keine Baumaterialien und keine richtigen Handwerker. Also hat man die Häuser einfach vorgefertigt importiert. Die Einzelteile kamen per Schiff aus Europa, inklusive der Türgriffe und Fensterscheiben. Man musste sie nur noch zusammenbauen. Doch heute steht kaum noch eines dieser alten Häuser. Als die Grundstückspreise hier explodierten, haben sie die meisten abgerissen und stattdessen mehrstöckige Gebäude gebaut.«

Heute sind in Ushuaia schon Siebzigerjahre-Gebäude so etwas wie Altbauten, längst reicht der Platz am Beagle-Kanal nicht mehr aus. Die Stadt erstreckt sich hinauf bis in die Berge, frisst sich hoch bis in die Wälder wie eine Schar gieriger bunter Käfer. Der Bebauungsplan von Ushuaia gleicht den Jahresringen eines Baumes, je höher man kommt, desto jünger werden die Gebäude. Carlos' Haus liegt irgendwo in der Mitte der Ringe, auf dem Hang gleich über der Stadt. Als er das Haus bauen ließ, gab es außen herum fast nichts. Heute hat die Stadt seine Straße zwar immer noch nicht teeren lassen, aber immerhin kommt im Winter der Räumdienst und schiebt den Schnee beiseite – und fast jede Woche kommen Touristen aus aller Welt.

Auf einer Weltkarte neben der Eingangstür hat Carlos mit Stecknadeln die Heimatstädte seiner Gäste des letzten Jahres markiert.

»Wir hatten schon Gäste aus Malaysia und Südafrika, den USA, Russland, Indien, Frankreich. Jede Woche ist irgendjemand hier.« Carlos und seine Frau verdienen sich so ein bisschen Geld dazu.

»Weißt du, wir kommen in ein Alter, in dem wir noch etwas von der Welt sehen wollen«, sagt Carlos. Jedem Ende wohnt ein Anfang inne – und wenn es nur eine Reise vom Ende der Welt in den Rest von ihr ist.

Carlos' Haus ist gemütlich und die Heizung bis zum Anschlag aufgedreht. Es gibt eine große Küche und ein kleines Gästezimmer, dort steht mein Bett neben einer Wand mit Dutzenden Familienbildern. Wenn ich aus dem Fenster sehe, blicke ich direkt auf den Beagle-Kanal, er ist hier fast vierzehn Kilometer breit, ein träger Fluss, der sich an schneebedeckten Bergen vorbeischiebt.

Als am Abend die Sonne untergeht, sieht es so aus, als würde Feuerland wirklich brennen. Kurz danach ist es dunkel und ich kann am Horizont Lichter sehen. Vielleicht Puerto Williams, denke ich, und vielleicht steht dort auch gerade jemand und schaut auf Ushuaia. Auf die Restaurants, in denen die Touristen sitzen, auf die Kreuzfahrtschiffe im Hafen und auf die Stadt, die boomt, nicht obwohl, sondern weil sie am Ende der Welt liegt. Wobei das – natürlich – nicht stimmt.

*

»Das, was hier passiert ist, war ein Goldrausch«, sagt Carlos und nimmt einen Schluck Tee. »Hierher sind Leute aus dem Norden gekommen, die zu Hause keinen Job hatten und kein Geld. In Ushuaia haben sie dann auf dem Bau oder in einer Fabrik angeheuert, und wenn sie das nächste Mal zu ihrer Familie fuhren, hatten sie sich schon einen Neuwagen gekauft und kurz danach eine Eigentumswohnung.«

Carlos hat Toastbrot, Marmelade und *dulce de leche* auf den Küchentisch gestellt. Seine Frau und seine Tochter schlafen noch, heute ist Sonntag und die Küchenuhr zeigt erst kurz vor zehn. Draußen jagen Wolken über den grauen Himmel.

»Als ich das erste Mal nach Ushuaia kam, war ich noch in der Ausbildung zum Park Ranger. Damals musste ich hier eine Prüfung ablegen. Danach habe ich dann überall in Argentinien in Nationalparks gearbeitet, ich war ganz oben in der Provinz Misiones im tropischen Regenwald und ich war in Patagonien. Irgendwann wurde ich dann nach Feuerland versetzt. So ist das, wenn du in Argentinien als Park Ranger arbeitest, ständig musst du umziehen. Aber als sie mich nach fünf Jahren in Feuerland wieder wegschicken wollten, habe ich gekündigt. Nicht, weil ich es hier schöner fand als anderswo, sondern weil ich erkannt hatte, dass man hier so viele Möglichkeiten hat wie nirgendwo sonst.«

Sieht man sich Argentinien auf einer Landkarte an, könnte man etwa in der Mitte einen Strich ziehen: Alles, was über ihm liegt, ist das koloniale Argentinien, gegründet auf den spanischen Träumen von einem Weltreich. Als die Spanier Anfang des 16. Jahrhunderts am Río de la Plata landeten, wandten sie den Blick zunächst nur nach Norden und in den Westen von Argentinien. Dort gab es im besten Fall fruchtbare Äcker, Weiden und ein günstiges Klima, im schlechtesten war man immerhin in der Nähe der reichen Silberminen von Potosí im heutigen Bolivien, dem damaligen Zentrum der spanischen Kolonien in Südamerika. Bald blühten im Norden von Argentinien Städte wie Córdoba, San Salvador de Jujuy, San Miguel de Tucumán oder Corrientes – allesamt von Spaniern gegründet, nach spanischem Vorbild und spanischem Bauplan errichtet. Hier entstanden Universitäten, und Kathedralen wuchsen in den Himmel. Im Süden dagegen gab es nichts außer *indígenas,* Einsamkeit und dem Wind, der über die patagonische Steppe pfiff.

Erst nachdem die Argentinier Anfang des 19. Jahrhunderts gegen die Spanier und für ihre Unabhängigkeit gekämpft hatten und erst nachdem sie noch einmal fast ein halbes Jahrhundert lang gegeneinander um die Vorherrschaft im Land Krieg geführt hatten, erst dann begann man in Argentinien, ganz langsam den Blick auch gen Süden zu wenden. Diesmal waren es die Argentinier selbst, die Platz suchten, um ihre Träume umzusetzen – viel zimperlicher als die Spanier waren sie dabei aber nicht.

Ende des 19. Jahrhunderts führte der argentinische General und spätere Präsident Julio Argentino Roca mehrere Tausend argentinische Soldaten nach Süden, um auch Patagonien die ›Zivilisation‹ zu bringen. Am Ende dieses ›Wüstenfeldzugs‹ war ein Großteil der Ureinwohner massakriert, und Argentinien hatte rund eine Million Quadratkilometer an Territorium hinzugewonnen. Eine Million Quadratkilometer Platz für Träume, eine Million Quadratkilometer, die sich bald in eine Art von Wildem Westen im Süden verwandelten.

»Das hier ist Ushuaia, wie es früher aussah.«

Carlos' Frau Vilma ist eine Mittvierzigerin mit kurzen braunen Haaren und einer Umarmung, die keinen Widerstand zulässt. Eigentlich stammt sie aus Buenos Aires, doch genauso wie Carlos ist sie vor knapp drei Jahrzehnten nach Ushuaia gekommen, wegen der Chancen und der Abenteuerlust.

»Ushuaia war damals noch ein Kaff am Ende der Welt, vielleicht zehntausend Menschen lebten hier in der Stadt. Heute sind es über siebzigtausend und jeden Tag kommen mehr.«

Auf ihrem Computer hat Vilma Schwarz-Weiß-Fotos von Ushuaia gespeichert. Sie hat sie von ein paar alten Damen erhal-

ten, die schon hier wohnten, als die Stadt wirklich noch am Ende
der Welt war, in den Dreißiger-, Vierziger- und Fünfzigerjahren
des letzten Jahrhunderts: ein Segelschiff im Hafen von Ushuaia,
Schnee auf den Dächern von kleinen Hütten, Kutschen in schlammigen Straßen, eine Panoramaaufnahme von einem Hügel über
der Stadt. »Heute stehen dort überall Häuser. Die paar kleinen
Hütten, die man hier sieht, das ist heute das Stadtzentrum. Und
siehst du dieses große Gebäude im Hintergrund? Das ist das Gefängnis. Damals waren da noch Häftlinge untergebracht.«

Ich kenne das Gebäude, Carlos hat es mir schon gestern auf
der Fahrt vom Flughafen zu seinem Haus gezeigt: ein Klotz, der
auf einem Hügel über dem Hafen thront. Aus kleinen vergitterten
Fenstern blickt er böse in die Landschaft.

Ende des 19. Jahrhunderts hatte Argentinien im Süden zwar
Unmengen an Platz hinzugewonnen, doch das meiste davon waren einsame Steppen und menschenleere Wälder. »Regieren heißt
bevölkern«, sagte sich die argentinische Regierung und versuchte,
Einwanderer und Investoren ins Land zu holen. Das klappte mehr
schlecht als recht, im Fall von Feuerland allerdings lange Zeit
überhaupt nicht. *Fin del Mundo* – das klang ohne günstige Flieger
und ohne Kreuzfahrttouristen nach einer Drohung und nicht
nach einem Verkaufsargument. Also beschloss die Regierung, die
zu schicken, die ohnehin keine Wahl hatten: Sträflinge. 1902 wurde in Ushuaia ein Gefängnis gebaut, ein Hochsicherheitsknast,
ohne Fluchtmöglichkeiten und ohne Hoffnung für die Insassen.
Nach Ushuaia kamen die Härtefälle, die Wiederholungstäter,
Massenmörder und politischen Gefangenen. Der Wind blies drei-
hundertfünfundsechzig Tage im Jahr über die wuchtigen Gefäng-
nismauern hinweg, dahinter vegetierten viel zu viele Häftlinge in
viel zu kleinen und viel zu kalten Zellen. 1947 wurde der Knast aus
humanitären Gründen geschlossen, die Sträflinge wurden verlegt
– und die Regierung stand vor dem gleichen Problem wie zuvor:
Wie lockt man Menschen ans Ende der Welt?

»In den Siebzigerjahren kam man auf die Idee, das alles hier zu einer Sonderwirtschaftszone zu erklären. Als ich in den Achtzigern herkam, gab es schon Firmen, die sich in Feuerland niedergelassen hatten, weil es günstiger war, hier zu produzieren, als in Buenos Aires oder Rosario«, sagt Carlos. »Um Arbeiter zu gewinnen, haben die Superlöhne gezahlt, und davon konnte man den Großteil behalten, weil ja kaum Steuern erhoben wurden. In den nächsten Jahren explodierte Ushuaia. Die Grundstücke waren auf einmal das Doppelte und Dreifache wert, die Mieten waren so hoch wie in Buenos Aires. Und trotzdem reichte der Platz nicht für alle. Damals haben die Leute angefangen, die alten Häuser abzureißen und neue mit mehreren Stockwerken hinzustellen. Und wer keine Wohnung fand, der hat einfach ein Stück Regierungsland besetzt und sich ein ›Schlitten-Haus‹ gebaut: eine Hütte, die auf Baumstämmen steht. Wenn die Regierung einen vertrieb, konnte man so sein Haus einfach mit einem Traktor wegziehen und woanders ein neues Stück Land besetzen. Eine Zeit lang gab es hier sogar Schilder, auf denen stand: »Straße für den Transport von Häusern verboten«.

Feuerland. Der Wilde Westen. Nur eben im Süden.

*

»Hergestellt in Feuerland«, steht auf dem Aufkleber auf der Mikrowelle – und vielleicht muss man klarstellen, dass das so nicht so ganz stimmt.

Es ist kurz nach zwei und ich stehe in einem Shoppingcenter am Rand von Ushuaia, in dem Teil der Stadt, in dem es keine Outdoor-Läden mehr gibt und auch keine Restaurants mit Riesenkrabben, dafür aber Autowerkstätten und Pizzaschuppen. Draußen treibt der Wind immer noch feine Flocken an den Fenstern vorbei, innen kann man kurze Hosen kaufen und T-Shirts, auf denen »Aloha Summer« steht. Es gibt Geschäfte mit Spielzeug, Dessous, Küchenzubehör und einen großen Elektroladen. Er verkauft

Handys, Flachbildschirme, Mixer und auch Mikrowellen – und auf allen steht: »Hergestellt in Feuerland«.

Der gleiche Aufkleber klebte auch auf dem Handy, das ich mir vor ein paar Monaten in einem Geschäft in Buenos Aires gekauft habe, Tausende Kilometer weit entfernt von Feuerland. Auch der Toaster in unserer Wohnung ist in Feuerland hergestellt, genauso wie die Klimaanlage in der Bibliothek, in der ich öfter arbeite, der Kühlschrank im Haus eines Kumpels und die Computer in den Schaufenstern der Einkaufspassagen im ganzen Land. Es ist, als wäre Argentinien zu einer Hightech-Nation aufgestiegen und ihr Zentrum, ihr Silicon Valley, läge ausgerechnet in Feuerland.

»Die meisten Elektrogeräte, die in Argentinien verkauft werden, kommen heute von hier«, erklärt mir der Verkäufer, ein dünner Mittvierziger mit schlecht sitzendem Hemd und gelangweiltem Blick. »Die Mixer, die Mikrowellen, der Flachbildfernseher – das wird alles hier hergestellt. Bei uns in Feuerland.« Auf einer großen Wand mit Flachbildfernseher fällt ein Zeichentrick-Kojote gerade in einen bodenlosen Abgrund.

Der Boom in Feuerland ist Teil eines Plans der argentinischen Regierung. Die Region soll wirtschaftlich gestärkt werden und das Land soll vorankommen. Es ist ein alter argentinischer Traum, nicht nur Agrarstaat zu sein, sondern auch Industrieland. Nicht nur Kornkammer und Kuhweide, sondern auch Handyhersteller und Kühlschrankfabrikant. Die Ersten, die das systematisch versuchten, waren die Peronisten in den Vierziger- und Fünfzigerjahren. Die *industria nacional,* die im Land beheimatete Industrie, produzierte damals tatsächlich argentinische Ventilatoren, Mixer, Mopeds, Autos und sogar Flugzeuge. Die wenigsten Firmen überstanden aber die Krisen, Hyperinflationsperioden und Liberalisierungsorgien der nächsten Jahrzehnte. Was blieb, waren die Kuhweiden, Kornkammern – und ein fader Nachgeschmack.

Als das Ehepaar Kirchner nach der Krise von 2001 ins Präsidentenamt gewählt wurde, war einer seiner großen Pläne die Wieder-

belebung der *industria nacional*. Um die zarten Pflänzchen zu schützen, die die Stürme der letzten Jahrzehnte überstanden hatten oder
gerade erst ihre Köpfchen aus der Erde reckten, wurden Import-
beschränkungen eingeführt. Wer Güter nach Argentinien einführt,
muss Waren im selben Wert wieder ausführen – oder alternativ und
am besten: Waren gar nicht erst einführen, sondern von vornherein
im Land selbst produzieren. Die Folge war, dass BMW auf einmal
Reis aus Argentinien exportierte, andere Firmen kauften hektoli-
terweise Wein, um weiter ihre Produkte einführen zu können, wieder andere sperrten sich komplett. So waren in Argentinien auf einmal bestimmte Handymodelle nicht mehr oder nur unter der Hand
erhältlich, das Gleiche galt für Haushaltsgeräte, Tablets oder Kon-
solen. Für viele Argentinier war das ein Schock, der erste Schritt auf
dem Weg zu einem venezolanischen Chavismus und das Ende der
Freiheit, zumindest aber der freien Marktwirtschaft.

Auch viele meiner Bekannten schimpften. Die Idee der *industria nacional* fanden sie zwar nicht schlecht, das neue iPhone aber
toller. Über Monate waren die Zeitungen und Fernsehsendungen
voll von erbosten Konsumenten, die sich über Lücken in den Regalen beschwerten, und Unternehmen klagten über wichtige Er-
satzteile, die seit Monaten im Zoll feststeckten. Mittlerweile hat
sich der Zorn etwas gelegt und die argentinische Präsidentin Cristina Kirchner hat tatsächlich das erste Blackberry-Handy aus ›nationaler Produktion‹ vorgestellt, als Beweis dafür, dass ihr Plan
aufgeht. Längst gibt es auch Smartphones, Tablets und PCs, alles
hergestellt in Tierra del Fuego. Schönes neues Ende der Welt.

Wo genau denn die Fabriken seien, frage ich den Verkäufer im
Elektroladen.

»Ein paar stehen in Río Grande, zweihundert Kilometer nördlich von hier. Der Rest ist hier, in Ushuaia, gleich vor der Tür.«

Als ich das Einkaufszentrum verlasse, heult der Wind wie ein
wütendes Tier. Ich laufe über Schotterwege, vorbei an Schuppen,
Garagen und Werkstätten. Auf einer Brache grast zwischen

Schrott und Bauschutt ein Pferd, Hunde bellen hinter hohen Zäunen. Keine Spur von Hightechfirmen oder Handyherstellern.

»Du willst die Fabriken sehen? Da kannst du lange suchen. Du wirst hier noch nicht mal einen Schornstein finden, mein Freund!«

Jorges Zähne sehen ein bisschen aus wie die Berge hinter Ushuaia, dunkel und zackig. Siebzig Jahre lebe er jetzt schon, sagt Jorge, dank Gottes Hilfe, denn ein paar Mal sei es mit ihm schon fast vorbei gewesen. Vor vierzig Jahren ist er aus Chile nach Argentinien gekommen und vor zwanzig nach Ushuaia. Er war Hausmeister und Arbeiter am Fließband, jetzt ist er in Rente und starrt auf das kalte Wasser im Beagle-Kanal.

»Die ganzen Elektrosachen kommen hier doch einfach nur in Einzelteilen an, dann werden die Kisten ausgepackt und die Teile zusammengesetzt. Und am Ende kommt dann ein Aufkleber drauf: Industria Nacional. Tierra del Fuego. So ein Schwindel! Wegen diesem ganzen Technikkram wird hier alles teurer, jeden Tag kommen mehr Leute her, um in den Fabriken zu arbeiten. Dabei ist das doch nur eine Blase: Wenn die Regierung wechselt, dann ist das alles hier vorbei.«

Vor Jorges Haus fließt langsam das Wasser vorbei, hinter ihm rasen mit Containern beladene Laster über eine Schnellstraße.

Im Internet lese ich am Abend von Geräten, die in Buenos Aires als Einzelteile durch den Zoll gehen, von dort zweitausenddreihundert Kilometer weit bis nach Ushuaia transportiert werden, wo man sie zusammenbaut und dann wieder zweitausenddreihundert Kilometer in die Hauptstadt zurückschickt – natürlich inklusive dem Aufkleber: »Hergestellt in Feuerland«. Ich lese aber auch von Tausenden neuer Jobs, von Vollbeschäftigung und vom Hafen in Ushuaia, der zu klein geworden ist für all die Containerschiffe. Sie müssen dort oft warten, bevor sie entladen können, weil die Liegeplätze von Kreuzfahrtschiffen besetzt sind.

*

»Man muss das vielleicht mal klarstellen«, hatte mir Carlos gesagt.
»Es ist nicht so, dass Engländer nicht herkommen dürften. Aber es
gibt hier Leute, die etwas sensibel sind, wenn es um Großbritanni-
en geht.«

Jetzt stehe ich vor der Hafenmauer von Ushuaia und verstehe,
was er damit gemeint hat: »Englischen Piratenschiffen ist das Anlegen verboten!«, steht dort, daneben ist eine durchgestrichene englische Fahne gemalt. »Sensibel«, finde ich, ist etwas untertrieben.

Seit Anfang der Neunzigerjahre des 20. Jahrhunderts ist Ushuaia nicht nur die angeblich südlichste Stadt der Welt, sondern auch
die Hauptstadt der erst damals neu gegründeten Provinz Feuerland. Und zu ihr gehören nicht nur die große Insel von Feuerland
und die kleinen Inseln, die sie umgeben, sondern auch ein Teil
der Antarktis und eine Handvoll sturmumtoste Eilande im Atlantik. Einige davon nennen die Argentinier Malvinas, die Engländer
aber Falklands, und seit Jahrzehnten streiten beide Nationen darüber, wem die Inseln denn nun gehören. »Wieso die Malvinas argentinisch sind«, steht in einem blau-weißen Hochglanzprospekt, der
im Tourismusamt von Ushuaia ausliegt, in Spanisch ebenso wie in
Englisch. »Sehen Sie sich nur einmal eine Karte an«, heißt es dort,
und dass die Inseln auf der argentinischen Kontinentalplattform
rund vierzehntausend Kilometer entfernt von Großbritannien lä-
gen. Und neben den geografischen Argumenten gebe es auch historische, wird erklärt, weil Argentinien die Inseln von Spanien gewissermaßen geerbt, sie in Besitz genommen habe und dann 1833 von
der Britischen Marine mit Gewalt vertrieben worden sei.

»Es kommen viele Touristen aus der ganzen Welt hierher und
wir wollen ihnen erklären, dass wir einen berechtigten Anspruch
auf die Malvinas haben«, sagt mir ein Angestellter in der Touristeninformation. Ich überlege kurz, ob ich sagen soll, dass nicht jede
Insel automatisch zu dem Land gehört, zu dem sie am nächsten
liegt. Dass die Sache mit der britischen Besetzung zwar stimme,
die Argentinier selbst aber ein Heidenproblem hätten, wenn alle

Länder auf einmal die Gebiete zurückgeben müssten, die sie ein paar Jahrhunderte zuvor besetzt hatten. Und dass da am Ende immer noch das Problem bleibe, nämlich, dass die Bewohner der Falkland- beziehungsweise Malvinas-Inseln auf keinen Fall aus ihrer engen Umarmung mit Großbritannien wollten, weil sie Englisch sprächen und kein Spanisch und weil sie seit Generationen den Fünf-Uhr-Tee tränken und keinen Mate. Aber das Thema Malvinas ist in Argentinien nichts, worüber man mal so eben diskutiert.

Bei meinem allerersten Besuch in Argentinien machte ich noch Witze: über die Felsen im sturmumtosten Atlantik, auf denen es kaum mehr gibt als Schafe, Pinguine und struppiges Gras. Über die verbohrten Politiker auf beiden Seiten, die es wegen der Inseln sogar zu einem Krieg haben kommen lassen. Und über die Nationalisten, die immer noch an den Inseln festhalten, als wären sie ein Paradies und eben nicht nur ein paar karge Felsen. Doch gelacht hat darüber niemand. Im Gegenteil. Bekannte drehten sich weg, Freunde verdrehten die Augen. Eisige Stille, so kalt wie die Wellen im sturmumtosten Atlantik.

Die Malvinas sind kein Witz. Sie sind eine nationale Tragödie, zumindest für die Argentinier. Ich habe in Argentinien schon mehrmals die Umrisse der Malvinas als Tätowierungen auf den Schultern oder Beinen von Teenagern und Mittzwanzigern gesehen. Und selbst die weltoffensten und fortschrittlichsten meiner Freunde sind absolut davon überzeugt, dass die Malvinas argentinisch sind. Diskussion zwecklos. Und, ach ja: »Sag bitte nicht noch einmal »Falklands«, wenn du über die Malvinas sprichst.«

Den wenigsten geht es dabei nur darum, dass es reiche Ölvorkommen und Fischgründe rund um die Inseln gibt. Es geht ums Prinzip. Um gekränkten Nationalstolz. Und um die (historisch nicht völlig unbegründete) Angst, dass eine ausländische und imperialistische Macht sich in die Geschicke des Landes einmischt.

»Und was ist mit den Engländern, die hierherkommen?«, frage ich. »Wie finden die das?«

»Wir zwingen niemanden, die Broschüre zu lesen«, meint der Typ hinterm Tresen. »Wir wollen nur unseren Standpunkt erklären.«

Vor knapp dreißig Jahren klang das noch anders. Damals besetzte die in Argentinien regierende Militärdiktatur die Inseln, die Argumente waren damals die gleichen wie heute, dazu kam aber, dass das Kriegsgebrüll die Stimmen der Opposition und die Rufe nach freien Wahlen in Argentinien wunderbar übertönte. Mehrere Tausend argentinische Soldaten landeten auf den Inseln, England schickte daraufhin seinerseits Kampfschiffe und Truppen und erklärte Argentinien den Krieg. Am Ende gab es knapp tausend Tote und zweitausend Verwundete, die meisten davon auf argentinischer Seite. Argentinien hatte den Krieg verloren. Letztendlich führte die Niederlage dazu, dass das argentinische Militärregime abdanken musste, seine Ansprüche auf die Insel aber hat das Land bis heute nicht aufgegeben. Argentinienweit findet man Schilder, auf denen steht: »Die Malvinas sind argentinisch«, oder: »Über die Malvinas wird nicht verhandelt.« Jede in Argentinien gedruckte und verkaufte Landkarte zeigt die Inseln als argentinisches Staatsgebiet, es gibt Autowerkstätten und Pizzerien, die Malvinas Argentinas heißen, genauso wie Busterminals, Plätze und Straßen.

An einer Einigung sind beide Seiten nicht wirklich interessiert. Wann immer es in der heimischen Politik mal brenzlig oder langweilig wird, zieht irgendjemand in Argentinien oder Großbritannien die Malvinas- beziehungsweise Falkland-Karte und facht damit den Nationalstolz an. Dann erfolgt ein Aufschrei in der Öffentlichkeit: weil der englische Thronfolger auf den Inseln stationiert werden soll, weil ein argentinischer Athlet vor den Olympischen Spielen auf den Inseln trainiert hat oder weil ein englisches Fernsehteam mit Nummernschildern von den Falkland-Inseln durch Patagonien getuckert ist.

»Hier in Ushuaia ist das alles noch ein bisschen heikler als im Rest von Argentinien«, hatte mir Carlos erklärt. »Die Regierung hat hier nach dem Krieg viele Veteranen angesiedelt. Und dazu kommt, dass Ushuaia natürlich auch die Hauptstadt der Malvinas ist.«

Ich hatte kurz überlegt, ob ich ›wäre‹ sagen sollte, es mir dann aber verkniffen. Wie gesagt: am besten nicht diskutieren.

»Den meisten Leuten hier ist es egal, ob jemand Brite ist. Man sollte sich nur nicht betrinken und die argentinische Fahne stehlen. Vor ein paar Jahren haben das mal ein paar Briten gemacht. Die Polizei fand das nicht so lustig.«

Heute machen vor der Mauer im Hafen englische Touristen Fotos von sich vor der durchgestrichenen englischen Fahne. »Wenn Sie hier mit Ihrem englischen Segelschiff anlegen wollen, ist das kein Problem«, meint ein Wächter am Hafen zu mir. Dann will er aber trotzdem wissen, ob ich denn Engländer sei. Als ich ihm sage, ich käme aus Deutschland, schlägt er die Hände über dem Kopf zusammen.

»Deutschland! Oh Gott. Ich hasse euch. Und nur damit das klar ist: Bei der nächsten WM gewinnen wir!«

Vielleicht gibt es in Argentinien einfach Wunden, die langsamer verheilen als andere.

*

Es gibt keine Pinguine in Ushuaia. Auch das muss man vielleicht klarstellen, denn ansonsten tut man in der Stadt alles dafür, um das Gegenteil zu beweisen. In den Läden und Souvenirshops von Ushuaia gibt es Postkarten mit Pinguinen, es gibt Aufkleber, Kühlschrankmagneten, T-Shirts, Tassen, Mützen, Socken und Anstecker. Es gibt kleine und große Figuren, es gibt sie aus Glas, aus Stein, aus Plastik und aus Holz. Die von Javier sind ein paar Zentimeter hoch und selbst geschnitzt. Sagt zumindest Javier. Aus Bäumen, die er selbst gefällt hat, sagt Javier. Aber während der nächsten Wochen sehe ich die gleichen Figuren überall in Patagonien. Entweder Javier schnitzt viel, oder aber er schwindelt.

Javier hat ein Gesicht wie aus einem Indianerfilm, dunkle Augen, hohe Wangenknochen, markante Nase. Seine Haare sind tiefschwarz und zu einem festen Zopf geflochten, der ihm fast bis zur Hüfte reicht. An der Kapuze seiner dicken Daunenjacke flattern die Härchen eines Fellkragens im Wind. »Eigentlich komme ich aus dem Chaco, ganz im Norden von Argentinien, aber vor sieben Jahren bin ich hierhergezogen. Weißt du, im Chaco ist es immer Sommer, da braucht man keine Handschuhe und keine Mütze. Da stehst du morgens auf, ziehst dir ein T-Shirt über und das war's. Hier brauche ich erst mal eine halbe Stunde, bis ich all die Schichten angezogen habe, damit ich mir nicht den Arsch abfriere. Aber was kann ich schon machen? Zu Hause war das Wetter schön, aber es gab keine Jobs.«

Und so arbeitet Javier heute als Souvenirverkäufer am Hafen von Ushuaia. Regenwolken werfen Schatten auf das Wasser, zwei Dutzend Fischerboote drängen sich an einen Steg, ganz dicht, als hätten sie Angst davor, wieder da raus zu müssen, in die Kälte, in die Wellen und den Wind am südlichen Ende des amerikanischen Kontinents. Möwen kreischen, es riecht nach Brackwasser, und ein französisches Touristenpärchen macht Fotos von sich vor einem Holzschild: »Ushuaia – Fin del Mundo«, Ushuaia – Ende der Welt.

Daneben steht Javier. Sein Stand ist kaum mehr als ein Servierwagen, der mit schwarzem Stoff bespannt ist. Darauf liegen Ketten aus Holzperlen und Samen, Haarnadeln, kleine Anhänger und die geschnitzten Figuren: Bären, Wale, Papageien, Seerobben, Krebse und Schildkröten, Gottes ganze Schöpfung. Aber die Touristen, sagt Javier, kauften vor allem eines: »Pinguine. Dabei gibt es hier in Ushuaia doch gar keine.«

*

Und dann doch: Pinguine. Der ganze Strand schwarz-weiß. Pinguine, die im Kies schlafen. Pinguine, die ihr Gefieder putzen. Pinguine, die aus dem Wasser kommen. Pinguine, die von links nach rechts watscheln und dann wieder zurück. »So cute«, wird

Melanie später sagen. Und dann wird sie mit ihrem iPhone noch ein bisschen näher heranzoomen.

Die Insel der Pinguine liegt im Beagle-Kanal, knapp sechzig Kilometer von Ushuaia entfernt. Sie ist kaum mehr als ein Felsbrocken mit ein bisschen Wiese, die in einen Kiesstrand ausfranst. Ein paar Hundert Pinguine leben hier, schwarz-weiß und kniehoch, und wenn man Glück hat, gibt sich auch ein Kaiserpinguin die Ehre.

Wer die Pinguine sehen will, muss zahlen. Überall in Ushuaia bieten Reiseagenturen Ausflüge zur Insel an, dazu noch einen bunten Strauß anderer Touren, in die Nationalparks rund um Ushuaia, in die Wälder, Berge und auf die Gletscher. Man kann ausreiten oder im Beagle-Kanal segeln, man kann Biber anschauen und Seelöwen. Die Pinguine aber, heißt es, seien ein Muss.

Es ist acht Uhr früh und draußen hängen die Wolken so tief, dass sie fast die Baumspitzen berühren. Ich sitze in einem Kleinbus vollgepackt mit Schwimmwesten, Softdrinks und einem halben Dutzend Touristen: einem Paar aus Spanien in grell leuchtender Funktionskleidung, zwei Italienern in Gummistiefeln, einem Kanadier und Melanie aus den USA.

»Hallo, ich bin euer Guide«, sagt Guillermo. »Wir werden heute zuerst ein bisschen auf dem Beagle-Kanal rudern, dann wandern wir auf einer Insel. Und am Schluss sehen wir die Pinguine.«

Guillermo hat einen dichten dunklen Bart und einen silbernen Ohrring, er trägt einen bunten Fleecepulli und eine Regenhose mit Reflektoren. Eigentlich stammt Guillermo aus einem Vorort von Buenos Aires. »Ich habe aber die Hitze im Sommer nicht mehr ausgehalten. Ich hasse Hitze. Also bin ich nach Ushuaia gekommen.« Draußen sieht es so aus, als hätte jemand die Sprinkleranlage in einer Tiefgarage angestellt, alles ist grau und feiner Sprühregen weht gegen die Fenster.

Kurz nach der Stadtgrenze von Ushuaia hat mein Handy keinen Empfang mehr, dann biegen wir von der Hauptstraße ab. Der Kleinbus holpert über eine Schotterpiste, der Wald wird immer dichter, von den Ästen der Bäume hängen neongrüne Flechten. Nach einer halben Stunde endet der Wald, nur noch ein paar windzerzauste Bäume stehen auf felsigen Hügeln, die Wolken fliegen über den Himmel, als hätte jemand auf den ›Vorspulen‹-Knopf gedrückt.

Vor vierzig Jahren wanderte ein etwas exzentrischer Engländer von Ushuaia aus zu Fuß durch die Landschaft, durch die wir jetzt fahren: Bruce Chatwin. Wenige Monate zuvor hatte Chatwin seiner Redaktion bei der Sunday Times angeblich mit einem Telegramm gekündigt: »Für vier Monate fort nach Patagonien«. Ob das stimmt, ist – wie vieles andere auch bei Chatwin – nicht ganz klar, sicher ist aber, dass sein Buch »In Patagonien« zu den Klassikern der Reiseliteratur gehört. Chatwin beschreibt darin, wie er durch den Süden von Chile und Argentinien reist, wie er mit Gauchos Mate trinkt und Tee bei den Nachfahren von Auswanderern aus Wales, wie er nach den Spuren der beiden amerikanischen Outlaws Butch Cassidy und Sundance Kid sucht und nach den Überresten von Dinosauriern.

Kurz vor meiner ersten Reise nach Argentinien schenkten meine Eltern mir »In Patagonien«, und während ich in einem engen Flugzeugsitz Richtung Buenos Aires raste, las ich gebannt, wie Chatwin, der Abenteurer, durch das weite, leere und wilde Patagonien streifte. Schwer zu sagen, ob ich »In Patagonien« heute immer noch so gut fände, ob mich der blasierte Stil von Chatwin nicht stören würde, damals aber, mit Mitte zwanzig, war ich schwer beeindruckt.

»Ich verließ Ushuaia, wie man einen Ort verlässt, an dem man nicht begraben sein möchte«, schreibt Chatwin in »In Patagonien« und macht sich zu Fuß auf Richtung Osten, einen Tagesmarsch am Beagle-Kanal entlang bis zur *estancia* der Bridges in Harberton.

Wenn Guillermo Harberton sagt, dann klingt es eher nach Cháberton. »Das Land hier«, sagt er darum, »gehört alles zur Estancia Cháberton.« Und dann beginnt er zu erzählen: von Thomas Bridges, einem Engländer, der als Kind von einem Missionar adoptiert wurde und als Dreizehnjähriger auf den Islas Malvinas beziehungsweise Falkland Islands landete. Immer wieder reiste Bridges in den folgenden Jahren nach Feuerland, traf dort auch auf das Volk der Yámana und lernte am Ende dessen Sprache. Mit knapp dreißig wurde Bridges in die Heimat zurückbeordert, die ihm im Grunde fremd war, um sich dort zum Priester weihen zu lassen. In dieser Zeit in England lernte er eine junge Lehrerin kennen, beide heirateten und bald waren sie wieder auf einem Schiff gen Westen, gen Feuerland, zu den *indígenas,* dem Wind und dem rauen Wetter unterwegs. Bridges' Frau war schockiert von der Einsamkeit und den fast nackten Ureinwohnern, nahm das alles ihrem Mann aber nicht allzu übel, immerhin zeugten die Bridges mehrere Kinder. Und da Thomas Bridges erkannte, dass er mit der Verbreitung von Gottes Wort seine Familie nicht durchbringen würde, fragte er die argentinische Regierung, ob er nicht einige Hektar Land in Feuerland bekommen könnte.

»Er hat zwanzigtausend Hektar gekriegt, all das, was ihr hier seht, ist die Estancia Cháberton. Das war die erste und auch die größte Schaffarm hier in der Region. Was Bridges aber eigentlich wollte, war: die *indígenas* bekehren. Und er meinte, dass das nur funktioniert, wenn er auch ihre Sprache spricht. Also arbeitete er sein Leben lang an einem Wörterbuch, über dreißigtausend Wörter hat er zusammengetragen. Die Liebe Gottes aber haben die Yámana nicht wirklich erfahren. Die anderen Siedler und Schafzüchter hier haben sie nämlich massakriert, sie haben Kopfgelder ausgesetzt und ihnen Kleidung von Grippekranken geschenkt, damit sie sich anstecken.«

Heute erinnert außer einigen Straßennamen und einem Museum mit seltsamen Wachsfiguren kaum noch etwas an die Yámana und die anderen *indígenas* von Feuerland.

»Wer will, kann sich die *estancia* später anschauen«, sagt Guillermo. »Jetzt wird erst mal gerudert.«

Wir schieben ein prall aufgepumptes Schlauchboot in das kalte klare Wasser eines Flusses. Unter meinen Gummistiefeln knirschen die Steine, dann gleiten wir langsam Richtung Beagle-Kanal. Auf den Wiesen neben uns liegen abgestorbene Bäume wie Skelette, das Holz vom Wetter ausgebleicht. Ein paar Magellangänse fliegen über uns, die Weibchen braun, die Ganter weiß und grau.

Nach einer Stunde öffnet sich vor uns eine Bucht, hinter ihr liegt der Beagle-Kanal. Der Wind pfeift jetzt asthmatisch, in kurzen und heftigen Stößen. Unter dem Schlauchboot ziehen Seetangwälder vorbei, am Ufer haben Flechten die Steine gelb gefärbt, dahinter erheben sich dunkelgrüne Berghänge und strahlend weiße schneebedeckte Gipfel. Wir fahren durch ein Gemälde des Fernsehmalers Bob Ross.

»Wahnsinn, ist das schön«, sagt María. »Schade, dass heute unser letzter Tag ist. Morgen fliegen wir zurück nach Buenos Aires und dann weiter nach Sevilla.« María arbeitet dort in der Verwaltung, zusammen mit ihrem Freund reist sie zwei Wochen durch Patagonien, Gletscher anschauen, den granitenen Fitz Roy und jetzt Ushuaia und die Pinguine. »Mehr Urlaub haben wir nicht«, sagt María und fragt mich dann, was ich denn hier mache. Ich erzähle ihr von Chatwin und dem Buch, und dass ich gerne sehen möchte, wie es heute zwischen Ushuaia und der Estancia Harberton aussieht. »Hat Chatwin denn auch etwas über die Pinguine geschrieben?«, fragt María. Und bevor ich etwas sagen kann, rutscht das Schlauchboot knirschend auf den Kiesstrand am Beagle-Kanal.

*

»So cute!«, sagt Melanie und drückt auf den Auslöser ihres iPhones. Klick. Pinguine, die sich gegenseitig das Gefieder putzen. Klick. Ein Pinguin, der im Kies döst. Klick. Ein Pinguin, der ins Wasser watschelt. Klick. Melanie vor der Kolonie der Pinguine. Klick.

Vor einer halben Stunde haben wir die Luft aus dem Schlauchboot gelassen und es in ein Motorboot geladen. Wir peitschten
über den Beagle-Kanal, angetrieben von zwei röhrenden Außen-
bordmotoren, die kalte Gischt spritzte uns ins Gesicht und der
Wind riss jedes Wort fort. Aber jetzt ist alles still, man hört nur die
Wellen, die auf den Kiesstrand schwappen, das Schnattern der
Pinguine und die Auslöser der Kameras. Klick. Klick. Klick.

»Irgendwann in den Sechzigerjahren sind die ersten Pinguine
hierhergekommen«, sagt Guillermo. »Warum sie sich ausgerechnet diese Insel ausgesucht haben, weiß keiner so genau, aber in der
Umgebung von Ushuaia ist sie heute die einzige mit Pinguinen.«

Von Oktober bis Ende März leben die Pinguine auf der Insel,
danach ziehen sie weiter nach Norden und kehren erst nach sechs
Monaten zurück. Kleine schwarze Augen schauen uns an, ein Dutzend Touristen in quietschbunter Trekkingmontur, die sich mit
Kameras und Handys über die Außenwand eines Schlauchboots
lehnen.

»Ihr könnt die Pinguine fotografieren und filmen«, hatte uns
Guillermo gesagt, »betreten aber dürfen wir die Insel nicht.

Früher war sie mal eine Weide der Estancia Cháberton und
heute haben deren Besitzer ein Abkommen, dass nur Touristen,
die mit ihnen eine Tour buchen, auf die Insel dürfen.

»Schade«, meint Melanie. Dann macht sie noch ein Foto. Klick.

*

Die Estancia Harberton liegt an einer geschützten Bucht im Beagle-
Kanal, im Windschatten eines kleinen Hügels. Vom Motorboot aus
sieht man zuerst nur ein paar kleine Häuschen, dann rote Dächer,
weiße Wellblechwände, grüne Fensterrahmen. Hinter ordentlichen
Zäunen wachsen Kräuter und Rhabarber, neben einem Schuppen
ist Brennholz aufgeschichtet, und vor dem Kiesweg, der vorbei an
Blumenbeeten und alten Bäumen hinauf zum Haupthaus führt, ragen zwei Walfischknochen in den Himmel.

Nicht anders fand auch Chatwin die *estancia* der Bridges in Harberton vor, als er vor vierzig Jahren hier eintraf. Wie eine Wanderung über einen Großgrundbesitz in den schottischen Highlands war ihm der Weg von Ushuaia hierher vorgekommen und das Innere der *estancia* hatte für ihn die »integre Atmosphäre eines viktorianischen Pfarrhauses«.

Heute gibt es Schilder, die auf Touren in Spanisch hinweisen, und neben dem Gemüsebeet parkt ein monströser Reisebus, auf dessen Außenseite das Foto eines Pinguins gedruckt ist, mehrere Meter hoch, mit kleinen schwarzen Augen. »So cute.«

Als Chatwin auf die *estancia* der Bridges kam, wurde er dort von Thomas Bridges' Enkelin empfangen und für seine Weiterreise mit warmem Kaffee, ein paar Scheiben Brot und schwarzer Johannisbeermarmelade versorgt. Heute ist die *estancia* immer noch im Besitz der Familie, Besucher müssen aber einhundertvierzig Peso Eintritt zahlen, und im Haupthaus kann man die vielleicht teuerste Tasse Kaffee von ganz Feuerland trinken.

Ich laufe ein bisschen durch die Farmgebäude und den Garten und setze mich dann auf eine Wiese neben Guillermo. Wo denn die Schafe der Farm seien, frage ich ihn, immerhin war die Estancia Harberton ja die erste Schaffarm in ganz Feuerland.

»Schafe gibt es hier fast keine mehr«, sagt Guillermo. »Das lohnt sich nicht. Die Touristen und die Touren zu den Pinguinen bringen einfach mehr Geld.«

Neben den Walfischknochen am Eingangsweg zum Haupthaus machen ein paar asiatische Touristen Fotos von sich.

Man muss vielleicht noch etwas klarstellen, denke ich: Pinguine gibt es in Feuerland. Nur Schafe gibt es vielleicht bald nicht mehr.

Kapitel

9

Aussteigen, anstellen, auspacken, abstempeln

So muss es sich anfühlen, wenn man im Winter in einer Autowaschanlage steht. Der Himmel über Ushuaia ist ein riesiger Duschkopf, ein Hochdruckreiniger, als wolle jemand da oben die Häuser und Straßen doch noch wegspülen, die Stadt wegspritzen wie einen Fleck vom Ende der Welt. Doch die Tropfen kommen nicht nur von oben, sondern auch von der Seite, von vorn und sogar von unten. Der Wind bläst sie einem ins Gesicht, keine Chance auszuweichen.

Es ist kurz vor fünf am Morgen und die Straßenlaternen tauchen Ushuaia in ein fahles Gelb, das die Stadt krank aussehen lässt. Zusammen mit zwei Dutzend anderen Passagieren dränge ich mich unter das Vordach der Bushaltestelle von Ushuaia, es ist kaum größer als eine breite Regenrinne und wir stehen eng nebeneinander, wie kleine bunte Vögel auf einer Stange. Ich warte auf ei-

nen Bus, der mich einmal quer durch Feuerland bringen soll, mit
der Fähre über die Meerenge, die Feuerland vom Festland trennt,
und dann weiter bis nach Río Gallegos, der Hauptstadt der Provinz Santa Cruz im äußersten Süden des argentinischen Festlands.

Niemand spricht, der Wind heult wie ein wütendes Kind, dann
legt er noch mal nach, die Tropfen peitschen über unsere Jacken und
Haut. Ich verstehe, wieso die Polizei auf Demonstrationen Wasser-
werfer einsetzt, ich bin nass und mir ist kalt, dann endlich kommt
der Bus: Achtzigerjahre-Sitzbezüge mit Dreiecken und Kreisen auf
quietschblauem Untergrund, es riecht nach nassen Kleidern und
Chemietoilette. Innerhalb von wenigen Minuten sind die Fenster beschlagen, der ganze Bus dampft. Mir schräg gegenüber sitzt
eine taiwanesische Kleinfamilie, weiter vorne eine Gruppe Israelin-
nen auf Lateinamerika-Tour und Amerikaner in knallbuntem Trek-
king-Outfit. Der Rest sind Argentinier und Chilenen, die drein-
schauen, als hätten sie allesamt Magenbeschwerden.

Kurz hinter Ushuaia beginnt es hell zu werden. Wir fahren
durch eine graugrüne Suppe aus Nebel und Wald, immer weiter hinauf in die Berge. Mit einem Schlag sind die Bäume von feinen
Flocken überzuckert, die Landschaft ist nur noch weiß und grau,
dann passieren wir eine Bergkuppe – und die Nebelwand öffnet
sich vor uns wie ein Vorhang. Unter uns liegt der Fagnano, der tiefblaue See im Herzen der Isla Grande de Tierra del Fuego, der Großen Insel von Feuerland. Dahinter leuchten die Berggipfel in der
Morgensonne.

Lässt man die südatlantischen Inseln und den von Argentinien
beanspruchten Teil der Antarktis beiseite, ist die Provinz Feuerland etwa zwanzigtausend Quadratkilometer groß. Es gibt Berge
und Steppe, Seen, Gletscher und Wälder, Menschen aber gibt es
fast keine. Gerade einmal hundertdreißigtausend Einwohner hat
Feuerland, und die meisten von ihnen leben in den beiden großen
Städten Ushuaia und Río Grande. Anders ausgedrückt: Wer es
gerne einsam mag, ist in Feuerland richtig.

Wir fahren am Ufer des Fagnano-Sees entlang. Moos hängt von den Zweigen der Bäume wie ein neongrünes Fell. Eine Armee zotteliger Monster, die ihre verkrüppelten Arme gen Himmel recken. Alle halbe Stunde stehen kleine Hütten neben der Straße, gebaut aus Holz und Wellblech, verloren in der Einsamkeit der Welt, doch irgendwann gibt es auch keine Häuser mehr, keine Menschen und keine Bäume, nur noch Steine und Sträucher und die endlose Steppe.

Nach drei Stunden Fahrt knarzen die Lautsprecher im Bus. »Río Grande«, nuschelt der Busfahrer und vor uns tauchen die ersten Häuser und Werbetafeln auf.

Río Grande ist die größte Stadt Feuerlands, Ende des 19. Jahrhunderts gründete die Ordensgemeinschaft der Salesianer hier eine Mission, mitten im Gebiet der Selk'nam. Die alte Station liegt heute ein paar Kilometer außerhalb der Stadt: eine bescheidene weiße Kirche aus Wellblech mit einem roten Dach. Dahinter steht ein großes zweistöckiges Gebäude, das als Schlafsaal für die hier untergebrachten Kinder der *indígenas* diente. Die Salesianer wollten den Selk'nam das Tor zum christlichen Himmel öffnen und sie gleichzeitig vor den Goldsuchern und vor allem den Schafzüchtern in Sicherheit bringen, die ein Kopfgeld auf jeden ermordeten *indígena* ausgesetzt hatten. Erfolgreich waren die Geistlichen nicht: Anfang des 20. Jahrhunderts lebten nur noch einige wenige Selk'nam-Familien, und in den Siebzigerjahren des letzten Jahrhunderts starb die letzte Selk'nam in ihrem Haus in Río Grande. Heute ist in der einstigen Mission eine Landwirtschaftsschule untergebracht, in der man sich – natürlich – auf Schafzucht spezialisieren kann. Von den Selk'nam ist nur ein alter Friedhof geblieben, er liegt auf der anderen Seite der Landstraße, ein paar Meter vom Strand entfernt: eine Handvoll eingefallene Gräber zwischen braunbeigem Gras, drumherum eine Mauer aus weißen Steinen und verwittertem Holz, hüfthoch, gerade genug, damit kein Schaf auf den Gräbern der Selk'nam grasen kann.

Als wir in Río Grande ankommen, begrüßt uns am Ortseingang eine Forelle. Die Statue ist so groß wie ein Container, mit Schuppen wie Silbermünzen und kleinen Augen, die gen Himmel schauen. Angsterfüllt, als würde sie, die Monsterforelle, um Hilfe flehen.

Río Grande nennt sich selbst Capital de la Trucha, Forellenhauptstadt, und das nicht nur von Argentinien, sondern gleich von der ganzen Welt. Der Grund sind auf der einen Seite die Meerforellen, die hier jedes Jahr ab November den Río Grande hinaufwandern, um in seinem Oberlauf zu laichen. Auf der anderen Seite sind da die Hobbyangler, die zur gleichen Zeit aus der ganzen Welt herkommen, um ihre Fliegenköder auszuwerfen und eine Forelle aus dem Fluss zu ziehen, die all die teure Angelausrüstung und den weiten Flug rechtfertigt. Je dicker, desto besser, und am allerliebsten so riesig wie die Statue am Eingang von Río Grande.

Río Grande ist auch die wahrscheinlich am besten beleuchtete Stadt Argentiniens. Alle paar Meter strahlt eine Straßenlaterne, als ginge es nicht um Verkehrssicherheit, sondern darum, eine Wand aus Licht zu bauen, einen Wall gegen die Nacht und die Dunkelheit. Sogar in Neubaugebieten, in denen noch kein Haus steht, gibt es schon Laternen. Ein silbrig glänzender Wald, mitten in der Steppe.

Doch jetzt scheint die Sonne über Río Grande. Es ist kurz nach halb acht und die Stadt ist so wach, als habe jemand Espresso durch ihre Adern gepumpt. Autos rauschen durch die Straßen, Motorräder stehen in Schwärmen vor den Ampeln und die Bushaltestellen sind voll von Menschen, eingehüllt in dicke Jacken, mit Mützen und Kapuzen auf dem Kopf. Atemwolken steigen über ihnen auf in den klaren Morgenhimmel.

Río Grande ist heute genauso wie Ushuaia eine *zona franca,* eine Sonderwirtschaftszone mit Steuervorteilen. Die Elektrobranche boomt und die Stadt boomt mit ihr. Außerdem liegen Erdgas- und Ölvorkommen in der Nähe. Daher explodieren auch in Río Grande die Einwohnerzahlen und Bagger reißen die Steppe auf. Mitten in die Weiten Feuerlands werden Straßen gebaut, Fabriken, Häuser und natürlich Straßenlaternen. Würde der portugiesische Seefahrer Magellan heute mit seinen Männern vor der flachen Küste Feuerlands entlangsegeln, würde er nicht die Feuer der *indígenas* sehen, sondern die Straßenlaternen von Río Grande. Ein Meer aus tausend Lichtern, Feuerland, das Lampenland.

Als wir die Stadt wieder verlassen, wandelt sich die Landschaft: steinige Steppe mit beigem Gras und grünem Moos, das in runden Flecken wächst, wie Ausschlag auf fahler, stoppeliger Haut.

Nach einer halben Stunde erreichen wir die Grenze. Als Chile und Argentinien sich darauf einigten, Feuerland entlang eines Längengrades untereinander aufzuteilen, haben die Argentinier vielleicht an Schafe und Rohstoffe gedacht, nicht aber an Reisebusse. Das argentinische Festland ist nur über einen Umweg via Chile zu erreichen, das heißt: Ausreise aus Argentinien, Einreise nach Chile, Ausreise aus Chile, Einreise nach Argentinien. Und jedes Mal: aussteigen, anstellen, auspacken, abstempeln.

Nach einer knappen Stunde Formalitäten und Warten rumpeln wir durch den chilenischen Teil von Feuerland. Es ist die gleiche Steppe, das gleiche Gras, das gleiche Moos. Links und rechts grasen Schafe, Wolken werfen Schatten auf die Weiden.

Ich glaube, dass man viel über eine Gegend lernen kann, wenn man sich ihre Verbotsschilder ansieht. Als wir an der Meerenge, die Feuerland vom Festland trennt, auf die Fähre warten, stehen neben ein paar windzerzausten Hütten zwei Mülltonnen. Auf einer steht: »Keine heiße Asche einwerfen«, auf der anderen: »Keine Haustiere einwerfen«.

Ich vertrete mir draußen, bis die Fähre kommt, ein bisschen die Beine. Am Strand liegt Seetang zwischen den Kieseln, ein kalter Wind weht vom Festland, er bläht die Jacken der anderen Wartenden auf, wie bunte Krebse stolpern sie über den Strand.

Neben der Landstraße gibt es ein kleines Restaurant. »Toilette nur für Gäste«. Im Lokal riecht es nach Kaffee und Frittierfett,

bunte Plastikstühle stehen vor abgenutzten Holztischen. An jeder
Wand hängen gleich mehrere Uhren, bei einer ist das Ziffernblatt
direkt auf ein Treibholzstück geklebt, bei einer anderen tickt der
Zeiger über Seemannsknoten, die die Stunden markieren. Ich
schaue kurz auf die Digitalanzeige auf meinem Handy. Keine der
Uhren geht richtig.

Unser Busfahrer sitzt auf einem der Plastikstühle und schaut hinaus auf die Magellanstraße: ein paar Kilometer Meer, eingezwängt
zwischen Südamerika und einer Insel am Ende der Welt, braungrau-
es Wasser, auf dem sich die Wellen kräuseln. Am anderen Ufer kann
ich die Fähre erkennen, die langsam auf uns zuschlingert.

Unser Busfahrer könnte auch ein Mafia-Schläger sein, Typ
klein und gemein. Er trägt Bomberjacke, Schnauzer und eine verspiegelte Pilotenbrille, die er auch im Restaurant nicht abgesetzt
hat. Ich frage ihn, was passiere, wenn richtig Seegang wäre.

»Ist aber nicht«, sagt er und schaut weiter auf das Wasser.

»Und was, wenn doch?«

Er dreht sich zu mir, in den Gläsern seiner Pilotenbrille kann
ich mein Spiegelbild sehen. »Dann fährt die Fähre nicht«, sagt er.
Irgendwo zwischen den Uhren muss es ein Schild geben, auf dem
»Dumme Fragen verboten« steht.

Nach zwanzig Minuten rollen unser Bus, drei Laster und mehrere Kleinwagen auf die Fähre. Unter der Kapitänskabine gibt es
einen kleinen Raum für Passagiere, er ist ähnlich gemütlich wie
der Gang vor einer öffentlichen Toilette. Immerhin hat er ein paar
dreckige Fenster mit Blick auf das Wasser, und auf einem Fernseher an der Wand laufen chilenische Nachrichten. Ein paar Diebe
haben einen Geldtransporter überfallen und vierzehn Millionen
chilenische Peso geraubt. Auf der anderen Seite der Grenze ist die
Welt auch nicht besser, denke ich.

Auch hier wieder: Verbotsschilder. Neben dem Bildschirm
steht: »Fernseher verstellen verboten«, neben der Tür: »Kein Plastik ins Wasser werfen«. Ich stelle mir vor, was passieren würde,

gäbe es all die Verbotsschilder nicht. Menschen, die wie wild am Fernseher herumdrehen, die ständig Plastik ins Meer werfen und ihre Haustiere in den Müll. Dann kommen wir auf dem Festland an. »Betreten verboten« – steht dort auf einem Schild am Straßenrand. »Minen!«

Augusto Pinochet, der General und schmallippige Diktator, der Chile fast zwanzig Jahre lang beherrschte, war schier besessen von der Angst, eine ausländische Macht könnte in sein Reich einmarschieren. Also ließ er seine Soldaten zweihunderttausend Landminen in die Erde pflanzen, in den trockenen Wüsten im Norden genauso wie in den nebelverhangenen Bergwäldern der Anden oder in den Steppen Patagoniens und Feuerlands. Die Invasion kam nie, dafür aber Guanakos und Rinder, denen die Minen die Beine abreißen. Und immer wieder kommen auch Menschen ums Leben, 2012 ein peruanischer Taxifahrer, der in der Nacht ohne Dokumente die Grenze überquerte. Die Antipanzer-Mine zerfetzte seinen Wagen, er und ein weiterer Insasse starben. Etwa hunderttausend Minen liegen noch an den Grenzen Chiles zu Peru, Bolivien und Argentinien.

Aussteigen, anstehen, auspacken, abstempeln, dann sind wir wieder in Argentinien.

WARM
KALT
ATOMINSEL
ASADO
BUENOS AIRES
STEPPE
ANDEN
PATAGONIA REBELDE
EL „K"ALAFATE
GLETSCHER
RIO GALLEGOS
?
FEUER-LAND

Teil 4

PATAGONIEN

Kapitel

10

Geben und nehmen
in Río Gallegos

Zwanzig Kilometer vor Río Gallegos ist die Steppe mit Plastiktüten übersät, wie Lametta hängen sie in den braunen Büschen.

Als wir in Río Gallegos ankommen, begrüßt uns Néstor Kirchner am Ortseingang. Das Plakat ist groß wie eine Leinwand: »Vos siempre con el Pueblo – El Pueblo siempre con vos« – Du immer mit dem Volk, das Volk immer mit dir. Darunter lächelt Néstor Kirchner: graue Haare und strenger Seitenscheitel, dünnes Lächeln und große Augen. Sie schauen immer, als würde er sie aufreißen, aus Verwunderung darüber, was da mit ihm und seinem Land passiert.

Von 2003 bis 2007 regierte Néstor Kirchner Argentinien, ihm folgte seine Frau Cristina Fernández de Kirchner nach, und gerade steht ihr Sohn, Máximo, in den Startlöchern, um die Politik seiner Eltern weiterzuführen. Schon jetzt ist klar: Seit den Peróns hat keine Familie Argentinien so sehr verändert wie die Kirchners. Bleibt die Frage, ob zum Guten oder zum Schlechten.

Der argentinische Wirtschaftswissenschaftler Pablo Bustos hat mir einmal gesagt, man könne den Kirchnerismus nur verstehen, wenn man sich ansehe, wo er herkomme. Darum bin ich hier, in Río Gallegos, der Hauptstadt der Provinz Santa Cruz, dem Geburtsort Néstor Kirchners und des Kirchnerismus.

Río Gallegos liegt an der patagonischen Atlantikküste, ein paar Tausend Häuser in der Steppe, als habe der Wind sie zusammen mit den Plastiktüten herbeigeweht. Hier leben knapp achtzigtausend Menschen, es herrscht ein Überangebot an Friseuren, es gibt viele streunende Hunde und fast nichts zu tun, für die Einwohner genauso wenig wie für Touristen.

1950 wurde Néstor Kirchner hier geboren, und in den Siebzigerjahren kehrte er zurück, im Gepäck einen Juraabschluss von der Uni in La Plata und eine junge Ehefrau. Die Zeiten waren hart, und die Militärdiktatur, die Argentinien damals beherrschte, war skrupellos. Die Kirchners waren politische Aktivisten, Linksperonisten und wegen alldem im Visier der erzkonservativen Generäle. Zurück in Río Gallegos, wurde Kirchner mehrfach vom Militär verhaftet, doch vielleicht half der eiskalte Wind Patagoniens am untersten Zipfel Südamerikas, die Gemüter abzukühlen. Anders als viele andere Aktivisten aus ihrer Generation verschwanden die Kirchners nicht in einem der Folterkeller oder einem anonymen Massengrab, stattdessen wurde Néstor Kirchner ein erfolgreicher Anwalt, nach der Rückkehr zur Demokratie Bürgermeister von Río Gallegos und 1991 Gouverneur der Provinz Santa Cruz.

Santa Cruz ist die zweitgrößte Provinz Argentiniens, dreihunderttausend Quadratkilometer Steppe und patagonische Weiten, in denen in etwa genauso viele Menschen leben wie in Bochum, etwa dreihundertsiebzigtausend. Als Kirchner sein Mandat als

Gouverneur übernahm, war Santa Cruz hoch verschuldet, doch
innerhalb von zehn Jahren schaffte er es, alle Gläubiger auszuzah-
len. Ein kleines Wunder kurz vor dem Ende der Welt.

Santa Cruz ist eine junge Provinz. Ihre Hauptstadt, Río Gallegos, bestand lange aus kaum mehr als ein paar Baracken von Schaf-
scherern, Landarbeitern und Soldaten. Wenn man heute durch die
Stadt geht, sieht man keine alten Kolonialbauten wie in San Miguel de Tucumán und keine Kathedralen wie in Córdoba. Die ältesten Häuser sind Hütten aus Holz und Wellblech, der Rest Be-
tonbunker und Wohnklötze, ohne Charme und ohne Geschichte.

Die meisten Bewohner von Río Gallegos leben hier in erster,
zweiter, maximal dritter Generation. Die Folge davon sei, erklärte
mir Pablo Bustos, dass es kaum alte Machtgefüge gebe. »Die
Kirchners mussten sich nicht mit Eliten rumschlagen, sie mussten
vor ihren Entscheidungen nicht erst die alten Familien vor Ort
fragen, die Kirche und das Militär. Sie konnten regieren, wie sie es
wollten – und das Gleiche haben sie dann auch auf nationaler Ebene gemacht.«

Am 25. Mai 2003 ließ sich Néstor Kirchner zum argentinischen
Präsidenten vereidigen, das Land erholte sich damals gerade von
der Krise des Jahres 2001. Fast die Hälfte der Bevölkerung lebte
unter der Armutsgrenze, Argentinien saß auf einem Schuldenberg
höher als jeder Gipfel der Anden, und noch eineinhalb Jahre zuvor
hatten die Menschen in den Straßen zu Hunderttausenden »¡Qué
se vayan todos!« gegen die Politiker skandiert: Haut alle ab.

Néstor Kirchner wurde der ›Pinguin‹ genannt, weil er aus
dem Süden Argentiniens stammte. Er wandte als Präsident auf
das Land die gleichen Rezepte an wie als Gouverneur auf die
Provinz Santa Cruz. Während das Geld für die Schuldentilgung
dort noch vor allem aus Bergbau, Gas und Öl generiert wurde,
waren es jetzt Agrarprodukte, allen voran Soja. Die Landwirtschaft boomte, die Wirtschaft wuchs und die Staatseinnahmen
sprudelten. Argentinien war vom Pleitestaat zum Wirtschafts-

wunder aufgestiegen, und 2007 gab Kirchner sein Amt an seine Frau Cristina ab. Viele glaubten, dass dieses Tandem die nächsten Jahrzehnte so weiter agieren würde, doch dann kam alles anders. 2010 starb Néstor Kirchner überraschend an einem Herzinfarkt, gleichzeitig schwand der Rückhalt in der Bevölkerung. Denn anders als in Santa Cruz waren die Kirchners auf nationaler Ebene auf einmal mit Eliten und Machtgefügen konfrontiert, mit denen sie eigentlich hätten verhandeln müssen, stattdessen aber legten sie sich konsequent mit allen an. Zunächst bekamen sie dafür viel Lob, zum Beispiel als sie die Amnestiegesetze gegen das Militär zurücknahmen und die Generäle der letzten Diktatur wegen Menschenrechtsverbrechen vor Gericht brachten. Sie setzten gegen den Willen der Kirche die Homo-Ehe durch, und gegen den Willen der Wirtschaft stärkten sie die Gewerkschaften.

Doch dann beschloss Cristina Kirchner 2008, die Exportsteuer auf Soja zu erhöhen. Die Regierung griff damit direkt in die Geldbeutel der Bauern und Landbesitzer, jener Elite, die in Argentinien schon seit Jahrhunderten das meiste Geld und auch die meiste Macht besitzt. Landesweit rollten daraufhin Traktoren auf die Straße und blockierten den Verkehr, die Bauern legten Argentinien lahm. Die Folge: Bald waren die Supermarktregale leer und auch die Leute in Buenos Aires, Córdoba und Tucumán gingen auf die Straße. Es war der erste Kampf, den die Kirchners verloren, und es war die erste Schlacht in einem Krieg, der bis heute tobt.

Nach den Bauern und Landbesitzern legten sich die Kirchners mit den Medien an, allen voran mit der Clarín-Gruppe, einem gigantischen Medienimperium, das von da an aus allen Kanälen und mit aller Macht gegen die Kirchners schoss. Längst hatte sich die Berichterstattung des Clarín, der größten Tageszeitung Argentiniens, in antikirchneristische Propaganda verwandelt, die Regierung ließ dafür »Clarín lügt«-Ballons im Kongress aufsteigen. Seither wetterte Cristina Kirchner aus ihrem Twitter-Kanal gegen die Medien, denn mit Journalisten spricht sie ohnehin fast nie.

Die Fronten sind verfahren und vermint und ein Graben, so groß wie der Grand Canyon, zieht sich heute durch die argentinische Gesellschaft. Mein Freund Fede hat Néstor Kirchner als Hintergrundbild auf seinem Smartphone eingestellt und bei Facebook verlinkt er regelmäßig Videos der kirchneristischen Jugendorganisation La Cámpora. Gleich darunter stehen dann Posts von Andrés, für den Cristina Fernández de Kirchner auf der gleichen Stufe wie Hitler oder Stalin steht und der nichts lieber sehen würde als ihr Verschwinden, egal wie. Freundeskreise spalten sich auf in Kirchner-Anhänger und Kirchner-Hasser, und bei Familienessen herrscht eisige Stimmung, weil der eine Vetter für die Regierung ist und der andere dagegen.

Politik ist in Argentinien zur Glaubenssache geworden, weil man sich entscheiden muss, was und wem man glaubt: den Staatsmedien oder den privaten Kanälen? Dem einen oder dem anderen Freund? Den K's oder den Anti-K's? Als Außenstehender ist es schwierig, sich in alldem zurechtzufinden, und wie immer liegt die Wahrheit vermutlich irgendwo in der Mitte. Das Problem ist, dass es längst nicht mehr um Wahrheit geht, sondern um viel mehr: um Jobs, um Geld und vor allem um Macht.

*

Die Hauptstraße von Río Gallegos fühlt sich an wie ein Windkanal, in den ein verrückter Wissenschaftler Müll und Staub geworfen hat. Papierfetzen und Staubkörner wirbeln durch die Luft und schlagen einem ins Gesicht.

»Das ist doch noch gar nichts«, sagen mir da drei Teenager. »Richtig schlimm wird es erst, wenn man nicht mehr stehen kann.«

Autos rollen langsam über die Straße, früher hieß sie Avenida General Roca, heute heißt sie Avenida Presidente Néstor Kirch-

ner. Es gibt ein paar Geschäfte und fast keine Restaurants, struppige Hunde jagen bellend Autos hinterher. Bäume ducken sich im
Wind und von den Fassaden blättert der Putz. Einige Häuser stehen komplett leer, die Türen sind vernagelt und die Fenster zuge-
mauert.

Eigentlich wollte ich zur Touristeninformation von Río Gallegos. Ich wollte fragen, wie lange der Friedhof aufhat und wann genau man das Mausoleum von Néstor Kirchner besuchen kann. »Geöffnet bis 22 Uhr«, stand an der Tür, aber um elf Uhr morgens war die
Tür verschlossen, genauso wie um siebzehn Uhr nachmittags.

Nun stehe ich vor dem Büro der Frente para la Victoria, dem
Parteienbündnis, das Néstor Kirchner vor seiner Wahl 2003
gründete und das bis heute die Machtbasis des Kirchnerismus
bildet.

Die Front für den Sieg trifft sich in Río Gallegos in einem
kleinen weißen Haus in einer Seitenstraße der Avenida Néstor
Kirchner. Im Vorgarten vertrocknen ein paar Topfpflanzen, ich
schiebe die Tür auf und stehe in einem fast leeren Haus, als wäre
gerade erst jemand eingezogen oder stünde schon wieder kurz
vor dem Auszug. Auf dem Boden liegt ein blauer Teppich und einige Kisten stehen herum, an der Wand hängen Bilder von Néstor Kirchner, Schwarz-Weiß-Fotos mit einem Trauerflor an der
Seite.

Ein Mann mit kahlem Kopf und Windbreaker und zwei Frauen
Mitte zwanzig sitzen auf Plastikstühlen im Kreis und trinken
Mate. Ihre Namen, sagen sie, würden sie lieber nicht in einem
Buch lesen wollen, aber setzen könne ich mich gerne.

»Wir sind *militantes*«, erklären sie mir, so nennt man in Argentinien die Leute, die sich in einer Partei oder einer Gruppe engagie-
ren, die auf Demos gehen, Flugblätter verteilen oder Freiwilligen-
arbeit leisten. »Eigentlich geben wir hier Mathe-Nachhilfe, aber
heute ist kein Schüler da. Das ist normal, bis zu den Abschlussprü-
fungen ist es noch ein bisschen hin. Wir wollen den Kindern hel-

fen, die in der Schule nicht mitkommen, aber ein bisschen ist das auch schon Wahlkampf. Die Kinder können natürlich nicht wählen, aber ihre Eltern schon.«

Fünfzig Prozent, sagen sie mir, seien hier in Río Gallegos *kirchneristas*.

»Néstor war hier sehr beliebt«, sagt eines der Mädchen, nennen wir sie Rebecca. »Bei Cristina sind sich viele nicht sicher. Néstor war von hier, er war immer nah dran an den Leuten und irgendwie ein bisschen mehr *gaucho* als Cristina.«

»Was meinst du mit *gaucho?*«, frage ich.

»Naja, er hat den Leuten die Hand gegeben, er war einer von uns, einer aus dem Volk, verstehst du? *Gaucho* eben!«

Rebecca ist fünfundzwanzig, sie ist in Río Gallegos geboren, aber wenn ihre Familie und ihr Freund nicht wären, sagt sie, dann wäre sie schon lange weggezogen. Der Wind, die Kälte, die Arbeitslosigkeit. »Río Gallegos ist ein Scheißkaff.«

Wir trinken Mate, ich versuche, Fragen zur Politik in Deutschland zu beantworten, und dann möchte Rebecca wissen, was ich eigentlich in Río Gallegos, dem Scheißkaff, wolle.

»Du möchtest das Grab von Néstor sehen? Kein Problem!«, sagt Rebecca. »Wenn du ein bisschen wartest, dann nehmen mein Freund und ich dich im Auto mit.«

Zehn Minuten später steht ein alter Toyota vor der Tür. Als ich ins Auto steige, weht der Wind so stark, dass ich die Tür kaum noch schließen kann. Innen riecht es nach kaltem Rauch und verbranntem Gummi.

Rebeccas Freund hat lange braune Haare und ein Gesicht wie ein Raubvogel. *Kirchnerista* sei er nicht, erklärt er mir, aber die Tochter von Cristina und Néstor kenne er noch aus der Schule, und ihr Sohn Máximo würde in der Nähe seiner Eltern wohnen.

»Der geht ganz normal in den Supermarkt zum Einkaufen.«

»*Gaucho* also?«, frage ich und Rebecca lacht.

Wir fahren durch graue Straßen, vorbei an Einfamilienhäusern und Wohnblocks, die nach sozialem Brennpunkt aussehen. Rebecca erzählt, dass sie Maschinenbau studiere.

»Bis ich fertig bin, brauch ich aber noch ganz schön lange. Und selbst dann glaube ich nicht, dass ich hier einen Job finde.«

Nach fünfzehn Minuten halten wir vor einer vier Meter hohen Mauer. Dahinter liegt der Friedhof von Río Gallegos. Familiengräber von der Größe einer Gartenhütte stehen sauber aufgereiht nebeneinander, sie haben Giebeldächer und Türen, hinter den Fenstern stehen Blumen. Ein kleines Dorf für die Toten. Hinter den Häuschen erhebt sich wie eine mittelalterliche Burg das Mausoleum von Néstor Kirchner, zwei Stockwerke hoch, olivgrün, aus Beton und Metall.

Rund um das Mausoleum steht ein schwarzer Metallzaun, behängt mit bunten Flaggen und T-Shirts. »Generation K« steht auf einem, es gibt Fahnen von der Peronistischen Jugend und von der Cámpora.

Ein Wachmann mit Mate in der Hand kommt uns entgegen. In das Mausoleum könnten wir nicht, sagt er, aber wir könnten außen herumgehen. Den Sarg könne man auch durch die Fenster sehen.

Wir steigen einige Stufen hinauf und ich laufe einmal um das Mausoleum. Als ich zurückkomme, hat Rebecca ihre Nase an eines der Fenster gedrückt. Sie sind so groß wie Schießscharten und meine Augen brauchen ein bisschen, bis sie dahinter in der Dunkelheit etwas erkennen können: eine Vase mit weißen Nelken, dahinter ein Sarg. Auf ihm liegen die argentinische Flagge und ein Trikot von Racing, einem Fußballclub aus einem Vorort von Buenos Aires. Während Cristina Kirchner nach der letzten WM erklärte, dass sie kein einziges Spiel gesehen habe, war Néstor Kirchner erklärter Fußballfan. *Gaucho* eben.

Auf dem Rückweg zum Auto frage ich Rebecca, wieso sie eigentlich bei Frente para la Victoria mitmache.

»Meine Eltern sind schon lange Kirchner-Anhänger, ich bin aber erst kurz dabei, ein halbes Jahr vielleicht.«

Unsere Schritte knirschen auf dem Kies.

»Weißt du«, sagt Rebecca, »mir geht es schon um die Sache, aber ich brauche vor allem einen Job.«

»Muss man denn in der Partei mitmachen, wenn man einen Job will?«, frage ich.

»Muss man nicht, aber wenn man in der Partei ist, hat man viel bessere Chancen.«

Hinter uns flattern die T-Shirts und Fahnen am Zaun von Néstor Kirchners Mausoleum wie Gebetsfahnen im Wind.

*

Der nächste Morgen: immer noch Hunde, immer noch Staub, immer noch Wind.

An der Uferpromenade kehren Männer in Arbeitsoveralls den Schotter aus dem Straßengraben.

»Wir sind eine Arbeitskooperative«, erklärt mir einer von ihnen, ohne mit dem Fegen aufzuhören. Er hat einen dichten Dreitagebart und Zähne, die aussehen wie ein Waldstück nach einem Wirbelsturm. »Wir räumen die Straßen auf, wir schauen, dass alles schön sauber ist, und wir machen den Müll weg.«

In ganz Argentinien sind unter der Regierung Kirchner Tausende solcher Arbeitskooperativen entstanden. Sie bauen Schulen und Häuser, pflastern Bordsteine und putzen Parks, es ist eine Art Arbeitsbeschaffungsmaßnahme, die Arme und Arbeitslose wieder zurück in die Sozialversicherungen bringen soll.

»Ich hatte vorher keine Arbeit, jahrelang hab ich mich immer nur mit Gelegenheitsjobs durchgeschlagen. Dann haben sie mir den Job hier gegeben.« Der Besen steht kurz still. »Weißt du, es gibt Tolleres, aber so kann ich meine Familie durchbringen.« Dann fegt der Mann weiter. Was er denn von den Kirchners halte, frage ich ihn. »Keine Ahnung, was soll ich schon sagen? Ich versteh nicht viel von Politik, aber mir geht's heute besser als vor zehn Jahren.«

Es ist kurz nach zehn Uhr vormittags, ich laufe weiter durch

Río Gallegos. Schon wenige Blocks vom Zentrum entfernt sieht die Stadt aus, als wäre sie hier eigentlich schon wieder zu Ende, als wären die langweiligen Häuschen schon die letzten Vororte vor der Steppe, aber dann geht es doch noch weiter, Block für Block. Kurz vor der Hauptstraße komme ich an einer Statue für Julio Argentino Roca vorbei, den General der Wüstenkampagne, den Mann, der all dieses Territorium erst für Argentinien erobert hat und dafür ganze Völker massakrieren ließ. Jemand hat »Mörder« über die Statue geschrieben und deren Hände rot angesprüht.

Ein paar Blocks weiter steht das Kasino von Río Gallegos. Die Fassade sieht aus wie eine riesige Sofaecke zwischen glattem Zement. Danach kommt ein Park, und dann stehen auf einmal Zelte neben der Straße. Vor einer weißen Mauer mit schwarzem Metallgitter warten etwa hundert Menschen in einer ordentlichen Schlange, viele haben sich Campingstühle mitgebracht, einige haben noch Schlafsäcke übergeworfen.

»Wir wollen unsere Kinder für die Schule einschreiben«, sagt Cristian, dicke Daunenjacke, kurz geschnittene Haare und dunkler Bart. Seit zwei Tagen stehe er hier, sagt er, zwei Tage lang bläst ihm also der Wind schon Staub und Regen ins Gesicht. Nachts schläft er zusammengerollt im Auto, wenn er zur Arbeit muss, kommt ein Freund und hält seinen Platz frei. »Mein Sohn ist fünf, Wenn ich mich hier nicht anstelle, dann stecken sie ihn in irgendeine Schule.«

»Und diese Schule hier ist besonders gut?«

»Nein, nicht wirklich. Aber hier erscheinen die Lehrer zum Unterricht und die Heizung funktioniert. Es gibt Schulen, die fallen fast auseinander.«

Und dann beginnt Cristian zu erzählen. Von Klassenräumen mit kaputten Fenstern. Von Schulen, in denen der Putz von der Decke kracht. Von Vetternwirtschaft. Von Korruption. »Das fängt mit dem Typen an, der sich um die Renovierung einer Schule kümmern soll. Der gibt den Auftrag natürlich an die Firma eines Freundes und bekommt dafür natürlich auch 'ne Belohnung. Für den Kumpel ist das immer noch ein Riesengeschäft. Der kauft für hundert Peso einen Eimer Farbe, stellt fünfhundert in Rechnung und streicht dann noch nicht mal richtig die Wände. So läuft das hier in Río Gallegos.«

Wenn ich wissen wolle, wie Politik in Argentinien funktioniere, sagt Cristian mir noch zum Abschluss, dann solle ich zum Gouverneurspalast gehen.

Er ist ein halbes Dutzend Blocks entfernt. Neun Männer mit dicken Jacken und Mützen auf dem Kopf sitzen dort um ein Feuer, es brennt in einer Metalltonne mitten auf der Straße. Die Männer haben Campingstühle mitgebracht und Autoreifen, sie liegen als Blockade vor ihnen. Hinter sich haben sie ein Transparent gespannt: »Gesetz Nummer 820«. Ein Mann in dickem Arbeitsoverall mit Warnreflektoren malt mit einem Pinsel gerade die 820 nach.

»Wir sind hier, damit der Gouverneur das macht, was im Gesetz steht.«

»Und was ist das?«, frage ich.

»Das Gesetz sagt, dass Familienmitglieder bei offenen Stellen in der Straßenverwaltung bevorzugt werden. Ich bin schon in Rente, verstehst du? Aber ich will, dass mein Enkel hier meinen Job bekommt.«

»Das heißt, die Jobs wären so was wie erblich?«

»Nein, jeder kann sich bewerben, aber wenn ein Familienmitglied sich bewirbt, dann muss es den Job bekommen. So steht es im Gesetz. Aber der Gouverneur kümmert sich nicht darum! Also sperren wir hier die Straße.«

Piquete nennen die Argentinier so etwas, und wahrscheinlich gibt es in Argentinien jeden Tag irgendwo irgendeine Straße, die wegen irgendetwas blockiert wird. *Piquetes* sind seit den Neunzigerjahren Teil argentinischer Protestkultur. Bis dahin waren Streiks das Mittel der Wahl, um bockige Politiker und

Firmenbosse weichzuklopfen, doch im neoliberalen Privatisierungswahn verloren Hunderttausende ihre Jobs, und wo es keine Arbeit gibt, kann man auch nicht streiken. Also begannen die Arbeiter und Arbeitslosen damit, Reifen und Fässer auf die Straße zu rollen. Autos und Lastwagen fuhren einen Umweg, dafür kamen dann die Kamerateams der großen Fernsehsender, Reporter und Politiker. Bald wurden im ganzen Land Straßen gesperrt. Es gibt *piquetes* gegen neue Tagebauminen oder die Schließung von Fabriken, Anwohner blockieren die Straße, wenn der Strom zu lange ausfällt, Bauern rollen mit ihren Traktoren an, wenn die Regierung die Steuern erhöhen will, und Rentner kommen mit brennenden Fässern und Autoreifen, damit ihre Enkel ihren Job bekommen.

Ob ihnen das denn nicht ein bisschen komisch vorkomme, frage ich, wenn die einzige Voraussetzung, einen Job zu bekommen, der richtige Vater oder Großvater sei?

»Wir fordern nur das, was im Gesetz steht«, sagt mir der Mann im Arbeitsoverall. »Wir sind seit Wochen hier und gehen erst wieder weg, wenn der Gouverneur macht, was wir von ihm fordern.«

Unterstützung, erklärt er mir, hätten sie auch schon angefordert, und zwar von niemand Geringerem als Argentiniens berühmtestem Journalisten: Jorge Lanata. Unter ihrem Transparent steht: » Río Gallegos wartet auf dich«.

Lanata ist der meistgeliebte und meistgehasste Moderator Argentiniens, ein Schwergewicht, sowohl physisch als auch politisch. Früher war Lanata auf der Seite der Kirchners, war Mitbegründer der Pagina 12, der regierungstreuen Zeitung, doch dann kam der Bruch, und heute ist Lanata ein Erzfeind der Kirchners. Sein Programm »Periodismo para todos« lebt davon, dass es echte und vermeintliche Skandale der Regierung und der Familie aufdeckt, es geht um Korruption und Vetternwirtschaft und darum, dass die Kirchners Freunde und Verwandte in wichtige Posten heben. Von ihm also erhoffen sich die Rentner vor dem Gouverneurspalast Unterstützung in ihrem Kampf darum, ihren Enkeln ihre Posten vererben zu können.

Mir schwirrt der Kopf.

*

Lorenzo hat glatt rasierte Wangen und eine Brille mit getönten Gläsern. Sein Taxi riecht nach einem Duftbaum, Variante Vanille. Vor dreiunddreißig Jahren kam Lorenzo aus Chile nach Río Gallegos, damals war er siebzehn und die Stadt bot bessere Chancen als seine Heimat. Doch das, erklärt er mir auf der Fahrt zum Busbahnhof, ist heute längst anders.

»Hier gibt es doch nichts. Keine Arbeit. Keine Berge. Keine Touristen. Ushuaia und Río Grande boomen, die haben Jobs und alles sieht schön aus da unten. Wieso machen die hier nicht auch so eine steuerfreie Zone? Dann geht's mit Río Gallegos auch wieder aufwärts. Die Kirchners haben Río Gallegos nichts gegeben, alles, was sie gemacht haben, ist, die Verwaltung hier mit Leuten zu füllen. Wenn du aufs Amt gehst, dann sitzen die Angestellten da rum und trinken Mate.«

Zurück nach Chile, meint Lorenzo, könne er nicht. Wegen seiner Kinder, die hier zur Schule gehen. Wegen seiner Rente. Und weil er sowieso schon Argentinier geworden sei. Also bleibt er hier, in Río Gallegos, in seinem Taxi, das nach Vanille riecht.

»Das Problem ist, dass niemand hier etwas ändert. Die Politiker reden alle viel, und den Rest der Zeit stopfen sie sich die Taschen voll. Weißt du, von mir aus müssten die gar nicht aufhören zu klauen. Nur sollen sie mir auch was abgeben!«

Kapitel

11

Gletscher für Touristen,
Fußball für alle

Die Buchsblättrige Berberitze hat kleine, immergrüne Blätter und einen spanischen Namen, der viel besser klingt als der deutsche: *calafate*. An den Zweigen des rundlichen Strauchs wachsen Dornen, die so hart sind, dass man mit ihnen Lederhandtaschen nähen könnte. Dazwischen aber reifen auch Beeren, die so blau sind wie die Seen Patagoniens. Es heißt, dass der, der sie isst, immer wiederkommt, um mehr zu holen.

Ich sitze in einem Bus nach El Calafate, der Stadt, die genauso heißt wie die Buchsblättrige Berberitze. Sechs Stunden braucht er von Río Gallegos aus, einmal quer durch das argentinische Patagonien, von Osten nach Westen, vom Atlantik bis zu den Anden.

Die Straße zieht sich wie ein Lineal durch die Landschaft, schnurgerade auf die Gipfel der Anden und den Argentino-See zu, wie Schlagsahnehauben und grelltürkiser Zuckerguss liegen sie auf braunbeiger Steppe. Es ist Frühling in Patagonien und im Moment gibt es an den *calafate*-Sträuchern noch keine Früchte, nur Blüten, klein und gelb wie die Glöckchen, die an Schokoladenosterhasen hängen. Vom Busfenster aus kann ich sie sehen, Tausende blühen auf den Hügeln neben der Landstraße, ein Glockenspiel, wo sonst nur der Wind rauscht.

El Calafate ist berühmt als einer der Eingänge zum Nationalpark Los Glaciares und als das Tor zum Perito Moreno, dem vielleicht berühmtesten Gletscher der Welt. Doch als ich meinen Freunden erzählte, wohin ich unterwegs bin, meinten die meisten nur: »Grüß Cristina von uns.«

*

El Calafate liegt in einer Senke, die sich wie ein Amphitheater zum Lago Argentino hin öffnet. Es gibt einen Aussichtspunkt über der Stadt: unten das Zentrum, direkt am See, mit Hotels, Restaurants und Läden. Außen herum bunte kleine Häuser, die verstreut zwischen Pappeln und Pinien auf den Hügeln liegen, wahllos und ohne erkennbares System, als habe eine Explosion unten in der Senke sie bis hier nach oben geschleudert.

Knapp siebzehntausend Einwohner hatte El Calafate bei der letzten Volkszählung 2010, zehn Jahre zuvor waren es noch weniger als die Hälfte, und vielleicht sind es heute schon doppelt so viele. Seit etwa zwanzig Jahren erlebt die Stadt einen Boom, den sie vor allem drei Dingen zu verdanken hat: den Touristen, dem Gletscher und den Kirchners.

»Willkommen zu Hause, Cristina«. Am Eingang von El Calafate wartet dieses Schild auf Cristina Fernández de Kirchner. Morgen, heißt es, soll die Präsidentin für ein Wochenende einfliegen, mit der Präsidentenmaschine Tango 01, einer Boeing 757 mit Massagesitzen und Goldhähnen. Ich dagegen bin schon heute Mittag angekommen, in einem Überlandbus mit kaputter Windschutzscheibe und muffigen Sitzen.

El Calafate ist die Wahlheimat der Kirchners, hier steht die Privatvilla der Familie, hier verstarb 2010 Néstor Kirchner, und sooft es geht, flieht Cristina Fernández de Kirchner hierher, von den trübbraunen Ufern des Río de la Plata zu den türkisblauen des Lago Argentino. El Calafate, sagt sie, sei ihr *lugar en el mundo,* ihr Platz in der Welt, darum sagen Kirchner-Kritiker, dass man genau hier im Kleinen sehen könne, wie das Modell K das Land verändert habe: Korruption, Vetternwirtschaft, Geldwäsche, und überhaupt sei es mit Cristina so wie mit der Legende von der *calafate*-Frucht: Sie komme immer wieder und sie wolle immer mehr.

Die Hauptstraße von El Calafate ist eine Mischung aus Kleinstadtboulevard und Einkaufszentrum. Zwischen den beiden gepflasterten Fahrspuren wachsen breite Bäume. Die Schaufenster der Outdoor-Läden und Souvenirgeschäfte quellen über von Wanderschuhen, Schlafsäcken, Campingkochern, Kühlschrankmagneten und Kuscheltieren. Es gibt Schokolade aus lokaler Herstellung und einen kleinen Markt mit Kunsthandwerk: Bretterbuden bis oben hin voll mit selbst gestrickten Pullis, Schmuck und Mate-Bechern, auf denen »El Calafate« steht und aus denen wahrscheinlich nie getrunken wird, weil sie als Andenken an Patagonien verstauben, in einem Regal in den USA, einem Schrank in Frankreich oder einer Kiste auf einem Dachboden irgendwo in Duisburg. Restaurants bieten patagonisches Lamm an und Bars selbst gebrautes Bier.

»Gerade ist nicht so viel los«, sagt mir die Bedienung, eine braungebrannte Studentin aus Salta im Norden Argentiniens. Während der Saison jobbt sie in dem kleinen Restaurant mit Holztischen auf der Straße und einer Speisekarte auf Englisch, Französisch und Spanisch. In genau dieser Reihenfolge. Es ist kurz nach zwei, die Sonne scheint und nur ein paar Tische sind besetzt.

»Ab achtzehn Uhr wird es hier richtig voll«, sagt die Bedienung und stellt mir mein Sandwich auf den Tisch. »Dann kommen die Touristen zurück vom Perito Moreno.«

Zusammen mit den Wasserfällen von Iguazú, den Gipfeln des Fitz-Roy-Massivs und den Walen vor der Halbinsel Valdés zählt der Perito-Moreno-Gletscher zu den Hauptattraktionen Argentiniens. Während Gletscher weltweit zurückgehen und zusammenschmelzen, erfreut sich der Perito Moreno bester Gesundheit, und das wiederum freut die Touristen. Die meisten kommen nur oder zumindest hauptsächlich seinetwegen nach El Calafate: Man kann auf dem Gletscher wandern, man kann mit dem Boot bis kurz vor die blaue Eiswand fahren, und seit ein paar Jahren gibt es sogar ein Gletschermuseum mitten in der Steppe.

*

Am nächsten Morgen sitze ich in einem weißen Kleinbus mit abgewetzten Sitzen. Vielleicht ist Cristina Fernández de Kirchner schon auf dem Weg nach El Calafate, vielleicht fliegt sie gerade in der Tango 01 über Patagonien, während ich zusammen mit Touristen aus der ganzen Welt in Richtung Perito Moreno rumpele.

Achtzig Kilometer sind es von El Calafate bis zum Gletscher. Auf Weiden, die aussehen wie eine Raufasertapete, grasen stämmige Kühe, und pummelige weiße Wölkchen fliegen über den blauen Himmel, als hätten sie heute noch etwas vor und es darum besonders eilig.

Wenn sich Tourismusmanager den perfekten Gletscher ausdenken müssten, dann käme mit ziemlicher Wahrscheinlichkeit der Perito Moreno dabei heraus. Wer ihn sehen will, muss zur Spitze einer Halbinsel fahren und vorher natürlich an einem Ticketschalter vorbei. Kurvige Straßen und Wald so dicht wie ein dunkelgrüner Vorhang, dann der erste Stopp. Er heißt Aussichtspunkt der Seufzer, Mirador de los Suspiros. Der Vorhang öffnet sich, und tatsächlich: Der ganze Bus seufzt. Ohh. Ahh. Vor uns erhebt sich der Perito Moreno aus dem Lago Argentino. Das Wasser hier ist weiß wie Milch und der Gletscher eine blaue Wand aus Eis, mit scharfen Zacken und Spitzen. Der Perito Moreno ist Teil des Campo de Hielo Sur, eines riesigen Gletschergebiets, das sich von hier bis nach Chile zieht, Zigtausende Tonnen Eismassen, die sich aus den Bergen herunterschieben.

»That's beautiful«, meint ein amerikanisches Paar neben mir. Sie hat platinblonde Haare, er einen Militärschnitt, und gemeinsam haben sie zwei Wochen Zeit für Patagonien.

»Allein wegen des Gletschers hat sich die Reise schon gelohnt«, sagt sie und macht noch ein Foto mit ihrem Handy. Es steckt in einer rosa Lederhülle mit Strass. Hundert Euro haben sie zusammen für das Spektakel gezahlt, vierzig für den Eintritt und sechzig für die Fahrt bis zum Gletscher, das ist das Basispaket, ohne Bootsfahrt, ohne Fotograf, ohne Drink mit Gletschereis.

Wir warten zehn Minuten, dann geht es weiter, immer näher heran an den Gletscher, bis wir vor einem schicken neuen Café an der Spitze der Halbinsel halten. Laufstege aus Holz und Metall verbinden verschiedene Aussichtspunkte miteinander. Von ihnen aus kann man wie aus einer Theaterloge das Schauspiel vor sich betrachten: Zweihundert Meter entfernt endet der Gletscher mitten im See, so nah, dass man das Eis riechen kann, trocken und kalt, ein riesiges Gefrierfach. Hinter dem Perito Moreno ragen die Anden steil nach oben, auf ihren bewaldeten Berghängen glitzern Wasserfälle wie Lametta am Weihnachtsbaum. Der Wind pfeift durch die Zweige und der Gletscher knackst und kracht wie ein Eiswürfel, den man in ein Glas Wasser fallen lässt, nur tausendmal größer und lauter. Ein Kleinwagen-großes Stück bricht vom Gletscher ab, das Eis stürzt ins türkisblaue Wasser, die Fontäne spritzt mehrere Meter empor, Wellen schlagen an das Steinufer, Vögel flattern hektisch durch die Luft. Neben mir klatscht eine Gruppe Spanier begeistert Beifall, und der Perito Moreno grummelt in sich hinein, zufrieden über die getane Arbeit.

*

Am Nachmittag laufe ich durch El Calafate. Versteckt hinter Bäumen und Büschen steht an der Hauptstraße ein Lehmziegel-Haus, kaum größer als eine Gartenhütte. Der Putz ist abgefallen, das Wellblechdach eingedrückt. Eine Tafel verkündet: »Erstes Haus von Calafate, erbaut vermutlich 1909«. Ich stelle mir vor, wie das Leben hier damals war: in einem gottverlassenen Kaff in den Weiten Patagoniens, Heimat von Hunderttausenden Schafen, aber nur einer Handvoll Menschen. Heute spucken die Reisebusse mehrmals am Tag Touristen aus und es gibt Direktflüge aus Buenos Aires und Ushuaia nach El Calafate. Die einzigen Schafe, die man heute noch sieht, brutzeln in den Restaurants über dem Feuer.

»Früher war hier nicht mal die Straße geteert«, sagt Roberto.

In Jogginghose und Baseballkappe gießt er die Blumen in seinem Vorgarten. Sein Haus hat ein spitzes Dach, kleine Fenster und zwei Stockwerke, es steht nur wenige Blocks vom Zentrum entfernt, so nah, dass man die Musik aus den Bars an der Hauptstraße noch hören kann.

»Ich bin vor fünfunddreißig Jahren hierhergekommen, weil ich einen Job in einer Autowerkstatt gefunden hatte. Damals gab es hier ein paar Häuser, sonst nichts. Da drüben hab ich mein Pferd weiden lassen. Jetzt ist da der Parkplatz von einem Hotel. Heute gibt es Cafés und Läden, alles, was du willst. Und sogar die Präsidentin wohnt hier!«

Roberto zeigt auf ein Haus am Ende der Straße, einige Hundert Meter entfernt auf der anderen Seite eines kleinen Platzes.

»Da hinten, das ist die Villa, siehst du?«

Nicht wirklich. Hohe Bäume verdecken die Sicht auf das Anwesen von Cristina Fernández de Kirchner, ich erkenne eine Steinmauer, ein paar Gartenstühle und zwei Männer in Outdoor-Jacken und mit Funkgeräten in der Hand.

»Das sind ihre Bodyguards«, sagt Roberto.

Immer noch hält er den Wasserschlauch in der Hand, aus dem ein dicker Strahl auf den Rasen sprudelt.

»Wenn die Männer mit den Funkgeräten auf der Straße stehen, dann weiß ich, dass die Präsidentin da ist.«

1982 kamen die Kirchners das erste Mal nach El Calafate.
»Damals«, erklärte Cristina Kirchner einmal in einer Rede,
»gab es nur ein kleines Häuschen im ganzen Ort, in dem man Tee
oder heiße Schokolade trinken konnte.«

Der Perito Moreno stand zwar in Reiseführern, aber wer ihn
sehen wollte, musste stundenlang mit dem Jeep über Schotterpisten fahren. Es gab kaum Hotels oder Pensionen und auf dem Flughafen konnten nur kleine Propellermaschinen landen.

Dann kamen die Kirchners. Noch unter Néstor als Gouverneur erhielt der Nationalpark eine geteerte Straße und Calafate einen ordentlichen Flughafen. Plötzlich konnten auch große Maschinen landen, und damit diese sich mit Touristen füllten, führten
die Kirchners Staatsgäste zum Gletscher. Sie machten Werbung
für El Calafate und den Perito Moreno zu dem, was er heute ist:
ein Must-see auf jeder Patagonien-Rundreise – und ein verdammt
gutes Geschäft. Die Touristen bringen Geld in eine Gegend, in der
es lange nicht einmal Bankautomaten gab. Hotels und Restaurants
entstanden und damit auch Arbeitsplätze, man könnte El Calafate
als Paradebeispiel für gelungene Tourismusentwicklung nehmen,
wäre da nicht die Frage, wer denn eigentlich von alldem wirklich
profitiert: die Menschen in der Stadt – oder die Kirchners?

Gleich mehrere Luxushotels in der Stadt gehören der Familie.
Eines steht gleich neben der Privatresidenz: Los Sauces, ein Kom-
plex mit ›typisch patagonischen‹ Häusern, inklusive Spa und einer
Evita Suite, angeblich eingerichtet von Präsidentin Kirchner persönlich. Auch Alto Calafate, hoch über der Stadt, gehört der Poli-
tikerfamilie, mit Spa und Sauna und einem lukrativen Deal mit der
staatlichen Luftlinie Aerolineas Argentinas, die viel Geld dafür
zahlt, dass ihre Piloten und Stewardessen hier übernachten dürfen. Und dann ist da noch Las Dunas, das neueste Hotel und gerade erst fertiggestellt.

Kritiker, allen voran der Clarín und Journalisten wie Jorge Lanata, erheben immer wieder schwere Vorwürfe. Hotelzimmer, in

denen nie jemand geschlafen hat, sollen als belegt abgerechnet worden sein, um auf diese Weise aus Schmiergeldzahlungen stammendes Geld zu waschen. Etwas wirklich Konkretes konnte den Kirchners aber nie nachgewiesen werden.

Neben den Immobilien gehört der Familie auch Land in El Calafate, und wieder heißt es, die Geschäfte seien nicht sauber gewesen. Die Kirchners sollen Parzellen für wenig Geld vom Staat gekauft haben, nur um sie dann wenig später für ein Vielfaches wieder loszuschlagen. Es kam zu einer Anzeige wegen Vorteilsnahme, doch die zuständige Staatsanwältin saß in El Calafate und war nicht nur die Nichte des Präsidentenehepaars, sondern obendrein selbst in die Deals verwickelt.

Die Kirchners bestreiten alle Vorwürfe, egal ob Bestechung, Vorteilsnahme oder Geldwäsche. Sicher ist, dass sich das Privatvermögen der Kirchners während ihrer Amtszeit vervielfacht hat. Fragen dazu beantwortet Cristina Fernández de Kirchner nicht, allein schon, weil sie ja ohnehin fast nie mit der Presse spricht. Das letzte Mal, dass sie sich öffentlich zu ihren Einkünften äußerte, war 2012 im Rahmen einer Fragestunde für Studenten der Harvard-Universität. »Wir hatten und ich habe eine gewisse wirtschaftliche Situation«, sagte sie damals. »Sie kommt daher, dass ich mein Leben lang gearbeitet habe und eine sehr erfolgreiche Anwältin war. Jetzt bin ich eben auch eine erfolgreiche Präsidentin.« Kann man sich um das Wohl eines Landes kümmern – und gleichzeitig um das eigene?

Aus Robertos Gartenschlauch läuft immer noch das Wasser. Auf dem Rasen vor ihm hat sich ein kleiner See gebildet.

»Ich weiß schon, dass die Leute aus Buenos Aires auf die Kirchners schimpfen, aber viele hier in Calafate finden die Kirchners gut. Weißt du, Néstor ist hier früher oft einfach so durchs Dorf gelaufen und hat Hände geschüttelt und so. Cristina hat das auch eine Zeit lang gemacht, aber jetzt geht sie nur noch selten raus.«

»Und warum?«, will ich wissen.

»Ach«, sagt Roberto, »heute gibt es immer Leute, die Schimpf-
wörter rufen, wenn sie sie auf der Straße sehen. Da hätte ich auch
keine Lust rauszugehen. Ich verstehe ja von alldem nichts, aber
Calafate geht es heute besser als früher. Heute gibt es hier Jobs
und Läden und Geld. Früher gab es hier nichts. Überhaupt nichts.«

*

Der Abend ist warm, zumindest für patagonische Verhältnisse,
und ich laufe im Pulli durch El Calafate. Als ich in einem Kiosk
eine Flasche Wasser kaufe, wendet der Verkäufer seinen Blick
nicht eine Sekunde von dem kleinen Röhrenfernseher ab, der
links über dem Regal mit den Zigaretten hängt. Ein durchtrainier-
ter Fußballspieler kickt in Zeitlupe gegen einen Ball, Gras spritzt,
Gegenspieler hechten in die Luft, der Torwart ist noch mit den
Fingern dran, doch der Ball fliegt trotzdem ins Tor, ganz langsam,
pures Drama.

Als ich weitergehe, sehe ich überall das gleiche Bild: Taxifahrer,
die in ihrer Zentrale vor dem Fernseher kleben. Kellner, die in Restaurants vor dem Flachbildschirm an der Wand stehen. Das ist aber
nur der Anfang, denn im Fernsehen läuft bis jetzt nur die Vorbe-
richterstattung. Das eigentliche Spiel geht erst in einer Stunde los.

Eigentlich bin ich kein Fußballfan. Früher habe ich mal den FC
Bayern toll gefunden, das war nicht schwer, schließlich komme ich
aus München und die Bayern sind ein dankbarer Verein. Doch irgendwann wurde es mir zu zeitaufwendig, am Wochenende Bun-
desliga zu sehen, unter der Woche die Champions League und
dann auch noch die Sportsendungen. Heute schaue ich Spiele,
wenn ich Zeit habe, und nicke freundlich, wenn andere über Fußball reden. Die Folge ist, dass ich in Argentinien viel nicke und
lächle, denn sobald sich in Buenos Aires, der Pampa oder Patagonien zwei Männer treffen, ist Fußball fast automatisch das Haupt-
thema, zumindest aber unausweichlich. Wildfremde Menschen
fragen, welchem Verein man angehört, und zählen dann, kaum hat

man Bayern gesagt, die Spieler der letzten fünfzig Jahre auf. Die Nachrichtenseiten Argentiniens bestehen fast zur Hälfte aus Fußballmeldungen und eine extra Sportzeitung berichtet nahezu ausschließlich über Clubs und Spiele. Die Trikots und Trainingsanzüge mit den Logos der großen Mannschaften haben längst die Gaucho-Kleidung als landestypische Tracht verdrängt, die meisten Fans tragen ihren Verein aber ohnehin als Tätowierung direkt auf der Haut. Er ist ihr Leben und ihre Religion.

So wie fast alles in Argentinien ist auch Fußball zentralisiert. Es gibt in der ersten Liga zwar Teams aus kleineren Städten wie Rosario, Córdoba oder San Miguel de Tucumán, die wirklich großen Teams aber stammen alle aus Buenos Aires, allen voran Boca und River.

Der Club Atlético Boca Juniors spielt seit knapp hundert Jahren durchgehend in der ersten Liga. Das Stadion steht mitten in La Boca, dem etwas rauen Arbeiterviertel von Buenos Aires. Genau dort hatte auch der Club Atlético River Plate früher einmal seine Heimat, dann aber zog River nach Belgrano, einem Villen- und Botschafterviertel im Norden von Buenos Aires. Der neue Standort und einige kostspielige Einkäufe brachten River den Spitznamen *Los Millionarios* ein, die Millionäre, während die Boca-Fans sich selbst *Los Bosteros* nennen, die Mistschaufler.

Wenn Boca gegen River spielt, dann spielt also – was die Stadtviertel anbelangt – Arm gegen Reich. Und was die Spieler auf dem Platz angeht: Sie haben, egal ob Millionär oder Mistschaufler, allesamt mehr Geld auf dem Konto, als der Durchschnittsargentinier in seinem ganzen Leben verdient.

Das Turnier Boca gegen River, der Superclásico, kommt normalerweise mehrmals im Jahr zustande, und jedes Mal herrscht große Aufregung. Im gesamten Land stehen dann Taxifahrer vor dem Fernseher in ihrer Zentrale, Kellner schauen nur noch auf den Wandfernseher und Kioskverkäufer ihren Kunden nicht mehr in die Augen.

»Es geht um alles«, hatte mir gestern der Taxifahrer erklärt, der mich in Río Gallegos zum Busbahnhof brachte, ein dicker Typ mit wulstigen Lippen und Stiernacken, der sein Taxi lenkte, als wäre es ein Gokart. Während er anderen Autos auswich und sich an der Ampel über den Standstreifen ganz nach vorn mogelte, fragte er, wo ich herkomme. »München«, sagte ich, worauf er »Ahhhh!« sagte, »Bayern München!« Und schon waren wir beim Fußball. Der Taxifahrer, ein großer Boca-Fan, war gestern schon aufgeregt wegen des Superclásico heute Abend.

»Bei mir ist das auch eine Familienangelegenheit«, erklärte er mir. »Mein Vater, meine Brüder, meine Cousins: Alle sind River-Fans. Aber ich habe als kleiner Junge Maradona gesehen, in seiner großen Zeit bei Boca, also bin ich Fan geworden. Seitdem muss ich mir dumme Kommentare von meiner Familie anhören, aber das macht nichts, morgen Abend gewinnt Boca.«

Dreihundert Kilometer später saß ich dann in El Calafate bei einem River-Fan im Taxi. Darío hatte das Logo des Vereins am Rückspiegel hängen und war sich ziemlich sicher, dass River heute Abend gewinnen würde.

»River hat eine tolle Saison gespielt. Die haben zwar in letzter Zeit nachgelassen, aber trotzdem: Beim Superclásico gewinnen wir.«

Darío empfahl mir zum Abschied noch eine Kneipe ein paar Straßen vom Busterminal entfernt, um heute das Spiel anzuschauen. Als ich die Tür aufmache, ist die Kneipe fast leer.

Ein alter Mann mit Hornbrille trinkt Bier mit Cola an einem runden Holztisch, ihm gegenüber sitzt eine Frau, dreißig Jahre jünger als er, aber dafür dreimal so breit. Vor ihnen steht eine Art Brotzeitteller: Käsewürfel, Schinken, Oliven und Salami, dazu Brot, und Zahnstocher statt Gabeln. Beide blicken auf einen Flachbildfernseher in der Ecke des Lokals. Er steht auf einer Art Podest, über das ein Tuch mit Indio-Mustern gelegt ist, als wäre es ein Altar.

Ob sie für River oder Boca seien, frage ich den Mann und die Frau.

»Ich für River, er für Boca«, sagt sie und schiebt sich einen Schinkenwürfel in den Mund.

Ich setze mich ein paar Tische weiter auf einen dreckigen Plastikstuhl. Vor dem Fenster stehen Topfpflanzen, die traurig ihre Blätter hängen lassen. An den Wänden kleben Poster von Bands: Nirvana, Jimi Hendrix und den Stones. Und auf der Speisekarte stehen *empanadas,* Pizza und als Tagesgericht Lammeintopf.

Das Spiel hat schon angefangen. Null zu null. River hat den Ball und prescht auf das Tor zu; je näher die Mannschaft kommt, desto schneller spricht der Kommentator, wie ein Viehauktionator auf Speed. Deutsche Sportkommentatoren, hat mir meine Freundin mal gesagt, seien das Langweiligste auf der Welt, weil sie kaum etwas sagen würden oder auch mal eine Minute ganz still seien. So etwas gibt es im argentinischen Sportfernsehen nicht. Der argentinische Kommentator steigt da ein, wo der deutsche ist, wenn die Nationalmannschaft gegen England spielt und es zehn zu zehn in der Nachspielzeit steht: Das Adrenalin ist weit oben, das Mikrofon immer am Limit, neunzig Minuten Sperrfeuer, nonstop.

Bis 2009 waren die Fußballübertragungen in Argentinien in der Hand eines Privatsenders aus dem Hause Clarín. Die Spiele wurden nur im Kabelnetz übertragen, und wenn sie wichtig waren, musste man sogar extra dafür zahlen. Viele Fans konnten sich das nicht leisten, sie mussten bis Sonntagabend auf die Wiederholung warten. Doch dann kaufte die Regierung Kirchner die Rechte für die erste Liga für mehrere Hundert Millionen Peso und zwei Jahre später auch noch die der zweiten. Seitdem laufen die Spiele im öffentlichen Fernsehen, man kann sie im Internet sehen und sogar per App.

Fútbol para todos, Fußball für alle, ist einer der großen Erfolge der Regierung Kirchner. Die Fans sind glücklich, weil sie Fußball umsonst sehen können. Und die Regierung freut sich, konnte sie doch der verhassten Clarín-Gruppe eins auswischen. Außerdem kann sie das Programm als Propagandakanal nutzen. Alle paar Minuten tauchen kurze Werbebotschaften unten am Bildschirmrand auf: »500 000 Jugendliche, die dank uns studieren – die Präsidentin der Nation«.

Ein paar Pixel weiter oben bekommt River gerade die dritte gelbe Karte. Der Rasen ist übersät mit Papierschnipseln, als sei gerade ein Karnevalszug über das Spielfeld gelaufen und kein überbezahlter Stürmer. Die Kamera schwenkt ins Publikum, hinter dicken Rauchschwaden von bengalischen Feuern erkennt man Fans, die rhythmisch auf und ab springen und mit den Händen in der Luft wedeln, als wollten sie einem Kreuzfahrtschiff beim Einparken helfen.

River spielt heute in der Bombonera, dem legendären Stadion der Boca Juniors in La Boca. Meine erste Live-Erfahrung mit argentinischem Fußball hatte ich genau hier. Ein paar kolumbianische Freunde hatten vor einigen Jahren irgendwie Tickets organisiert und gefragt, ob ich mitwolle. Ein paar Stunden später stand ich vor der Bombonera. Das Stadion ist ein halbrunder Betonklotz mit drei Tribünen, die durch verdreckte Treppen verbunden sind, in denen es nach Pisse und Marihuana riecht. Die Tribünen gehen so steil nach oben, dass man Angst hat, aufs Spielfeld zu fallen, sollte man ausrutschen. Unsere Karten waren für die *popular,* die Fankurve, die bei Boca eine komplette Seite einnimmt.

Boca trat gegen einen Verein aus La Plata an, keine wirkliche Gefahr und kein wirklich wichtiges Spiel, nur deshalb hatten wir überhaupt Tickets ergattert. Aber schon vor dem Anpfiff war die Stimmung so, wie ich sie mir vor einer großen Schlacht im Mittelalter vorstelle. Die ganze Fankurve sang und hüpfte, über uns wippte die Betondecke der Tribüne und vor lauter Rauch konnte man kaum etwas sehen. Ein Einbeiniger in Boca-Trikot stand auf einer Absperrung mit Blick zum Publikum, mit einer Hand hielt er sich an einer Fahne fest, mit der anderen wedelte er wild in der Luft, um die Menge noch ein bisschen mehr anzuheizen. Vom Spiel selbst habe ich kaum etwas gesehen, weil direkt über mir ein riesiges Boca-Banner hing, etwas verpasst habe ich aber, glaube ich, nicht. Im Gegenteil.

»Ich bekomme schon Gänsehaut, wenn ich nur das Stadion sehe. Dabei wohne ich ganz in der Nähe der Bombonera. Aber wenn ich zu einem Spiel gehe, die Lieder höre, dann geht mein Adrenalin nach oben und mein Herz fängt an zu rasen.«

Matías hat sich vor zehn Minuten an den Tisch neben mir gesetzt. Seitdem rutscht er nervös auf seinem Stuhl herum. Matías trägt einen Camping-Sonnenhut in den Boca-Farben, er hat dicke Arme und treue Augen. Schon sein Vater sei Boca-Fan gewesen, sagt er. Später wird er mir noch seine Tätowierung zeigen: auf dem Oberarm ein Boca-Wappen und auf dem Rücken ein Bild vom jungen Maradona während seiner Glanzzeit bei Boca. Ich frage Matías, wie oft er ins Stadion gehe.

»Einmal, zweimal im Jahr, öfter bekomme ich keine Tickets. Ich bin zwar Mitglied bei Boca, aber von denen gibt es eh zu viele. Weißt du, die haben so Sonderangebote gemacht, und den Mitgliedsbeitrag kannst du in Raten zahlen. Wehe aber, du vergisst das mal oder hast kein Geld, dann bist du blitzschnell raus. Früher hab ich mich für Tickets angestellt, sieben oder acht Stunden, aber heute kriegst du selbst dann keine Karten mehr.«

Das gleiche Problem haben fast alle Fans in Argentinien. Die Tickets für die Stadien gehen heute oft gar nicht mehr in den Verkauf, wer kein Mitglied ist, hat ohnehin keine Chance, und sowieso darf man als Fan lediglich bei Heimspielen der eigenen Mannschaft ins Stadion.

Nach mehreren Toten, Hunderten Verletzten und Straßenschlachten zwischen gegnerischen Fans beschloss der argentinische Fußballverband, nur noch die Fans der Heimmannschaft bei

Spielen ins Stadion zu lassen. Fußball für alle, aber live immer nur für einen der Fanblocks.

»Eigentlich ist das aber auch schon egal«, meint Matías. Er sitzt jetzt ganz vorn auf der Kante seines Plastikstuhls, sein linkes Bein wippt wie ein kleiner Elektromotor.

»Heute geht es nicht mehr Fan gegen Fan. Mittlerweile killen sich die Leute von der *barra brava* ja auch untereinander.«

Barra brava nennt man in Argentinien die Hardcore-Fanblocks der Vereine. Sie sind eine Mischung aus Ultras und Hooligans mit einer guten Prise Mafia. Die *barras* kontrollieren nicht nur den Fanblock, sie kontrollieren auch die Parkplätze vor dem Stadion und die Drogen, die im Viertel verkauft werden. Die *barras* schmieren Polizisten und waschen Geld, und sie haben innerhalb der Clubs so große Macht, dass Trainer und Vereinspräsidenten zittern, wenn die *barras* verärgert sind. Bei Spielerverkäufen muss der Verein Geld an sie abdrücken, und wenn ein Spieler nicht das abliefert, was er soll, machen die *barras* Druck. Stürmer werden mit Pistolen bedroht und Spielerfrauen eingeschüchtert. Um Fußball geht es längst nicht mehr, die *barras* wollen keine Tore, sie wollen Macht und Geld. Die Banden liefern sich Schlachten untereinander, nicht nur in den Stadien, sondern auch in Restaurants oder auf der Straße. Bosse derselben Bande bekriegen sich um Pfründe und Einfluss, es gibt Schießereien und Exekutionen. Sport ist Mord. In Argentinien gilt das leider wortwörtlich.

Vor uns im Fernseher versuchen Boca und River mehr oder minder erfolgreich, den Ball ins Tor zu schießen. Das Spiel ist schlecht, die Fans feiern trotzdem. Die Bombonera ist komplett gefüllt mit Boca-Fans: ein Ameisenhaufen in Gelb und Blau.

Der alte Mann mit der dicken Brille stochert sich aufgeregt mit einem Zahnstocher im Mund herum. River hat jetzt schon sechs gelbe Karten und Boca die Chance auf ein Tor. »Da ist es, da ist es!«, schreit der alte Mann.

In ganz Argentinien gibt es gerade Fans, die das Gleiche machen, völlig egal, ob sie im Schneesturm in den Anden sitzen oder sich in den Sümpfen von Formosa die Mücken auf den verschwitzten Armen zerschlagen: Männer und Frauen, die aufspringen und mit den Armen wirbeln und »Da ist es!« schreien, weil Boca kurz vor einem Tor ist. Das ist vielleicht das Erstaunlichste am argentinischen Fußball, dass er ein Land eint, das so groß ist und so unterschiedlich.

Am Ende schießt Boca doch kein Tor. Genauso wenig punktet River. Null zu null, das Rückspiel findet in einigen Wochen statt, dann im Stadion von River, ohne Boca-Fans. Aber die können das Spiel ja im Fernsehen sehen. Fußball für alle sei Dank.

Kapitel

12

Von Helden und Gräbern

» Da drüben sind sie erschossen worden.«
Luís zeigt auf ein paar Felsen am Fuß eines Hügels. Wir stehen vierzig Kilometer von El Calafate entfernt im Straßengraben neben einer Schotterpiste. Hinter uns öffnet sich ein weites Tal, geduckte Büsche blühen rot, dunkle Wolken kriechen langsam über die Gipfel der Berge. Vor uns liegt eine karge Wiese, die nach wenigen Metern steil ansteigt. Beiges Gras und struppige Sträucher, dazwischen die Felsen, auf denen weiße Flechten wachsen, als habe jemand eine Spitzendecke über sie geworfen. Oder ein Leichentuch.

»Als Archäologen die Erde um die Steine untersucht haben, konnten sie Anomalien im Boden feststellen. Außerdem haben wir ein kleines Kreuz aus Holz gefunden.«

Luís ist sechsundvierzig Jahre alt, seine kurzen Haare sind so grau wie sein T-Shirt, er trägt billige Trekkingstiefel und eine grü-

ne Gaucho-Hose. Luís ist der Archivar von El Calafate, sein Büro
ist in einem Kulturzentrum neben dem Busbahnhof untergebracht, sein Schreibtisch steht zwischen Regalreihen voller zer-
fledderter Bücher und einem Fenster mit Blick auf das türkisfar-
bene Wasser des Lago Argentino. Luís schreibt hier halbtags
Informationsbroschüren und lädt jeden Tag alte Schwarz-Weiß-
Bilder auf die Facebook-Seite des Archivs: Fotos von El Calafate
aus vergangenen Zeiten. Porträts von berühmten Polizisten aus
den Fünfzigerjahren. Und immer wieder Bilder von seinem Lieb-
lingskapitel der Geschichte: *la Patagonia rebelde,* wörtlich: das re-
bellische Patagonien. Oder auch *la Patagonia trágica,* weil der Aufstand in Patagonien eben genau so endete: tragisch.

Heute Nachmittag hat mich Luís abgeholt, um mir einen der
Schauplätze des Aufstands zu zeigen. Die Klimaanlage in seinem
kleinen Fiat ist kaputt, die Luft im Auto so heiß, dass sie beim Ein-
atmen fast schmerzt. Kurz hinter El Calafate biegt Luís auf eine
Schotterstraße ab, wir ruckeln durch die Steppe Richtung Berge.
Eine Landschaft wie aus einem Fotoband: Kühe grasen zwischen
windzerzausten Büschen und schroffen Felsen, durch dunkle Wolken brechen Sonnenstrahlen wie Messerklingen. Ein Reiter mit
Gaucho-Hut und Lammfellsattel kommt uns entgegen, der Rest
ist Einsamkeit: kein Haus, kein Auto, nichts. Nur der Wind, der
über die Steppe bläst. Als hätte sich hier seit hundert Jahren nichts
geändert.

Ende des 19. Jahrhunderts war der Süden Patagoniens fast
menschenleer. Um ihn zu bevölkern und vor allem auch um Geld
aus den einsamen Weiten zu schlagen, vergab die Regierung riesige Ländereien an Großgrundbesitzer. Luís erklärt: »Das ging damals nach dem Prinzip: Wer zuerst kommt, bekommt den dicks-
ten Batzen. Man konnte hier einfach ein Gebiet abstecken, und
mit ein bisschen Glück gehörte es danach dir.«

Die Frage war: was mit dem Land tun? Für Weizen war es zu
kalt, für Kühe zu karg, also versuchten es die *estancieros,* die Groß-

grundbesitzer, mit Schafen. Die Tiere kamen gut mit dem Klima klar, sie fraßen gierig das kurze, trockene Gras und die Blätter der Büsche. Bald grasten Millionen Schafe in der Steppe, Patagonien verwandelte sich in eine gigantische Wollfabrik.

Während des Ersten Weltkriegs benötigte die Welt Wolle für Uniformen, Leder für Stiefel und Fleisch für Soldaten – und die patagonischen Schafbarone verdienten Millionen. Die Brauns, die Menéndez, Behetys oder Nogueiras häuften unendliche Vermögen an. Sie verheirateten ihre Söhne und Töchter untereinander, bildeten Aktiengesellschaften und schufen patagonische Imperien. Allein Mauricio Braun und seine Schwester Sara Braun besaßen zusammen über 1,3 Millionen Hektar, auf denen fast genauso viele Schafe weideten.

»Die Besitzer kannten ihre *estancias* oft gar nicht«, sagt Luís. »Zu weit draußen, zu weit weg. Die haben ihren Besitz von Verwaltern managen lassen und selbst in Villen in Buenos Aires oder Punto Arenas gewohnt.«

Doch dann endete der Erste Weltkrieg. Halb Europa lag am Boden, niemand wollte mehr Wolle für Uniformen oder Leder für Soldatenstiefel.

»Der Preis für Wolle ist damals abgestürzt, und weil es hier im Süden von Patagonien nichts anderes gab als Schafe, ist die ganze Region mit in den Abgrund gerauscht.«

Schon davor war das Leben für die Gauchos auf den *estancias* hart. Zwölf-Stunden-Schichten, sechs Tage die Woche, für fast kein Geld. Wie miserabel es nach der Krise wurde, kann man an Forderungen erkennen, die die Arbeitergewerkschaft 1920 an die *estancieros* stellte. Sie sind in »Aufstand in Patagonien« von Osvaldo Bayer, einem argentinisch-deutschen Journalisten, im Original abgedruckt: Die Arbeiter wollten, dass in einem Raum von vier mal vier Metern nicht mehr als drei Männer schlafen. Dass es Betten gibt, frische Luft und Wasser. Sie forderten ein Paket Kerzen im Monat, einen Mindestlohn von hundert Peso und den Samstag-

nachmittag frei, um den Dreck der Steppe aus ihren Leinenhemden und den dicken Wollponchos zu waschen. Das war es, was die
Arbeiter wollten. Weil sie eben nichts hatten. Weil sie in überfüllten und stinkenden Räumen auf dem Boden schlafen mussten,
ohne frisches Wasser und ohne Licht, für einen Hungerlohn bei
einer Siebzig-Stunden-Woche. Heute wirken die Forderungen fast
niedlich bescheiden. Damals aber waren sie inakzeptabel, zumindest für die *estancieros*.

Die Arbeiter riefen deshalb im November 1920 den Generalstreik aus, angeführt von ein paar hitzköpfigen Spaniern und Italienern, die aus Europa anarchistische Ideen mit in den kalten Süden Argentiniens gebracht hatten. Städte wie Río Gallegos lagen
bald darauf komplett lahm, gleichzeitig überfielen streikende Arbeiter mehrere *estancias* und nahmen alles mit, was nicht angeschraubt oder festgenagelt war: Waffen, Essen, Tiere, die Verwalter oder Besitzer als Geiseln und dazu noch die gesamten Arbeiter
und Angestellten. Wer nicht mitwollte, wurde gezwungen. Je rauer das Land, desto rauer der Arbeitskampf.

Luís parkt den Wagen neben der Schotterstraße und steigt
aus. Ein kalter Wind weht aus dem Tal zu uns herauf und zerrt
an Luís' T-Shirt. Ich habe einen Pulli und eine Jacke an, Luís hat
nicht mal Gänsehaut. Ein paar Pferde grasen auf einer Wiese vor
uns. Mähne und Schweif sind kurz geschnitten. »Gaucho-Tradition«, sagt mir Luís. Die Uhren scheinen in Patagonien langsamer zu ticken.

Einige Monate lang ritten die Streikenden durch Patagonien,
erzählt Luís, von *estancia* zu *estancia*. Ich stelle mir vor, wie es ausgesehen haben muss, wenn Hunderte Gauchos auf Pferden den
Schotterweg entlangritten, in weiten Hosen und hohen abgewetzten Lederstiefeln, mit Messern im Gürtel und groben Ponchos
über den Schultern. Im holzvertäfelten Britischen Club in Río
Gallegos und in den Villen der *estancieros* diskutierte man währenddessen, wie man das alles am schnellsten beenden könnte,

und forderte Hilfe von der Regierung. Anfang 1921 schickte der damalige Präsident Hipólito Yrigoyen einen *teniente coronel,* einen Oberstleutnant der Armee, nach Santa Cruz: Héctor Benigno Varela, ein kleiner Mann mit dünnem Schnauzer und verkniffenem Mund, hatte schon 1919 in Buenos Aires einen Aufstand von streikenden Arbeitern niedergeschossen. Doch in Patagonien verhandelte Varela und erreichte, dass die Streikenden die Waffen niederlegten und die Geiseln freiließen. Im Gegenzug akzeptierten die *estancieros* einen Großteil der Forderungen der Arbeiter.

Das Problem: Kaum war Varela auf sein Schiff nach Buenos Aires gestiegen, machten die Großgrundbesitzer dort weiter, wo sie aufgehört hatten. Die Forderungen erfüllten sie nicht, stattdessen verfolgten sie die Streikenden, ließen sie von der Polizei verhaften oder schickten die Liga Patriotica Argentina zur Einschüchterung vorbei, eine paramilitärische Truppe aus ehemaligen Soldaten und handfesten Vorarbeitern, die nicht lange diskutierten, um ihre Argumente durchzusetzen. Es kam dennoch erneut zu Streiks, bald ritten auch wieder Arbeiter durch die Steppe und überfielen *estancias.*

Ende des Jahres 1921 war die Situation in Patagonien so außer Kontrolle geraten, dass der Präsident zum zweiten Mal Oberstleutnant Varela und die Armee entsandte, diesmal aber nicht, um zu verhandeln, sondern um »extreme Maßnahmen« zu ergreifen. Am 10. November erreichte das 10. Regiment Río Gallegos und schon am nächsten Tag begann Varela mit der Erschießung von Streikenden. Um den entsprechenden Befehl zu geben, hielt er manchmal nur vier Finger hoch – vier Finger für vier Kugeln.

In den folgenden Wochen durchkämmten Varelas Truppen Santa Cruz auf der Suche nach aufständischen Streikenden. Zweihundert gut ausgebildete Soldaten gegen zweitausend Arbeiter, die außer ihren Messern kaum Waffen hatten, und wenn doch, nicht wirklich mit ihnen umgehen konnten. Die Taktik des Militärs war immer die gleiche: Sie forderten bedingungslose Kapitulation, und wenn sich die Arbeiter dann ergeben hatten, wurden sie an Ort und Stelle erschossen.

»Als die Armee hier am Lago Argentino ankam, konnten die Arbeiter sie schon aus kilometerweiter Entfernung sehen«, sagt Luís.

Wir laufen ein Stück die Straße entlang, unter uns knirschen Steine und Staub.

»Da hinten bei dem Hügel haben die Soldaten übernachtet. Die Streikenden haben dann zwei Arbeiter als Unterhändler geschickt, aber der Kommandeur ließ sie sofort erschießen. Danach hat er selbst einen Unteroffizier zu den Arbeitern geschickt, damit sie sich bedingungslos ergeben.«

Einige Hundert Meter von uns entfernt ragen ein paar Häuser hinter den Baumspitzen hervor. Die Wände sind weiß, die Dächer grün.

»Das ist die Estancia La Anita. Die Häuser sind noch exakt die gleichen wie damals. Die Schreinerei steht noch, die Scheune und auch der Scherstall, in den sie die Arbeiter vor deren Erschießung gesperrt haben.«

Es gibt Zeugenaussagen, die beschreiben, was in der Nacht vom 7. auf den 8. Dezember 1921 hier mitten in der Einsamkeit Patagoniens geschah. Vierhundert Männer in schmutzigen Ponchos und alten Mänteln saßen damals im Scherstall von La Anita, mit Kerzen in der Hand, die bis zum Morgen brennen mussten. Sie werden nicht viel geredet haben, den meisten war klar, was sie erwartete. Dass sie nicht einfach wieder nach Hause durften. Dass sie wahrscheinlich nie wieder nach Hause kommen würden. Totenstille. Angst in den Augen.

»Am nächsten Morgen haben die Soldaten ein paar Männer geholt und ihnen Spaten in die Hand gedrückt. Ganz demonstrativ, damit die anderen wissen, dass man ihre Gräber schaufelt.«

Später wird mir Luís in seinem Archiv alte Fotos zeigen. Sie stammen von einem Fotografen, der mit der Armee durch Santa

Cruz zog. Auf den Fotos von La Anita sieht man die Häuser der *estancia:* Die Bäume, die heute dreimal so hoch sind, reichen auf den Fotos gerade über das Scheunentor. Vor ihm stehen Arbeiter in Zweierreihen, Hüte und Mützen tief in die Stirn gezogen, den Blick nach unten gerichtet. Es ist nicht ganz klar, ob die Fotos vor oder nach den ersten Erschießungen entstanden. Die Schultern der Arbeiter aber hängen herunter, als wüssten sie bereits, was ihnen drohte. Wie viele hier starben, weiß man bis heute nicht.

»Wahrscheinlich«, sagt Luís, »waren es hundert bis hundertfünfzig Arbeiter.« Mit der Armee waren *estancieros* aus der Gegend gekommen. Sie standen am Morgen im Hof von La Anita und siebten aus: guter Arbeiter, schlechter Arbeiter. Leben, Tod.

Einige Arbeiter wurden freigelassen, weil ihr *estanciero* sie zurückhaben wollte. Einige wurden nach Río Gallegos ins Gefängnis geschickt, der Rest musste mit den Soldaten durch die Steppe laufen, bis zu den großen Felsen mit den weißen Flechten, die so aussehen wie Spitzendeckchen. Wer Glück hatte, den traf ein Schuss direkt ins Herz. Tod, ohne lange zu leiden.

Es war die größte Massenerschießung während der Arbeiteraufstände in Patagonien. Im Anschluss zogen die Soldaten noch einen weiteren Monat durch die patagonische Steppe und erschossen alles, was nach Streik und Aufstand aussah. Tausendzweihundert bis tausendfünfhundert Arbeiter wurden insgesamt umgebracht, schätzt man heute, das wäre fast ein Zehntel der damaligen Gesamtbevölkerung der Provinz.

»Die Situation der Arbeiter war danach natürlich noch schlimmer als zuvor«, sagt Luís. »Die Gehälter wurden gekürzt, die Arbeitsbedingungen verschärft. Wo hätten sich die Leute auch beschweren sollen? Eine Gewerkschaft gab es ja nicht mehr. Bis in die Siebzigerjahre des letzten Jahrhunderts hinein ging das so. Die *estancieros* hatten so viel Macht, dass ihr Wort Gesetz war. Dann kam die Wollkrise, Schafe waren nicht mehr so rentabel. Die *estancieros* haben seither an Macht verloren, aber die *estancias* sind im-

mer noch im Besitz derselben Familien. La Anita zum Beispiel gehört immer noch den Brauns. Aber die Herden sind viel kleiner
und ein halbes Dutzend Arbeiter reicht aus. Die Arbeit ist immer
noch hart, aber es gibt Strom, sie bekommen gutes Essen und das
Leben ist ganz okay.«

Kein Happy End, aber immerhin ein Ende.

Vor Jahren habe ich das Buch von Osvaldo Bayer über den Aufstand in Patagonien gelesen. Damals lebte Bayer schon lange in
Deutschland, 1976 hatte er vor den Militärs aus Argentinien fliehen müssen. Die Generäle wollten keinen linken Journalisten, der
über anarchistische Arbeitskämpfe am Ende der Welt schrieb.
Jahrelang waren die Bücher von Bayer in Argentinien verboten,
genauso wie ein Spielfilm, den er zusammen mit Héctor Olivera
über den Aufstand gedreht hatte. 1974 gewann er einen Silbernen
Bären bei der Berlinale – in Argentinien dagegen war das Thema
tabu.

»Hier hat man jahrzehntelang nicht über den Aufstand gesprochen«, sagt Luís. »Nach der Niederschlagung war es gefährlich, einen der Streikenden in der Familie zu haben, Geschwister durften
in der Öffentlichkeit nicht über ihre erschossenen Brüder reden,
und manche Eltern haben nie gesehen, wo ihre Kinder gestorben
sind. Ich habe in der Schule nichts über all das gelernt. Erst als die
Diktatur vorbei war, habe ich den Film von Osvaldo Bayer gesehen
und die Bücher gelesen. Da habe ich angefangen, mich für den
Streik von 1921 zu interessieren. Ich habe die Orte besucht, alte
Dokumente gesucht und mit Zeitzeugen gesprochen.«

Luís hat einen Verein gegründet, der sich der Erinnerung an
den Aufstand widmet. Jeden 8. Dezember kommen sie zur Estancia La Anita und kümmern sich um ein Denkmal für die Opfer.

Es steht einige Meter neben der Schotterstraße, ein Betonso-
ckel mit einem schwarzen Kreuz obendrauf. Schafgarbe wächst im
Kies, Plastikblumen stecken in einer Gedenktafel. Luís hat ein
paar Bäume gepflanzt, aber nur zwei, sagt er, hätten überlebt.

»Der Wind ist hier einfach zu stark.«

Der Besitzer von La Anita, Federico Braun, hat erlaubt, dass auf seiner *estancia* Grabungen durchgeführt werden. Die Archäologen waren schon mit Geosonden da, bald wollen sie erste Gräber suchen. Ob sie wirklich etwas finden, ist aber ungewiss.

»Oft wurden die Toten nur ein paar Zentimeter tief verscharrt. Hier gibt es viele Vögel, die Aas fressen. Wahrscheinlich haben sie Teile der Leichen gefressen oder mitgenommen.«

Die Knochen können also irgendwo in der Steppe liegen, vom Wetter und Jahrzehnten zersetzt und verweht vom Wind. Tragisches Patagonien.

Kapitel

13

Asado für Anfänger

Die Eltern meiner Freundin haben ein kleines Ferienhaus in Patagonien. Es liegt auf einem Hügel im Wald, an einem Schotterweg, der am Ufer des Nahuel Huapi endet, einem tiefblauen See am Rand der Anden, tausendsechshundert Kilometer westlich von Buenos Aires und tausendvierhundert Kilometer nördlich von El Calafate. Der Nahuel Huapi ist bestimmt einer der schönsten Seen Argentiniens, seine Seitenarme hat er wie ein Oktopus zwischen der patagonischen Steppe und den Bergen ausgestreckt. Im Osten beginnt der See zwischen braunbeigen Hügeln, flachgeschliffen vom Wind und ohne einen einzigen Baum. Im Westen endet er wenige Kilometer vor der chilenischen Grenze zwischen nebelverhangenen Wäldern und Bergen, auf denen der Schnee nie schmilzt. Der höchste Berg unter ihnen ist der Tronador, der Donnerer, der so heißt, weil von dem

Eispanzer, der seine drei Gipfel umgibt, im Frühjahr tonnen-
schwere Stücke abbrechen und krachend ins Tal stürzen. Wie ein
einsamer Herrscher thront der Tronador über seinen Unterta-
nen, er hüllt sich in Wolken und lässt Kondore an seinen Flanken
aufsteigen.

»Ohne den Tronador«, sagt Nicolás, »hätten wir das Grundstück hier nicht gekauft.«

Nicolás ist der Vater meiner Freundin. Er ist Anfang sechzig,
seine Haare sind weiß und sein Bauch, sagt er, sei wohlgeformt
von argentinischem Rotwein. Nicolás ist Ingenieur, nicht nur von
Beruf, sondern von ganzem Herzen. In den letzten Jahrzehnten
hat er eine kleine Firma aufgebaut und erfolgreich durch die Un-
tiefen und Stürme der argentinischen Wirtschaft geschifft.
Manchmal ging es abwärts, dann wieder aufwärts, und irgendwann
reichte das Geld, um ein kleines Grundstück in Patagonien zu
kaufen.

»Damals war das alles hier noch Urwald. Beim Besichtigungs-
termin mussten wir mit einer Machete durchs Dickicht. Aber
dann haben wir durch die Zweige die Gipfel des Tronador gesehen
– und am nächsten Tag haben wir die Anzahlung geleistet.«

Heute steht ein kleines Häuschen aus Holz zwischen den Tan-
nen, Zypressen und patagonischen Coihue-Südbuchen. Es gibt
zwei Schlafzimmer, von denen aus man am Abend der Sonne zuse-
hen kann, wie sie als rote Kugel hinter den weißen Gipfeln ver-
sinkt. Es gibt ein Wohnzimmer mit kleinem Kamin und eine enge
Küche. Silvia, die Mutter meiner Freundin, steht dort meistens
schon mittags und kocht Eintöpfe, knetet *empanada*-Teig oder
backt Kuchen. Nur wenn es ums Fleisch geht, übernimmt Nicolás, denn *asados* sind in Argentinien Männersache. Selbst die
aufgeklärtesten und emanzipiertesten meiner Freundinnen mei-
den die *parilla*, als wäre sie nicht nur einfach ein Grill, sondern ein
gefährliches Biest, das beißt und knurrt und nur von erfahrenen
Raubtierdompteuren gezügelt werden kann.

So ein Dompteur soll ich also auch werden.

Es ist drei Uhr nachmittags und durch die Zweige im Garten kann ich den Schnee auf dem Tronador sehen.

»Wenn wir im Süden sind«, hatte Nicolás zu mir gesagt, »dann gebe ich dir einen *asado*-Kurs.«

Das ist einen Monat her, und nun stehe ich mit einer zwei Kilo schweren Zange in der Hand vor einer Metallscheibe, so dick wie eine Tischplatte. Im Gras liegen verrußte Metallgitter, und dann ist da auch noch das aus Eisenstangen zusammengeschweißte Kreuz. Wie das Schwert eines Riesen steckt es vor mir in der Erde, mit Fleischhaken an den Enden, so groß, dass sie ohne Weiteres aus Kapitän Hooks Prothesensammlung stammen könnten.

Asado ist der argentinische Sammelbegriff für eine Grillparty, genauso wie für alles, was von der *parilla* kommt, vom Grill also. Mit dem deutschen Kugelgrill hat die argentinische *parilla* ungefähr so viel gemein wie der Wolfshund mit dem Chihuahua oder die Radkappe mit der Motorhaube. In den meisten Häusern in Argentinien sind Grills von vornherein mit eingebaut. So gibt es in dem dreistöckigen Wohnhaus, in dem wir in Buenos Aires leben, auf jedem Balkon eine gemauerte *parilla*, dazu noch eine extragroße Version im Erdgeschoss, für den Fall, dass man doch mal ein ganzes Kalb auf den Grill schmeißen will. Schließlich wäre das in Argentinien durchaus nicht abwegig.

Asados gehören zu Argentinien wie der Hamburger zu den USA. Auch wenn sie keine Religion sind, sind sie den Argentiniern aber immerhin so heilig, dass der Fleischpreis ein Politikum ist und fehlende Steaks schnell zu Aufruhr und Aufständen führen würden. Man grillt im Norden genauso wie im Süden, man grillt auf dem Land und in den Städten, auf Baustellen und in Unternehmensberatungen, in Luxusvillen und über rostigen Metallstangen in bitterarmen Slums. *Asados* sind das argentinische Nationalgericht schlechthin – und der inoffizielle Nationalsport. Es besteht ein ständiger und stillschweigender Wettbewerb darum, wer am besten grillen kann: im Freundeskreis, in der Familie, in der Firma. Während in Deutschland im Zweifel jeder einfach seine Rippchen und seine Nürnberger auf den Grill legen kann, gibt es in Argentinien immer einen und wirklich nur einen einzigen *asador*. Er ist der Zeremonienmeister, er heizt das Feuer an, er bestimmt, wann die Glut heiß genug ist für das Fleisch, er legt es auf den Grill, überwacht es, wendet es und serviert es am Schluss. Anfassen verboten, zuschauen erlaubt, darum steht bei einem *asado* immer eine Traube von anderen potenziellen *asadores* rund um den Grill, die begutachtet, fachsimpelt und am Ende bewertet, wie zart und wie durch das Fleisch ist und wie gut es wirklich schmeckt.

Als Deutscher war ich bei diesem Wettbewerb bisher immer etwas außen vor. Ich habe gekaut und nicht gegrillt, ich war kein *asador*, ich war höchstens Juror. Die meisten Punkte habe ich dabei bis jetzt Nicolás gegeben. Er ist nicht nur der Vater meiner Freundin, er macht auch die besten *asados,* die ich kenne – und von heute an ist er mein persönlicher Grillmeister.

»Ich hab schon mal das Prüfungsmaterial aufgebaut«, sagt Nicolás. So klingt es auch, wenn der Fahrlehrer einen durch den Fuhrpark führt. »Wir haben eine *parilla,* wir haben *la chapa,* eine Metallplatte zum Braten, und wir haben *la cruz,* das Kreuz«.

Er deutet auf die zusammengeschweißten Eisenstangen mit den Fleischhaken, die vor mir in der Erde stecken. Das Kreuz ist etwa einen Meter fünfzig hoch, genug, um ein ganzes Lamm, ein Ferkel, eine Ziege oder ein halbes Kalb aufzuspannen und es dann über dem offenen Feuer aufrecht zu grillen. Je nach Gewicht dauert das drei bis acht Stunden, in dieser Zeit muss man aufpassen, dass das Fleisch nicht verbrennt, dass das Feuer nicht ausgeht, dass die Flammen nicht zu nahe kommen und dass der Wind die Hitze nicht in die andere Richtung weht.

Nicolás grinst. »Das wird deine Meisterprüfung. Und wenn wir nach Hause fahren, dann bist du ein echter *asador*.«

Ich fürchte, es kommt Arbeit auf mich zu. Dabei mache ich doch eigentlich Urlaub.

Gestern Abend sind wir angekommen, zweieinhalb Wochen Familienurlaub mit Kind und Großeltern, zweieinhalb Wochen entspannen und Erholung, aber jetzt rinnt mir der Schweiß in dicken Tropfen von der Stirn bis in die Augen. Seit einer Stunde sammle ich hinterm Haus abgestorbene Äste und ziehe oberschenkeldicke Stämme aus dem Gestrüpp. »Wir brauchen Brennholz«, hatte Nicolás nach der Siesta zu mir gesagt und mir dann eine Motorsäge, eine Axt und Arbeitshandschuhe in die Hand gedrückt. Ohne Holz kein Feuer und ohne Feuer kein *asado*. Um die Holzmenge zu bestimmen, hat mir Nicolás erklärt, gebe es eine ganz einfache Rechnung: ein Kilo Brennholz für ein Kilo Fleisch. Das Problem ist nur, dass so ein Kilo gerade mal für zwei Personen reicht, zumindest nach argentinischer Rechnung. Während man in Deutschland vorgeschnittene Steaks auf den Grill legt, sind die Fleischbrocken auf argentinischen *parillas* so groß, dass man noch problemlos erkennen kann, wo Mutter Natur sie einmal untergebracht hatte. Argentinische Metzger kennen mehr als zwei Dutzend verschiedene Zuschnitte, von Flanke über Lende, Nacken, Brust bis hin zur Bauchdecke, dazu gibt es dann noch Bratwürste, Blutwürste und Innereien. Ich habe in Argentinien Dinge gegessen, von denen ich in Deutschland immer vermutet hatte, dass sie sofort im Hundefutter landen. Heute weiß ich: Gegrillter Dünndarm schmeckt recht gut, man muss ihn nur mit ein bisschen Zitrone beträufeln. Steaks und Filets stammen in Argentinien fast immer vom Rind, im Norden auch von der Ziege und im Süden traditionell vom Lamm, denn die patagonische Steppe ist zu karg für Kühe, aber ideal für Schafe.

Langsam beginnen meine Hände vom Holzmachen zu schmerzen, von der Axt habe ich schon eine Blase zwischen Daumen und Zeigefinger. Neben mir liegt ein Stapel Brennholz, mit dem ein oberbayerischer Bergbauer wahrscheinlich problemlos durch den

Winter kommen würde, Nicolás meint, dass es mit etwas Glück heute reiche, um das Fleisch durchzubraten.

»Jetzt fangen wir richtig an«, sagt Nicolás. »Lektion eins: Feuermachen.«

Ich war schon auf zu vielen argentinischen *asados,* als dass ich nicht wüsste, dass ein integraler Bestandteil das Fachsimpeln über die richtige Anzündetechnik ist. Freunde von mir bauen kleine Kunstwerke aus Stöckchen und Zweigen, bevor sie überhaupt ein Feuerzeug in die Hand nehmen. Ich kenne *asadores,* die schwören auf Klopapierrollen, andere drehen Zeitungspapier zu Kringeln und schichten dann rundherum Kohle auf.

Nicolás dagegen hat eine eigene Methode: »Ich nenne sie: das patagonische Geheimnis«, sagt er und zieht eine Flasche mit Putzalkohol aus der Tasche. »Den kippst du über den Karton hier, dann zündest du das alles an und legst Zweige drüber.«

Nach dreißig Sekunden brennt ein ordentliches kleines Feuer. Ingenieure, denke ich, sind hervorragende Grillmeister.

Heute Mittag waren Nicolás und ich zusammen beim Metzger und haben ein Lamm gekauft, es ist so groß wie ein Cocker Spaniel und schon ausgenommen und gehäutet. Während die ersten großen Holzscheite Feuer fangen, hängen wir das Lamm auf das Kreuz und stellen es aufrecht neben das Feuer.

»Setz dich«, sagt Nicolás und macht ein Bier auf. »Das kann jetzt dauern.«

Bei deutschen Grillpartys werden die Kohlen meistens hochgeheizt, als wolle man Eisen schmieden und nicht Würstchen grillen. Legt man das Fleisch dann auf den Rost, zischt und raucht es, passt man nicht auf, ist das Steak in kürzester Zeit verkohlt und zäh wie ein alter Lappen. In Argentinien geht Geschmack vor Effizienz, es wird langsam gegrillt, über einem dünnen Bett aus glühenden Kohlen oder über kleinen Flammen, die das Fleisch möglichst nicht berühren. »Die Regel ist: sechs Sekunden. So lange musst du deine Hand über das Feuer halten können. Wenn du dich verbrennst, ist es zu heiß. Wenn du nichts spürst, ist es zu kalt.«

Die Sonne geht langsam unter hinter dem Tronador, Fett tropft in den sandigen Boden Patagoniens, wir trinken Bier und schüren das Feuer. »Fertig«, sagt Nicolás, als es schon längst dunkel ist. Als wir das Fleisch von den Knochen schneiden wollen, fällt es von alleine ab, so zart ist es geworden. Nicolás schiebt sich ein Stück Lamm in den Mund, grinst und sagt: »Prüfung bestanden.«

*

Am nächsten Morgen habe ich eine neue Nachricht in meinem E-Mail-Postfach: »Hola Christoph, das Boot zur Isla Huemul legt um 13.30 Uhr am Hafen von Bariloche ab. Die Tour findet aber nur bei schönem Wetter statt.«

Ich blicke aus dem Fenster: Die Sonne strahlt, der Tronador blitzt weiß hinter den Baumwipfeln. Um kurz nach zwölf leihe ich mir das Auto der Eltern meiner Freundin und fahre Richtung Bariloche.

Kapitel

14

Der große Atomschwindel

» Kennt ihr ›Lost‹? Das ist so eine Fernsehserie, bei der eine Gruppe von Leuten auf eine Insel mit mysteriösen Ruinen kommt. Naja, genau so müsst ihr euch die Isla Huemul vorstellen.«

»Kapitän«, steht auf der Schirmmütze von Andrés. Früher war sie bestimmt mal weiß, jetzt ist sie schmutziggrau. Die Sonne hat die schwarzen Buchstaben ausbleichen lassen und Andrés' Gesicht dunkelbraun gebrannt. Andrés ist Anfang vierzig, groß und dünn. Seit drei Jahren fährt er im Sommer jeden Tag raus auf den Nahuel Huapi, von Bariloche bis zur Insel Huemul, der Insel des verrückten Deutschen, der Insel, auf der Argentinien die Sonne auf die Erde bringen wollte, der Insel von »Lost«. So zumindest erklärt Andrés es den Touristen an der Hafenmauer.

Bariloche liegt am Ufer des Nahuel Huapi, etwa eine halbe Stunde entfernt vom Ferienhaus der Eltern meiner Freundin. Die Stadt ist eine der größten im argentinischen Teil von Patagonien, einhundertzwanzigtausend Menschen leben hier, dazu kommen jedes Jahr noch eine Million Touristen.

Bariloche heißt eigentlich San Carlos de Bariloche, was gleich ein doppelter Irrtum ist. Denn erstens müsste es Vuriloche heißen, was auf Mapudungun, der Sprache der Mapuche, so viel bedeutet wie: Leute auf der anderen Seite der Berge. Und zweitens ist auch das San Carlos falsch, denn in Bariloche hat es nie einen heiligen Carlos gegeben, sondern immer nur einen Herrn Carlos: Carlos Wiederhold. Ende des 19. Jahrhunderts, als Bariloche noch keine direkte Flugverbindung nach Buenos Aires hatte und Patagonien dafür jede Menge weiße Flecken auf der Landkarte, machte Wiederhold am Nahuel Huapi einen kleinen Laden auf. Das Geschäft brummte, Wiederholds Laden wurde zum Zentrum der ganzen Region, was nicht allzu schwer war, weil es sonst kaum etwas gab außer endlosen Wäldern und Natur. Irgendwann, so die Legende, verschlug es einen Schotten in die Gegend, und weil dieser kaum des Spanischen mächtig war, sprach er Wiederhold nicht mit *señor,* also Herr, an, sondern mit *san,* zu Deutsch: Heiliger. Der heilige Herr Wiederhold fand das so gut, dass er gleich seinen Laden so nannte: San Carlos. Als die Regierung Anfang des 20. Jahrhunderts nach einem Namen für die neue Siedlung suchte, überlegte sie nicht lange und taufte sie San Carlos de Bariloche.

Dort wo früher Wiederholds kleiner Laden aus Holzbrettern und Baumstämmen stand, wuchert heute eine Kleinstadt. Am Ufer des Nahuel Huapi spiegeln sich nicht mehr die Berge im Wasser, sondern die Hotelbunker und gesichtslosen Wohnblocks aus den Achtziger- und Neunzigerjahren. Im Winter kommen die Brasilianer zum Skifahren und im Sommer die Wandertouristen, dazwischen stürmen Schülergruppen auf Abschiedsfahrt die Schokoladengeschäfte, Pfadfinder laufen in ordentlichen Reihen am

Ufer des Sees entlang, und Flitterwöchner machen Fotos von sich mit einem der Bernhardinerhunde, die mit kleinem Fässchen um den Hals als Touristenattraktion am Hauptplatz stehen.

Jetzt, in der Hochsaison, schieben sich Autokolonnen hupend durch die Straßen, vorbei an Delikatessengeschäften und Souvenirshops, vorbei an bayerischen Schnitzbalkonen und Läden, die mitten im Stadtzentrum so tun, als stünden sie eigentlich auf einer Alm in den Bayerischen Alpen. Als wären die Wände aus Baumstämmen nicht nur Fassade und unter den Holzschindeln auf dem Dach läge nicht noch Wellblech.

Bariloche ist eine seltsame Mischung aus Bayern, der Schweiz, den Alpen, den Anden, Argentinien und Europa. Der heilige Herr Wiederhold ist nicht der einzige Deutsche oder Deutschstämmige, der sich in Bariloche niedergelassen hat. Nach ihm kamen eine ganze Reihe deutscher Auswanderer, dazu Schweizer und ein paar Österreicher. Der Hausberg hinter Bariloche heißt deshalb Cerro Otto und die Hütte des Andenvereins Refugio Berghof. Viele Straßen in der Stadt tragen deutsche Namen, und längst hat Bariloche das Erbe zu einem Geschäft gemacht, mit deutschem Käse und Dresdner Stollen für argentinische Touristen. Gleichzeitig gibt es in den Buchläden und Souvenirshops aber auch Bücher wie »Bariloche Nazi – guía de turismo« (Nazi-Bariloche – Reiseführer) »Hitler murió en Argentina: Operación Patagonia« (Hitler starb in Argentinien: Operation Patagonien): Das ist die andere Seite des deutschen Erbes, inklusive angeblicher Nazibunker. All das ist natürlich Quatsch, Nazibunker gab es nicht, genauso wenig haben Hitler und Eva Braun es mit dem U-Boot bis nach Argentinien geschafft. Richtig ist aber, dass die deutsche Gemeinschaft in Bariloche begeistert die Hakenkreuz-Flagge über der deutschen Schule hisste, als die Nazis in Deutschland die Macht ergriffen. Und richtig ist auch, dass nach dem Ende des Dritten Reiches mehrere ehemalige Nazigrößen in Bariloche Zuflucht fanden, wie überhaupt Argentinien eines der Hauptziele der sogenannten Rattenlinien war, jener Routen, auf denen NS-Schergen und Kriegsverbrecher vor Verhaftung und Verurteilung flohen. Hilfe erhielten sie dabei von der katholischen Kirche genauso wie von argentinischen Politikern, allen voran Juan Domingo Perón, dem späteren Präsidenten Argentiniens. Perón bewunderte den Faschismus, doch ging es ihm auch darum, seinen Plan von einem industrialisierten und mächtigen Argentinien voranzubringen, gern auch mit Nazi-Know-how und Wissenschaftlern aus dem Dritten Reich. Er wollte deutsche Kriegstechnik, einen argentinischen Düsenjäger und am Ende sogar eine Kopie der Sonne selbst, gebaut mitten auf einer Insel im Nahuel Huapi: der Insel Huemul, der Insel von »Lost«, wie Andrés sie nennt.

»Kennen Sie den Unterschied zwischen Kernfusion und Kernfission?«, fragt Andrés und fährt den Motor runter.

Eine halbe Stunde sind wir über den Nahuel Huapi gefahren, Andrés' kleines Motorboot hat das Wasser zerschnitten wie eine Schere ein blaues Tuch. Jetzt liegt vor uns das Ufer von Huemul, ein alter Pier aus Holz, ein Kiesstrand, dahinter Dickicht aus Büschen und Bäumen. Bisher habe ich die Isla Huemul immer nur aus der Entfernung gesehen, sie liegt im südlichen Teil des Nahuel Huapi, etwa acht Kilometer von Bariloche entfernt, und wenn ich zum Haus der Eltern meiner Freundin fahre, kann ich sie von der Straße aus sehen: kaum mehr als ein Hügel, der aus dem See ragt, dichter Wald und Büsche, keine Spur von Ruinen, keine Spur vom Proyecto Huemul, dem Huemul-Projekt.

Schon vor Jahren habe ich von dessen Hintergründen gehört. Die Geschichte begann mit dem in Böhmen geborenen Wissenschaftler Ronald Richter, der nach dem Krieg nach Argentinien kam. Dort schaffte er es, Perón davon zu überzeugen, dass er das habe, was Argentinien zur Industrialisierung noch fehle: die Kernfusion.

»Kennen Sie den Unterschied zwischen Kernfusion und -fission?«, fragt also Andrés.

Ich und ein halbes Dutzend Touristen in Schwimmwesten schütteln den Kopf.

»Okay, dann haben Sie Glück, ich habe nämlich früher mal Physik studiert. Also: Fission ist das«, sagt Andres, »was in einem Atomreaktor passiert. Atome werden gespalten und dabei wird Energie frei. Bei der Fusion dagegen werden Atome zu einem neuen Kern verschmolzen, wobei ebenfalls Energie gewonnen wird. Das ist das, was auf der Sonne passiert. Und genau das hatte Richter Perón versprochen: die Sonne auf der Erde, günstige und unbegrenzte Energie.«

Die Mittagssonne strahlt am blauen Himmel, Andrés tuckert am Ufer entlang. Das Wasser unter uns ist türkisblau, an Land stehen immer noch nur Bäume, Büsche, grünes Dickicht.

»Da drinnen«, sagt Andrés, »stehen riesige verfallene Labore und Ruinen von Forschungsanlagen. Das Projekt Huemul hat Millionen verschlungen, Perón hat Richter blind vertraut, weil er glaubte, dass ein Deutscher alle Probleme lösen könne. Also hat er Richter eine Blankovollmacht gegeben. Richter durfte ohne Kontrolle durch andere argentinische Wissenschaftler arbeiten. Richter war hier der Herr über seine eigene Insel, er konnte hier machen und bauen, was er wollte.«

Neben uns am Ufer taucht eine kleine Hütte auf. Äste haben das Wellblechdach eingedrückt, die Wände sind aus Beton mit einer großen Schießscharte in der Mitte. Sie geht auf das Wasser hinaus.

»Das ist ein Wachturm. Richter hatte Angst, dass jemand sein Geheimnis klaut oder dass ihn die Russen entführen. Die ganze Welt wollte damals die Kernfusion haben. Darum hat sich Richter auch Huemul ausgesucht, mitten in Patagonien, eine Insel in einem See.«

Das Projekt Huemul lief unter absoluter Geheimhaltung ab – bis zum Frühjahr 1951. Auf meinem Computer habe ich alte Artikel aus einem Zeitungsarchiv gespeichert: »Perón gibt neuen Weg für Atomkraft bekannt«, »Argentinien und die Sonne«, aber auch »Atomschwindel«. An einem Samstag im März, ausgerechnet dem Ostersamstag, hatte Perón der Welt erklärt, dass Argentinien die erste »thermonukleare Reaktion unter kontrollierten Bedingungen« durchgeführt habe. Danach stellte er Richter als das Hirn vor, das dieses Wunder möglich gemacht habe. Die USA, England, Russland – alle waren verblüfft, irgendwie auch schockiert. Währenddessen wurde Richter ein Orden verliehen, und die peronistische Regierung versprach, dass die Argentinier die Energie aus der Kernfusion bald direkt nach Hause geliefert bekommen würden, verpackt in so etwas wie Milchflaschen.

Doch dann passierte: nichts. Keine Milchflaschen. Keine billige und unbegrenzte Energie. Stattdessen aber Zweifel: Journalisten fragten sich, wer dieser Richter eigentlich sei. Zeitungen druckten Aussagen von ehemaligen Professoren, die sich nur dunkel an Richter erinnern konnten und dann auch nur als »Exzentriker« und »Träumer«. Wissenschaftler begannen, von einem großen Bluff zu sprechen. Anfangs verteidigte Perón das Projekt Huemul noch, dann schickte er selbst eine Sachverständigenkommission. Sie stellte fest, dass Richter nicht nur keinen Weg zur Kernfusion gefunden hatte, sondern auch, dass die Anlagen auf Huemul unzureichend waren, Richter ein Betrüger und der Traum von unbegrenzter, billiger Energie zerplatzt war.

»Für Perón war das natürlich extrem peinlich. Aber immerhin hatte das alles noch ein bisschen was Gutes: Nachdem das Projekt Huemul für gescheitert erklärt worden war, sind ein paar der Wissenschaftler aus der Untersuchungskommission hier geblieben und haben in Bariloche ein Institut für Nuklearphysik gegründet. Es liegt direkt gegenüber der Insel, am Ufer des Nahuel Huapi.«

Aus der Ferne kann man kleine Häuser mit orangenen Dächern erkennen. Argentinien ist heute einer der Vorreiter für Atomenergie in Lateinamerika, es gibt zwei Atomkraftwerke, weitere sind in Planung oder in Bau.

»Was ist eigentlich aus Richter geworden?«, frage ich Andrés.

»Das weiß ich nicht so genau. Ich glaube, er war kurz im Gefängnis, danach ist er dann in Argentinien geblieben und Anfang der Neunzigerjahre gestorben. Aber es kursiert hier eine Theorie, dass er eigentlich einen Weg zur Kernfusion gefunden und das Geheimnis mit ins Grab genommen habe.«

»Wieso das denn?«

»Naja, denk doch mal nach. Unbegrenzte und billige Energie, das wäre eine Revolution, das würde die ganze Welt umkrempeln. Niemand bräuchte mehr Öl oder Gas und ein paar Mächtige würden ihren Einfluss verlieren. Vielleicht hatte Richter Angst, vielleicht wurde er bedroht, vielleicht ist das aber auch alles nur ein Gerücht, eine Verschwörungstheorie.«

»Können wir denn auf der Insel aussteigen?«, frage ich Andrés noch zum Schluss.

»Nein, die ist für Touristen gesperrt, ich darf hier nicht anlegen. Was anderes ist es natürlich, wenn man sich ein Boot mietet. Ein Kajak, zum Beispiel.«

Dann gibt Andrés Gas, vor uns liegt der tiefblaue Nahuel Huapi, hinter uns verschwindet die Insel Huemul.

*

»Erklär den Kajakverleihern am Strand einfach, dass du ein Freund von mir bist«, hatte Andrés mir gesagt. Das Problem ist nur, dass niemand Andrés zu kennen scheint. Ich laufe über den Steinstrand gegenüber der Isla Huemul, vorbei an Badegästen und schreienden Kindern. Der Sommer in Patagonien ist dieses Jahr extrem warm, nur das Wasser, das ist immer noch kalt, sechzehn Grad, es kommt direkt von den Gletschern, dem Schnee und dem Eis, das die Sommersonne auf den Berggipfeln geschmolzen hat. Als ich endlich einen Kajakverleiher gefunden habe, der mich zur Insel paddeln lässt, meint der braungebrannte Angestellte nur: »Fall bloß nicht ins Wasser. Das ist so kalt, dass du darin nicht lange durchhältst.«

Als ich vom Ufer ablege, fühle ich mich kurz so, als flöge ich. Der Nahuel Huapi ist so klar, dass man auch noch zwanzig Meter vom Ufer entfernt bis zum Grund sehen kann. Baumstämme ziehen unter mir hinweg, ein kaputtes Fahrrad, dann wird es dunkel, ich paddele über einen gewaltigen Abgrund.

Mehr als vierhundertfünfzig Meter reicht der Nahuel Huapi an seiner tiefsten Stelle hinab. Irgendwo da unten soll auch ein Monster leben, eine Art Dinosaurier – die argentinische Variante des Ungeheuers von Loch Ness, nur dass es nicht Nessie heißt, sondern Nahuelito. Im Moment sehe ich keine Ungeheuer, nicht einmal Wellen, der See liegt da wie eine riesige, ruhige Badewanne.

Ich paddele durch ein Postkartenfoto. Links von mir spiegeln sich die Berge der Anden im See wie die weißen Fangzähne eines Raubtiers. Rechts von mir beginnen am anderen Ufer die braunen Hügel der Steppe, dazwischen liegt Huemul, wie der behaarte Kopf eines grünen Ungeheuers ragt die Insel aus dem Meer. Nahuelito, ich komme.

Nach einer halben Stunde knirscht unter meinem Kajak der Uferkies. Ich ziehe es aus dem Wasser und laufe los. Nach ein paar Minuten komme ich auf einen Trampelpfad, er führt bergauf, immer tiefer in den Wald hinein, vorbei an Coihue-Südbuchen und Arayan-Bäumen, deren Stamm eine rotorangene Farbe hat. Auf einer Lichtung steht zwischen hohem Gras und Disteln ein verwitterter Wegweiser. Ausgeschildert sind: Toiletten, Labor und das Reaktorgebäude. In den Neunzigerjahren, so erzählte mir der Kajakverleiher, wollte ein Geschäftsmann aus Bariloche auf Huemul einen Freizeit- und Wissenschaftspark eröffnen. Die Tafeln mit den Erklärungen waren schon aufgestellt, es gab einen Kiosk und ein Café, aber dann ging etwas mit den Konzessionen schief, und ein weiteres Projekt Huemul verschwand in der Versenkung.

Ein braun-weißer Hund ohne Halsband begleitet mich, seit ich die Insel betreten habe. Er läuft vor mir durch die Büsche und den

Wald und dann verschwindet er auf einmal hinter Schutt und Ziegelsteinen. Ich stehe vor einer drei Stockwerke hohen Wand, neben der eine Informationstafel schief im Boden steckt: »Zwillingslabore. Hier sollten zwei große Labore entstehen. Als das Projekt beendet wurde, waren sie noch in Bau.«

Richter hatte nicht nur große Träume, sondern auch große Ansprüche. Ich gehe weiter und komme an gigantesken Bauten vorbei, an Hallen, versteckt im Dickicht und so groß wie Schwimmbäder, manche mit meterdicken Wänden. In einem ehemaligen Kühlbecken schwimmt grünliches Wasser. Der braun-weiße Hund trinkt daraus, ich mache lieber einen Bogen drumherum.

Ich laufe immer weiter bergauf und stehe auf einmal vor dem Reaktorgebäude: ein riesiger viereckiger Klotz mit wuchtigen Wänden aus Beton und Ziegelsteinen, wie eine Burg ragt er aus dem Wald. Ich gehe durch ein großes Loch, das wie ein Torbogen in der Mauer klafft. Das Dach des Reaktorgebäudes fehlt, die Sonne scheint auf den sandigen Boden, in den Ecken wachsen Büsche. Zwanzigtausend Sack Zement, verrät ein Schild, sollen hier verbaut worden sein, für den Traum von unbegrenzter und billiger Energie, die Sonne auf Erden, ein Luftschloss.

*

Zwei Tage später fliegen meine Freundin, unsere kleine Tochter und ich zurück nach Buenos Aires. Als das Flugzeug abhebt, kann ich unter uns den Nahuel Huapi sehen. Der Himmel und die Wolken spiegeln sich im See. Hellblau und weiß. Wie die argentinische Fahne, denke ich. Das Einzige, was fehlt, ist eine Sonne in der Mitte.

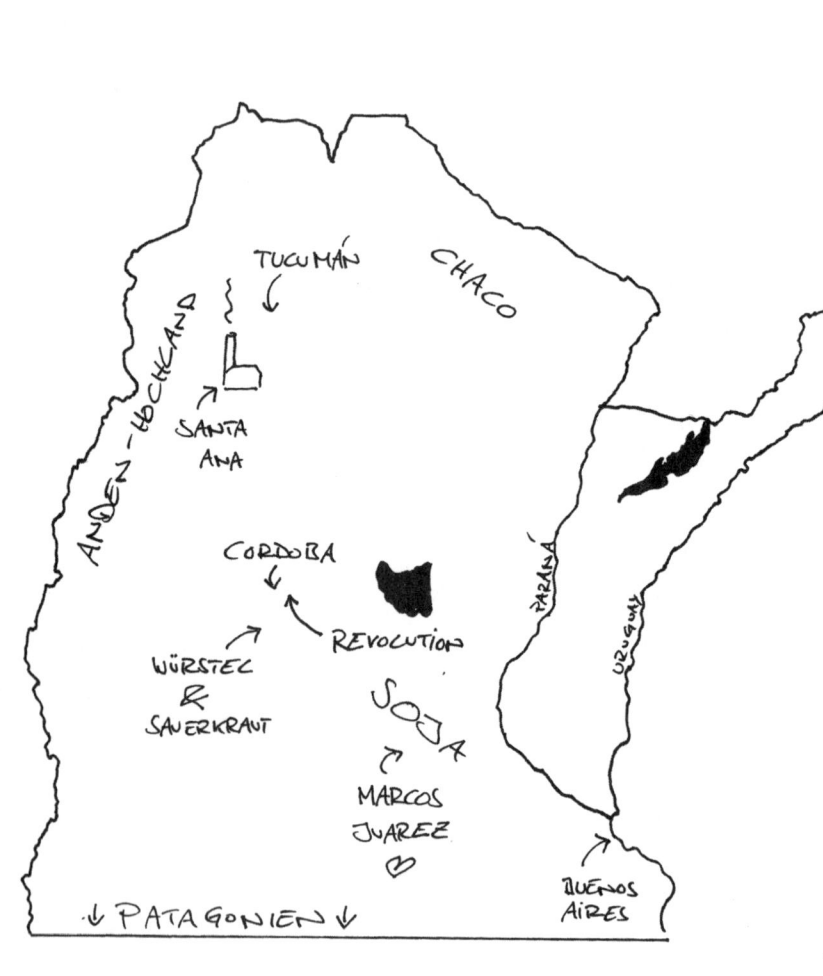

Teil 5

DER
NORDWESTEN

Kapitel

15

Bohnen statt Bullen

Die Sonne ist noch nicht richtig aufgegangen über Marcos Juárez, da höre ich schon einen Rasenmäher. Ein hohes Knattern und hysterisches Surren, wie ein wütender Schwarm Wespen, die man in ein Metallfass gesperrt hat.

Ich rolle mich aus dem Bett und ziehe die Vorhänge auf. Ein alter Mann in abgewetztem T-Shirt und beigefarbener Hose steht gegenüber meinem Hotelfenster auf einem tischtuchgroßen Stück Rasen. In der Hand hält er eine alte Motorsense, die knattert und qualmt. Neben ihm wartet seine Frau, die Haare zu einem strengen Knoten gebunden, in Plastikpantoffeln und geblümter Schürze. In der einen Hand hält sie eine Schaufel, in der anderen einen Besen. Kaum hat ihr Mann ein paar Halme abgeschnitten, kehrt sie sie zusammen. Ein Chirurg und seine OP-Schwester.

Es ist kurz nach sieben, ich bin zu fünfzig Prozent verschlafen und zu fünfzig Prozent wütend darüber, dass ich so früh geweckt wurde. Andererseits bin ich selbst schuld, schließlich wollte ich auf meiner Busfahrt von Buenos Aires nach Córdoba hier einen Zwischenstopp machen, in Marcos Juárez, der Stadt der Vollbeschäftigung.

Argentinische Städte geben sich gern zusätzliche Namen, manchmal aus Stolz, meist aber um Touristen anzulocken. Es gibt Städte, die sich rühmen, die nationale Hauptstadt der hausgemachten Salami zu sein, des Knoblauchs, des Pullovers oder des Mate. Río Grande ist die Hauptstadt der Forelle und Los Toldos will sogar zur Capital Nacional de las Mujeres werden, zur Hauptstadt der Frauen, nicht, weil sie hier besonders klug, schön oder zahlreich sind, sondern weil hier die berühmteste aller argentinischen Frauen geboren wurde: Evita.

Marcos Juárez hat gleich mehrere Namen. Einmal ist da der, den die Stadt sich selbst gegeben hat. Man kann ihn schon vor der Autobahnausfahrt auf einem Schild lesen, mit Buchstaben so groß wie Kleinwagen: Corazón productivo del País – produktives Herz des Landes.

Und dann ist da noch der Name, den Marcos Juárez von der Presse bekommen hat: Ciudad del pleno Empleo – Stadt der Vollbeschäftigung, weil fast jeder der siebenundzwanzigtausend Einwohner von Marcos Juárez einen Job hat.

Marcos Juárez liegt im äußersten Süden der Provinz Córdoba. Etwa viereinhalb Stunden braucht man mit dem Auto von Buenos Aires bis hierher. Die Straße führt zuerst durch die nördlichen Ausläufer der Hauptstadt, vorbei an San Isidro mit seinen Villen, dann durch Pilar und Belén de Escobar, links und rechts der Autobahn stehen Einkaufszentren und eingezäunte Villenviertel. Danach folgt die Straße dem Lauf des Paraná nach Norden, am Straßenrand verkaufen Bauern in kleinen Holzbuden Melonen und Erdbeeren. Kleine Dörfer, große Felder, Lastwa-

gen und Reisebusse. Immer weiter führt die Straße Richtung
Nordwesten, dann macht sie eine Linkskurve, vorbei an Rosario,
der drittgrößten Stadt Argentiniens. Schließlich wird die Landschaft flach und weit, Felder links, Felder rechts, ein paar Bäume, eine Schotterpiste. Wäre die Autobahn nicht so schnurgerade, man würde glauben, im Kreis gefahren zu sein, gefangen in
einer Endlosschleife aus grüner Monotonie. Im Straßengraben
werben Schilder für Sämaschinen oder Silobeutel. Sie heißen La
Monumental oder La Máxima. Große Namen für große Felder
und ein gigantisches Geschäft.

In den letzten Jahren lief es gut für Argentiniens Bauern, und
das ist wahrscheinlich noch untertrieben. Sie haben Rekordern-
ten eingefahren und sie für Rekordpreise verkauft. Das liegt vor
allem daran, dass die Nachfrage nach Weizen, Mais und vor allem
Soja weltweit nach oben geschnellt ist wie ein Motorradstuntman
auf der Sprungschanze. Der Impact war so groß, dass einer der
Hauptpfeiler der argentinischen Wirtschaft und der nationalen
Identität ins Wanken geriet: die Fleischproduktion.

Wenn ich in Deutschland erzähle, dass ich nach Argentinien
fahre, höre ich meistens: »Lecker, Rind.« Saftige Steaks gehören zu
Argentinien wie Spaghetti zu Italien und Curry zu Indien. Natürlich sind das Klischees, aber im Fall von Argentinien pflegt es niemand so liebevoll wie die Argentinier selbst. Rindfleisch ist unab-
dingbare Zutat für die nationale Esskultur und integraler
Bestandteil des Lebens, der Kultur und der Geschichte. Ohne
Rinder gäbe es keine Gauchos und kein *asado,* ohne Rinder hätte
es keine Schlachthäuser gegeben, keine Arbeit für die Migranten
aus Europa, und die Rinderbarone hätten an den Boulevards in
Buenos Aires keine Prachtvillen gebaut.

Es gab Zeiten, da stammten fünfzig Prozent des weltweit ver-
kauften Rindfleischs aus Argentinien. Doch das ist längst vorbei.
Heute produziert selbst das kleine Uruguay in manchen Jahren
mehr als der große Nachbar. Mittlerweile muss die argentinische

Regierung den Export beschränken und die Preise deckeln, der Grund: Soja. Mit ihm kann man besser, schneller und sicherer Geschäfte machen als mit Rindern. Also haben viele Bauern umgesattelt: Bohnen statt Bullen.

Im Moment wächst in Argentinien Soja auf neunzehn Millionen Hektar, das Land ist der drittgrößte Produzent der Welt. Große Teile der Pampa haben sich in einen grünen Ozean aus Soja verwandelt und Städte wie Marcos Juárez in Boomtowns.

Als ich gestern Abend ankam, glitzerten am Ortseingang vor einem Geschäft für Landmaschinen Traktoren groß wie Raumschiffe. Die Stadt war voll von Joggern, und in den Cafés saßen Männer mit Handy-Headsets überm Ohr. Die Straßen waren sauber, und entlang der Boulevards reihten sich schöne alte Bäume und gepflegte Häuser. An der alten Landstraße lagen mehrere kleine Hotels, die alle den Charme von Busterminals versprühten, aber wahrscheinlich kommt niemand zum Ausspannen nach Marcos Juárez, ins produktive Herz des Landes. Vor meinem Fenster knattert die Motorsense.

Weil ich ohnehin wach bin, beschließe ich, frühstücken zu gehen. Mein Hotel hat einen kleinen Frühstücksraum, die Wände sind gekachelt und die Schritte hallen. An einem der Plastiktische sitzt ein kahlköpfiger Mann mit breiten Schultern und telefoniert. Vor ihm liegt ein Laptop, auf seinem Hemd ist das Logo eines Saatgutkonzerns eingestickt. Es ist kurz nach halb acht. Marcos Juárez, die Stadt der Vollbeschäftigung.

Es gibt Kaffee und *medialunas,* kleine klebrige Croissants.

»Hallo, wie geht's?«, fragt mich ein älterer Herr mit weißen Haaren und gut gebügeltem Hemd. »Ist alles in Ordnung?«

Ich kenne ihn schon von gestern Abend, da stand er hinter der Rezeption. Rubén ist der Besitzer des Hotels und ein großer Deutschland-Fan. »Mich fasziniert die deutsche Präzision, die deutsche Pünktlichkeit, all das finde ich toll!«

»Wie lebt es sich denn in Marcos Juárez?«, frage ich.

»Ach, ganz gut. Es gibt Jobs, die Leute sind zufrieden, vor allem
die, die ein Stück Land haben. Damit kann man hier richtig viel
Geld machen.«

Marcos Juárez, die Stadt der vollen Bankkonten.

*

Zweihundertfünfzig Kilometer weiter nordwestlich steht wieder
ein Schild neben der Straße: »Monsanto raus«, krakelige Buchstaben, gesprüht mit schwarzer Farbe.

Malvinas Argentinas liegt eingeklemmt zwischen zwei Schnell-
straßen im Vorstadtgürtel von Córdoba, einer Großstadt im Norden Argentiniens. Früher war Malvinas Argentinas ein kleines
Dorf, heute ist es eine Stadt vor der Stadt. Etwa zwölftausend
Menschen leben hier, die meisten sind Arbeiter, die Häuser sind
klein und die Seitenstraßen ungepflastert.

Auch Malvinas Argentinas hat mehrere Namen. Da ist einmal der, den die Stadt sich selbst gegeben hat, zur Erinnerung
an die Gefallenen im Krieg um die Falkland-Inseln beziehungsweise Malvinas. Und dann ist da noch der Name, den Malvinas
Argentinas von der Presse bekommen hat: »Die Stadt, die gegen
Monsanto kämpft«, weil eine Handvoll Einwohner etwas Un-
glaubliches wagte: Sie stellte sich gegen Monsanto, den amerikanischen Saatgut-Multi und Erschaffer genetisch manipulierter
Sojapflanzen.

Es ist mittags kurz nach zwölf, die Sonne brennt und Jugendliche knattern auf Mopeds durch die Stadt. Der Hauptplatz von
Malvinas Argentinas liegt direkt neben der Hauptstraße, trotzdem sieht er aus, als hätte ihn jemand hier vergessen und dann nie
wieder abgeholt. Dünne Bäume lassen traurig ihre Zweige hängen,
der Rasen ist vertrocknet, aus einem klobigen Betonbrunnen
steigt fauliger Geruch auf. Neben dem Platz steht eine strahlend
weiße Kirche der Mormonen, auf der gegenüberliegenden Seite
eine Wand mit der Aufschrift: »Der Kampf fürs Leben hat kein

Gesicht.« Darunter sieht man zwei vermummte Figuren, die sich eine Blume reichen.

Im Herbst 2013 marschierten aufgebrachte Bürger aus Malvinas Argentinas zu einer Baustelle vor der Stadt, auf der Monsanto eine Saatgutfabrik für genetisch veränderten Mais bauen wollte. Sie blockierten die Straße, ließen keine Lastwagen mehr durch und schickten die Arbeiter fort. Es war der erste große Aufstand in Argentinien gegen Monsanto und damit auch gegen eine Form der Landwirtschaft, die längst nichts mehr mit Säen und Ernten zu tun hat, sondern mit Optimieren und Produzieren, mit Pestiziden und Resistenzen, mit Industrie und Gentechnik, aber nur noch wenig mit der Natur.

»Du willst zur Blockade?« Der Jugendliche hat gegeltes Haar, trägt ein Fußballtrikot und sagt Blockade wie andere Café sagen oder Rathaus, so als gäbe es Blockaden nun wirklich in jeder Stadt.

»Einfach die Hauptstraße lang und dann rechts, nach einem Kilometer auf der linken Seite.«

Als ich aus dem Auto steige, schlägt mir die Hitze wie eine Wand entgegen. Im Schatten von großen Eukalyptusbäumen stehen Zelte und Hütten, zusammengezimmert aus Brettern und Stangen, mit Lehm aufgefüllt und mit schwarzen Plastikplanen abgedeckt. Ein bisschen sieht die Blockade aus wie ein Flüchtlingslager, dabei ist sie ja genau das Gegenteil: ein Vertreiberlager, damit Monsanto endlich geht.

Ein bärtiger Mittdreißiger mit dreckigem T-Shirt und lehmverschmierten Händen kommt mir entgegen. Diego sagt, dass er gerade einen Ofen baue, aus einem alten Fass und Lehmziegeln.

»Wir kochen hier alle gemeinsam, verstehst du?«

Eigentlich wohnt Diego in Córdoba. Dort arbeitet er auf dem Bau, doch sooft er kann, kommt er ins Camp, um den Leuten hier zu helfen.

»Wir leben hier ohne politische Parteien, es gibt keine Anführer, und wenn es etwas zu beschließen gibt, dann geschieht das im

Konsens.« Diego hat rot unterlaufene Augen, und ich bin mir nicht ganz sicher, ob der Grund dafür nur die Sonne ist.

»Du schreibst ein Buch? Okay, cool. Du kannst dich gern hier umsehen, aber du darfst keine Fotos von unseren Gesichtern machen. Wir wissen ja nicht, wer du bist, verstehst du? Vor ein paar Monaten sind hier in der Früh plötzlich zwei Busse aufgetaucht, ohne Nummernschilder, und dann sind drei Dutzend Schläger ausgestiegen, die angefangen haben, die Zelte hier einzureißen und die Leute zu verprügeln. Die Polizei hat das alles gesehen, aber statt uns zu beschützen, haben sie mit Gummikugeln auf uns geschossen. Seitdem sind wir vorsichtiger geworden.«

Als ich Diego frage, wer die Schläger geschickt habe, lacht er und sagt: »Na rate mal.«

Ein Mädchen mit Blumenkleid und abrasierten Haaren kommt uns entgegen. Sie mustert mich kritisch und verschwindet dann in der Gemeinschaftsküche, einer Hütte aus Holz und Lehm, so groß wie ein Baucontainer. Drinnen gibt es ein Waschbecken und einen kleinen Herd, als Fenster sind bunte Glasflaschen eingebaut, grün und braun und blau. Wenn man sich direkt vor sie stellt, kann man auf der anderen Seite einen Zaun sehen, in Grün, Braun und Blau, doch schöner wird er dadurch nicht.

Der Zaun ist zwei Meter hoch und wird von dicken Betonpfeilern gehalten, unten enger Maschen-, oben drei Reihen Stacheldraht. Auf der Wiese dahinter wächst braunes Gras, ein paar Schilder stehen herum: »Helmpflicht!«, »Benutzen Sie Arbeitshandschuhe!« Ein Stahlgerüst ragt in den Himmel wie ein gigantisches Skelett, das in der Sonne verdorrt.

»Da sollte die Monsanto-Fabrik gebaut werden«, sagt Celina.

Sie hat volle Lippen und schwarze Haare. Auf ihrem T-Shirt steht: »Malvinas kämpft für das Leben.«

Celina stammt aus Malvinas Argentinas, sie hat Verwaltung studiert, aber jetzt ist sie arbeitslos. Am Wochenende steht sie hinter dem Tresen einer Bar, den Rest der Zeit engagiert sie sich in der Asamblea, einer Gruppe von Bürgern, die gegen die geplante Saatgutanlage kämpft.

»Wir haben von dem Projekt aus der Zeitung erfahren. Das hier sollte die größte Saatgutfabrik Lateinamerikas werden, vielleicht sogar der Welt. Da haben wir Angst bekommen. Jeden Tag würden über hundert Laster durch Malvinas Argentinas fahren, bis oben hin voll mit Samen, die gentechnisch verändert sind und die immer wieder mit Pestiziden eingesprüht wurden. Allein das ist schon eine Belastung für die Stadt.«

Celina hat Flyer mit einem Plan der Anlage dabei: Becken, Hallen und Silos groß wie Raketenabschussrampen. Darüber ist per Hand eine Wolke gezeichnet, sie hat Augen, eine Nase und dicke Backen, aus denen sie Luft in Richtung Malvinas Argentinas bläst.

»Aus den Maiskolben, die hier angeliefert werden, will Monsanto Saatgut machen. Dafür muss der Mais zuerst trocknen, und dabei entstehen giftige Dämpfe. Der Wind weht hier an dreihundert Tagen im Jahr in Richtung Malvinas Argentinas, und die Grundschule ist nur wenige Hundert Meter von der Anlage entfernt.«

Was genau passieren kann, wenn der Wind Dämpfe in die Stadt bläst, weiß Celina nicht, aber sie und viele andere wollen es nicht darauf ankommen lassen. Einmal in der Woche treffen sich Celina und zwei Dutzend weitere Anwohner, um Flyer zu entwerfen sowie Informationsabende und Konzerte zu organisieren.

»Vor Kurzem gab es eine Umfrage, bei der herauskam, dass die Mehrheit der Menschen in Malvinas Argentinas eigentlich gegen die Anlage ist. Das Problem ist nur, dass die meisten das so nicht öffentlich sagen würden. Viele hier empfangen Sozialhilfe, die Schulen sind kostenlos. Die Menschen haben einfach Angst, dass man ihnen die Unterstützung kürzt, wenn sie protestieren.«

Hilfe von Journalisten oder Abgeordneten gibt es wenig. Wenn es um Monsanto und die Agrarindustrie geht, scheinen argentinische

Politik und Presse so vereint wie sonst nie. Die Regierung profitiert vom Boom, allein vom Erlös aus dem Sojaexport fließen dreißig Prozent als Abgaben an den Staat. Die Einnahmen aus der Agrarindustrie halfen Argentinien aus der Krise von 2001, und heute bezahlt der Staat mit ihnen Subventionen und Sozialprogramme. Die Opposition schweigt dazu, genauso wie die meisten Zeitungen und Fernsehsender. Zu mächtig ist die Agrarlobby, zu gut läuft das Geschäft.

»Wir haben Eingaben bei der Stadtverwaltung gemacht, aber nichts ist passiert«, sagt Celina. »Währenddessen sind Laster mit Material durch Malvinas gefahren und Monsanto hat angefangen zu bauen. Wir wussten nicht, was wir tun sollten, also beschlossen wir, die Straße zu blockieren.«

Erst stellten sich nur einige Leute aus der Umgebung vor die Eingänge der Baustelle, vierundzwanzig Stunden am Tag, sieben Tage die Woche. Die Polizei versuchte, das Camp zu räumen, ein paar Demonstranten wurden dabei verletzt und im Internet verbreiteten sich Videos und Fotos. Bald reisten auch Monsanto-Gegner aus Buenos Aires an, aus Mendoza und Córdoba, dazu Journalisten aus dem Ausland und Stars wie der Musiker Manu Chao. Malvinas Argentinas war auf einmal das revolutionäre Herz des Landes, das Zentrum des Widerstands gegen die Agrarindustrie.

»Heute sind auch viele Leute im Camp, denen es um viel mehr als nur Monsanto geht«, sagt Celina. »Es gibt Trotzkisten und Anarchisten, die wollen die ganze Gesellschaft verändern. Mir geht das ein bisschen zu weit, ich will nur, dass Monsanto hier verschwindet.«

In den Eukalyptusbäumen lässt der Wind die Blätter rascheln, im Camp flattern die Plastikplanen.

Im Januar 2014 entschied ein argentinisches Gericht, dass Monsanto ein Umweltgutachten vorlegen muss, bevor es weiterbauen darf. Das Projekt ist seitdem auf Eis gelegt, und der Kampf um Malvinas Argentinas hat sich in einen Stellungskrieg verwandelt: Das Camp ist noch da – Monsanto aber auch.

»Die versuchen, den Protest aufzubrechen«, sagt Celina. »Monsanto verteilt Geschenke in der Stadt, sie haben Rentnern Brillen gegeben und eine Straße gepflastert. Wir haben jetzt ein Schwimmbad und Monsanto bietet alle möglichen Kurse an.«

Celina zeigt mir einen Flyer, der vor ein paar Tagen in die Briefkästen in ihrem Viertel gesteckt wurde: »In Malvinas gibt es Kunst«, »Kostenlose Kurse: Folklore, Hip-Hop-Tanzen, Chor. Jetzt einschreiben!« Der Flyer ist bunt, es gibt Fotos von coolen Tänzern – und unten in der Ecke prangt das Logo von Monsanto.

Am Abend liege ich im Hotelzimmer und suche im Internet Bilder zu den Schlagwörtern »Malvinas Monsanto Córdoba«. Google zeigt mir Fotos von Demonstranten mit Transparenten und Polizisten mit Schlagstöcken, ich sehe Männer mit Knüppeln in der Hand, Demonstranten mit blutverschmierten Gesichtern – und immer wieder eine Frau um die fünfzig, mit blonden Haaren und starker Brille. Gäbe es in Argentinien eine landesweite Protestbewegung gegen die industrielle Landwirtschaft, gegen den Sojaboom, gegen die Pestizide und die gentechnisch veränderten Pflanzen, Sofía Gatica wäre bestimmt die Anführerin. Sie ist eine Ikone des Kampfes gegen die Sprühflugzeuge, und egal, mit wem ich spreche, höre ich zum Schluss immer: »Du solltest mal mit Sofía reden.«

»Klar, warum nicht«, schreibt Sofía per SMS. »Komm zu mir nach Córdoba.«

*

Eine halbe Stunde braucht man mit dem Bus von Malvinas Argentinas nach Córdoba. Die Stadt ist die zweitgrößte Argentiniens, sie liegt ziemlich genau in der Mitte der Nordhälfte des Landes, dort, wo die flache Pampa langsam ansteigt zu den Sierras, einer Art Vorgebirge der Anden, als wollte die Natur eine Warnung aussprechen – bevor es dann richtig losgeht. Eigentlich sieht Córdoba aus wie Buenos Aires: mehrstöckige Wohngebäude und Bürotürme neben alten Häusern und Parkgaragen. Doch die Straßen sind enger, die Gebäude niedriger und das Gelände ist hügelig. Es wirkt, als habe jemand Buenos Aires zusammengeschoben und von oben auf die Häuser gedrückt.

Sofía hat mir eine Adresse im Zentrum gegeben. Ich habe noch Zeit bis zu unserem Treffen und wandere durch die Innenstadt. Die Sonne scheint, die Luft ist staubig und trocken. Autos schieben sich durch einspurige Straßen, Geschäftsmänner in Anzügen drücken sich auf Bürgersteigen an kichernden Mädchen und diskutierenden Studenten vorbei. Einige Bauarbeiter stehen gelangweilt im Schatten eines Hauseingangs und trinken Mate.

Bevor Buenos Aires zu seiner heutigen Macht und Größe aufstieg, war Córdoba lange Zeit die wichtigste Stadt des Landes. Sie lag an der Handelsroute zwischen dem Meer und den unendlich reichen Silberminen in Potosí im heutigen Bolivien. 1613 gründeten die Jesuiten in Córdoba die erste Universität Argentiniens, die gleichzeitig die zweite ganz Südamerikas war. Heute gibt es mehr als sieben Hochschulen in der Stadt, La Docta wird Córdoba darum auch genannt, Die Gelehrte.

In den Straßen kommen mir Jugendliche mit Büchern unter dem Arm entgegen. Passend zur benachbarten Juristischen Fakultät heißt eine Kneipe La Ley, Das Recht. Sie hat Stühle und Tische vor die Tür gestellt, Studenten trinken in der Mittagssonne Bier aus Ein-Liter-Flaschen in Styroporkühlern.

Der zweite Spitzname Córdobas ist Stadt der Glocken. An jeder zweiten Straßenecke steht man in der Innenstadt vor einer anderen Kirche – mal schlicht, mal verschnörkelter gestaltet. Man entdeckt mit Kacheln verkleidete Kuppeln, kleine unscheinbare Kapellen, eine gedrungene Kathedrale und die Manzana Jesuítica, einen ganzen Straßenblock, der einst das Zentrum der Jesuiten im Süden Lateinamerikas war, mit der vermutlich ältesten Kirche des Landes.

Ein paar Blocks nur sind es von den Jesuiten bis zu der Adresse, die Sofía Gatica mir gegeben hat. Ein vierstöckiges Wohnhaus mit

Backsteinfassade, das Klingelschild ist aus poliertem Messing, zwischen Nummer und einzelnen Buchstaben für Stockwerk und Wohnung klebt ein kleines Stück kariertes Papier:»Sofia«. Ich bin nicht der Erste, der hier läutet.

»Willst du zu Sofía?«

Eine junge Frau macht mir die Tür auf. Kurze Haare, Sommersprossen, Badelatschen.

»Ich bin Ingrid, Sofías Tochter. Komm mit.«

Wir laufen durch einen Innenhof zum Hintergebäude und eine Außentreppe hoch bis in den dritten Stock. Eigentlich sei das ihre Wohnung, sagt Ingrid, und dass sie in Córdoba studiere. Aber wenn ihre Mutter Interviews geben müsse, dann mache sie das meistens hier, weil die Wohnung in der Nähe ihrer Arbeit liege.

»Wie oft kommen denn Journalisten?«, will ich wissen.

Ingrid überlegt. »Also gestern war ein Fernsehteam da und dann noch eine Frau, vorgestern kam auch jemand, letzte Woche auch. Eigentlich ist fast immer jemand da.«

Sofía Gatica sieht genauso aus wie auf den Fotos, die ich im Internet von ihr gesehen habe, nur die Polizisten in Kampfmontur und die Demonstranten um sie herum fehlen. Sofía hat dezent lackierte Fingernägel, trägt eine Bluse mit Blumenmuster und um den Hals einen kleinen Anhänger in Form einer Sonne. An der Wand hinter ihr hängt ein großes Bild von Che Guevara. Der große argentinische Revolutionär lächelt auch von einem Aufkleber am Kühlschrank, und neben dem Esstisch sieht man ihn Zigarre rauchend.

Sofía stellt eine Limonade auf den Wohnzimmertisch, deutet auf einen Stuhl vor sich und beginnt sofort zu reden.

»Warst du beim Camp? Mit wem hast du gesprochen? Mit Diego? Kenne ich nicht. Dabei war ich von Anfang an dabei. Pass auf, ich zeig dir was.«

Sofía bückt sich und holt ein paar Fotos aus einer Plastiktüte neben ihrem Stuhl.

»Das sind Bilder aus Malvinas Argentinas. Hier hat die Polizei

versucht, uns wegzutragen. Und hier schießt sie mit Gummige-
schossen auf uns.«

Sofía legt die Fotos auf den Tisch, als wären es Beweisstücke,
als verträte sie die Anklage und ich wäre der Richter.

»Die Bilder zeige ich, wenn ich Vorträge halte. Morgen fahre
ich nach Villa María und halte eine Rede vor Studenten. Und
gleich danach fliege ich nach Ecuador, zu einem Kongress, da spreche ich über unseren Kampf, das Soja und Ituzaingó.«

Ituzaingó heißt der Vorort, aus dem Sofía kommt. Er liegt im
Südosten von Córdoba, einige Kilometer von Malvinas Argentinas entfernt.

»Ich erinnere mich, dass es früher Pferde gab und Kühe, sogar
eine Molkerei und Obstplantagen«, sagt Sofía. »Dann kam das Soja.«

1996 erlaubte Argentinien unter der neoliberalen Regierung
von Carlos Menem als eines der ersten Länder der Welt den Anbau
von gentechnisch verändertem Soja. Heute, knapp zwanzig Jahre
später, gibt es in Argentinien kaum noch eine Sojapflanze, deren
Gene nicht optimiert und resistent gemacht wurden gegen Pestizide, allen voran das Glyphosat. Der Breitband-Unkrautvernich-
ter wird aus großen Tanks auf die Felder gesprüht, unerwünschte
Pflanzen verkümmern, zurück bleibt das resistente Gen-Soja. Ri-
siken in der Landwirtschaft werden minimiert, Gewinne maxi-
miert – und negative Folgen meistens ignoriert.

»Irgendwann waren wir eingeschlossen: im Norden, im Süden,
im Osten, überall Soja, dazwischen wir in unseren kleinen Häusern. Natürlich haben die Flieger nicht aufgehört zu sprühen,
wenn sie über uns geflogen sind. Und wir haben nichts Schlimmes
vermutet, im Gegenteil, wir sind den Sprühflugzeugen hinterher-
gelaufen, unsere Kinder haben in den Feldern gespielt, und wenn
die Ernte vorbei war, haben wir die Bohnen aufgehoben und daraus Sojaschnitzel gebraten.«

Sofía hat einen Plan von Ituzaingó vor sich liegen. Er ist zwei
DIN-A4-Seiten groß und voller Zahlen und bunter Rechtecke.

»Meine Tochter ist an einer Nierenmissbildung gestorben, als sie noch ganz klein war. Nach ihrem Tod habe ich angefangen, ein bisschen herumzufragen.«

Sofía fährt mit dem Finger über den Plan, springt von einem bunten Punkt zum nächsten.

»Gegenüber von uns lebte Susana, sie hatte auch eine Tochter wegen einer Missbildung verloren. Nebenan wohnte Mari, sie hatte Krebs. Auf der anderen Seite lebte Vivian, ihr Kind hatte Atemprobleme. Und schräg gegenüber war Juan, der hatte Lupus. Der ganze Block war krank! Also habe ich weitergemacht. Ich bin im Dorf von Haus zu Haus gegangen und habe nach Krankheiten und Todesfällen gefragt. Über dreihundert Krebsfälle haben wir gefunden und sechzehn Fälle von Leukämie. Und das bei fünftausend Einwohnern. Landesweit ist die Statistik bei eins oder zwei zu hunderttausend!«

Sofía und einige andere Mütter schlossen sich zu den Müttern von Ituzaingó zusammen, sie redeten mit dem Bürgermeister und schickten ihre Untersuchung ans Gesundheitsministerium.

»Die sagten: ›Wer seid denn ihr?‹ Wir hatten ja keinen Titel, keinen Uniabschluss. Wir haben geantwortet: ›Wir sind die Mütter von Ituzaingó, wir wollen wissen, was uns krank macht.‹ Sie sagten uns, dass sie das alles untersuchen würden, aber nichts ist passiert, und bei uns ist die Situation immer schlimmer geworden.«

2009 stellte eine Studie fest, dass in Ituzaingó dreiunddreißig Prozent der Leute an Krebs sterben, und im Blut von achtzig Prozent der Kinder wurden Agro-Chemikalien gefunden.

»Das war kein Arsen und kein Blei, es waren die Chemikalien von Monsanto!« Sofía schaut auf den Plan und die Fotos vor sich. Über ihr blickt Che Guevara in die Ferne.

»Wir hier«, sagt Sofía, »sind die Überlebenden vom Modell Monsanto.«

2012 stellte ein Gericht in Córdoba zwei Sojaproduzenten und einen Sprühflugzeug-Piloten wegen der Erkrankungen in Ituzaingó vor Gericht. Als Zeugen traten Sofía Gatica und die anderen Mütter auf. Am Ende erhielten die Angeklagten zwar nur Bewährungsstrafen, aber es war das erste Mal, dass überhaupt jemand in Argentinien wegen der Folgen von falschem Pestizideinsatz vor Gericht verurteilt wurde.

»Klar hätten wir eigentlich die Unternehmen verklagen müssen, aber man muss bei dem kleinsten Glied der Kette anfangen. In Ituzaingó gab es Bestimmungen, die besagten, dass man im Umkreis von zweitausendfünfhundert Metern vom Dorf nicht sprühen darf, da hat sich aber niemand dran gehalten. Unser Fall ist ein Präzedenzfall. Jetzt ist klar, dass Sprühen ein Verbrechen sein kann.«

»Bist du zufrieden mit dem Urteil?«, frage ich.

»Natürlich. Aber meine Tochter gibt mir niemand zurück. Und das hier hat gerade erst angefangen. Die multinationalen Konzerne haben viel Geld und kaufen Polizisten und Politiker. Während wir im Prozess erzählten, wie wir uns den Sprühflugzeugen in den Weg gestellt und wie uns die Arbeiter mit Macheten bedroht hatten, verkündete die Präsidentin, dass in Malvinas Argentinas die Anlage von Monsanto gebaut werde. Da war mir klar, dass ich was dagegen tun muss, dass ich das nicht zulassen kann. Also sind wir nach Malvinas Argentinas gefahren, um den Leuten da zu erzählen, wer Monsanto wirklich ist.«

Mehrmals wurde Sofía bedroht, man hat versucht, sie einzuschüchtern und mundtot zu machen. 2012 erhielt Sofía für ihr Engagement den Goldman Environmental Prize, eine Art Nobelpreis für Umweltschützer. Sofía wurde weltweit bekannt, wurde interviewt und überall hin eingeladen. An ihrem Warmwasser-Boiler klebt ein Aufkleber, den sie aus Deutschland mitgebracht hat: »Bauernhöfe statt Agrarfabriken«.

*

Am Abend lese ich im Internet über den Soja-Staat Argentinien. Ich lese von dreihundert Millionen Litern Pestiziden, die jedes

Jahr über den Feldern versprüht werden. Von Dörfern, in denen die Krebsrate viermal so hoch ist wie im Rest des Landes. Von Kindern mit schweren Missbildungen, von Schwangerschaftsabgängen, über die Vertreibung von Gemeinschaften der Qom (Toba) von ihrem Land und von Tausenden Hektar Wald, die abgeholzt werden, um Soja zu pflanzen.

Die Regierung der Kirchners hat in ihrer Amtszeit die Wirtschaft und die Industrie immer über die Umwelt gestellt. Das hat zwar nicht dazu geführt, dass sich eine nationale und vernetzte Umweltbewegung gebildet hat, aber überall im Land haben sich lokale Protestgruppen gebildet. Anwohner protestieren gegen Fracking in Patagonien, gegen Abholzung im Chaco oder gegen die Vergiftung von Böden durch Soja. Vor ein paar Jahren habe ich in der Provinz La Rioja das kleine Dorf Famatina besucht. Zusammen mit ihrem Pfarrer kämpften die Bewohner dort gegen einen Minengiganten, der in den Bergen über ihren Feldern und Nussbaumplantagen Gold im Tagebau fördern wollte. Auch in Famatina blockierten die Menschen die Straße, mit Erfolg, woraufhin der Konzern versuchte, die Dorfgemeinschaft zu entzweien – mit Geschenken und Kursen, genauso wie es Monsanto in Malvinas Argentinas macht.

Die argentinische Regierung will dennoch den Bergbau ausweiten, genauso wie die Landwirtschaft. Argentinische Forscher entwickeln Soja, das man auch in extrem trockenen Gebieten anbauen kann, und ein Bürgermeister hat zweihunderttausend Hektar an einen chinesischen Staatskonzern verpachtet, damit dieser dort Soja pflanzen kann, mitten in Patagonien. Wie Tinte im Wasser breitet sich Soja immer weiter aus, färbt Argentinien ein, bis alles grün ist, ein Meer aus Soja. Denn jeder will Vollbeschäftigung, jeder will ein Herz für Produktivität, jeder will ein Stück vom Kuchen, ganz egal, ob der am Ende vergiftet ist.

Kapitel

16

Knackwürst con Chucrut

>> Das Problem sind die Frauen. Wenn die Mutter Argentinierin ist, dann lernen die Kinder kein richtiges Deutsch.«

Rudolf sieht aus, als wäre er gerade von seinem Bergbauernhof in den Bayerischen Alpen herabgestiegen: Lederhose, Wadenstutzen, Strickjacke und ein Lodenhut voller kleiner Anstecker. Dabei steht er in Villa General Belgrano, einer Kleinstadt in einem Tal der Sierras de Córdoba.

Etwa zwei Stunden braucht man von Córdoba aus mit dem Bus hierher. Die Landschaft ist eine Mischung aus Toskana und Pyrenäen, sanfte Berge, braun-gelbe Wiesen, geduckte Wälder.

Villa General Belgrano hat sechstausend Einwohner und die Häuser des Städtchens sehen aus, als habe jemand alles zusammengemischt, was irgendwie nach Deutschland, Alpen und Almdorf aussieht: Fachwerkfassaden, rote Ziegeldächer, Holzbalkone und geschnitzte Schilder. Auf dem vom Souvenirshop Klaus lacht ein kleiner Mann in Lederhosen, eine Apotheke wirbt mit einem dicken Bayern mit Dackel und Bierfass für Aspirintabletten.

Ich bin heute Mittag in Villa General Belgrano angekommen, die Straßen waren noch leer und die Geschäfte wegen der Siesta geschlossen. Jetzt ist es früher Abend, kurz nach sieben, und in der ganzen Stadt plärrt das »Heidi«-Lied aus Lautsprechern an den Straßenlaternen: »Heidi, Heidi, deine Welt sind die Be-her-ge.«

Eigentlich, sagt Rudolf, heiße er Rodolfo, doch zu Hause wurde nur Deutsch gesprochen, und so war er eben der Rudolf, egal, was in seinem argentinischen Pass stand. Noch heute spricht Rudolf fast akzentfrei Deutsch, auch wenn ihm manchmal spanische Wörter in die Sätze rutschen.

»*Bueno*, meine Eltern sind aus Sachsen hierhergekommen. Damals war hier alles voller Deutscher, man hat auf der Straße Deutsch gesprochen, beim Bäcker, überall. Jetzt ist das anders. *Porque* die Kinder lernen kein Deutsch mehr, und das liegt vor allem an den Müttern. Meine Frau zum Beispiel hat italienische Wurzeln, sie kann kein Deutsch, und zu Hause sprechen wir deshalb nur Spanisch. Meine Kinder verstehen darum fast kein Wort Deutsch. Aber immerhin geht meine Tochter noch in die Tanzgruppe.«

Hundert Meter weiter drehen sich ein paar Kinder in bayerischer Tracht auf einer Freilichtbühne im Kreis. Sie hat die Form eines riesigen Bierfasses. Über dem Dach hängen eine deutsche und eine argentinische Flagge neben einer überdimensionierten Brezel, links und rechts von der Bühne steht »Villa General Belgrano« und »Oktoberfest 51«.

Einmal im Jahr feiert Villa General Belgrano seine Version des Münchner Oktoberfests. Die Hotels sind schon Monate vorher ausgebucht, die Campingplätze voll, viele Hausbesitzer vermieten ihren Vorgarten als Zeltplatz. Touristen überschwemmen die Stadt, sie kommen aus Chile, Brasilien, den USA, vor allem aber aus Buenos Aires und dem restlichen Argentinien. Sie wollen deutsches Brauchtum, deutsches Bier und deutsche Spezialitäten, und vor allem wollen sie eins: Party.

»Klar ist das Bier hier gut, aber am liebsten trinke ich Fernet mit Coca-Cola.«

Joaquín hat glasige Augen und ein Bierkrug baumelt an einem Band. Es hängt ihm wie das Couleurband einer Studentenverbindung quer über der Brust.

»Letztes Jahr haben wir hier so viel getrunken, dass ich mich an kaum etwas erinnern kann, das war irre. Wir sind gestern angekommen und ich kann dir jetzt schon sagen: Dieses Jahr wird es noch schlimmer. Da machen wir nur Party und schlafen überhaupt nicht.«

Ich bin in München geboren und gehe auf das Münchner Oktoberfest, seit ich denken kann. Einige Jahre habe ich nur ein paar Hundert Meter entfernt von der Theresienwiese gewohnt, dem Platz in der Mitte von München, auf dem die Bierzelte und die Fahrgeschäfte stehen. Jede Nacht torkelten unter meinem Fenster Horden von Betrunkenen vorbei und während der Wiesn roch meine Wohnung nach gebrannten Mandeln, Rauch, Bier und Erbrochenem. Villa General Belgrano dagegen riecht nach Pinienwäldern, Grillkohle und Schokolade. Nur die Horden von Betrunkenen sind die gleichen.

Die meisten Besucher des Oktoberfests in Villa General Belgrano sind zwischen achtzehn und achtundzwanzig, darunter viele junge Männer, die fast alle Fußballtrikots von argentinischen Vereinen tragen: River Plate, Boca Juniors, San Lorenzo, Newells Old Boys. Wenn man Tracht als Kleiderordnung einer Volksgruppe definiert, dann ist das Trikot wohl das, was einer argentinischen Tracht am nächsten kommt.

Ich laufe durch die Hauptstraße von Villa General Belgrano, die Abendsonne hängt über der Stadt wie eine hellrote Wärmelampe und aus den Lautsprechern wummert jetzt eine Art Akkordeon-Techno. Während des Oktoberfests ist die Hauptstraße für

Autos gesperrt, die Restaurants haben ihre Tische auf die Straße gestellt, Touristengruppen sitzen auf Plastikstühlen, trinken Bier und essen gesalzene Erdnüsse oder Chips.

Vor den Läden stehen Tische mit Oktoberfest-Devotionalien: Bauhelme mit Trinkvorrichtung, in die man zwei Bierdosen stecken und dann mittels eines Schlauches aus beiden gleichzeitig trinken kann. T-Shirts mit dem Logo von Villa General Belgrano. Und immer wieder Krüge: aus Holz, Metall, Ton und Glas, mit dem Schriftzug des Oktoberfests, aber auch den Wappen der deutschen Bundesländer oder gleich dem Bundesadler vor der deutschen Fahne. Villa General Belgrano ist ein großer Fanshop für die Bundesrepublik.

*

Wenn ich in Argentinien erzähle, dass ich aus Deutschland bin, ist der erste Satz fast immer: »Oh je, habt ihr es uns bei der letzten WM gegeben.« Danach folgen meistens Fragen nach dem Wetter (»Sehr kalt, oder?«), dem Bier (»Sehr viel, oder?«) und deutschen Tugenden (»Sehr pünktlich, oder?«).

Anders als Frankreich, Italien, Spanien oder die USA ist Deutschland für die Argentinier kein Traumland, sondern ein Produktionsland: Leben möchte man dort nicht, deutsche Autos, Bier und Küchengeräte nimmt man aber gern. Für viele Argentinier ist Deutschland die Heimat von Marx und Nietzsche, aus Deutschland kommen die guten Würste und natürlich *los* Toten Hosen. Wieso ausgerechnet die deutschen Altherren-Punker in Argentinien so berühmt sind, weiß anscheinend nicht einmal die Band selbst. Vielleicht liegt es daran, dass Die Toten Hosen auch dann noch in Argentinien auftraten, als 2001 die Wirtschaft zusammenbrach. Vielleicht ist der Grund aber auch, dass Punkrock eben noch eine Spur härter klingt, wenn die Lieder auf Deutsch sind, selbst dann, wenn sie eigentlich nur von eisgekühltem Bommerlunder handeln. Tausende argentinische Fans können die Lieder der Deutsch-Punker auswendig singen, und wann immer die Band in Argentinien ist, füllt sie wie ein deutsches Präzisionslaufwerk Stadion um Stadion.

Wer nicht auf Punkrock steht, kennt zumindest noch »Telematch«. Die Fernsehsendung war in den Siebzigerjahren für das Öffentlich-rechtliche Deutsche Fernsehen als »Spiel ohne Grenzen« produziert worden. Mehrere Städte und Dörfer schickten Spieler in eine Arena, wo sie in einer Mischung aus Kindergeburtstag, Karneval und Bundesjugendspielen darum wetteiferten, wer der Beste ist. In Deutschland war die Sendung erfolgreich, doch zum Kult wurde »Telematch« erst im Ausland. Die Sendung gibt es heute mit Untertiteln in Farsi, Hindi und Spanisch, und sie lief in Venezuela genauso wie in Chile und eben Argentinien. Jahrelang gehörte sie zum festen Programm jedes Sonntagvormittags: Erst sah man sich an, wie Teams aus deutschen Städten mit unaussprechlichen Namen in Elefantenkostümen Wettrennen machten, danach setzte man sich an den Familientisch für das traditionelle *asado*.

Von Bommerlunder, »Telematch« und *los* Hosen mal abgesehen, schätzen die Argentinier an Deutschen auch noch ihre Zuverlässigkeit, Pünktlichkeit und Ordnung. Anders als bei Würstchen, Philosophen und Punkrock sind die meisten Argentinier aber nur bis zu einem gewissen Maß bereit, diese angeblich deutschen Tugenden auch selbst in ihren Alltag zu integrieren. Spätestens hier mischt sich die Bewunderung mit Befremden, die Deutschen gelten in Argentinien als steif, ein bisschen verstockt und unterkühlt.

Auch ich musste feststellen, dass man in einem Land, in dem selbst der Zahnarzt seine Patienten mit Küsschen auf die Wange begrüßt, keine Herzen mit einem kräftigen deutschen Händedruck erobert. Und anders als die meisten Argentinier kann ich zwar verstehen, was Die Toten Hosen singen, wenn aber der DJ von Punkrock zu Salsa, Cumbia oder gar Tango wechselt, bin ich verloren: Lateinamerikanische Rhythmen und meine deutschen Hüften, das geht irgendwie nicht zusammen.

Dennoch: Die deutsche und die argentinische Geschichte sind eng verbunden. Schon bei den ersten Erkundungen des Río de la Plata saßen Deutsche mit in den spanischen Segelschiffen. Später halfen Deutsche dabei, das argentinische Militär schlagkräftig für den Kampf um die Unabhängigkeit zu machen, genauso wie sie es auch dann noch unterstützten, als die Militärdiktatur unbequeme Regimegegner ermorden ließ. Deutsche haben den Obelisken auf der Avenida 9 de Julio in Buenos Aires gebaut, das Wahrzeichen der Stadt, genauso wie sie naturwissenschaftliche Fakultäten mitgegründet haben. Das *bandoneón,* das typisch argentinische Akkordeon, das der Grundstein jedes Tango-Orchesters ist, ist eigentlich eine Erfindung des Krefelder Musiklehrers Heinrich Band, der sein Instrument – ganz uneitel – einfach nach sich selbst benannte: Bandonion.

Für Deutsche genauso wie für Italiener, Spanier oder Franzosen war Argentinien lange ein Sehnsuchts-, vor allem aber auch ein Zufluchtsort: Freiheitskämpfer, Revolutionäre, Sozialdemokraten, verfolgte Juden und flüchtige Nazis fanden hier Sicherheit und Unterschlupf. Die großen Einwanderungswellen Ende des 19. und Anfang des 20. Jahrhunderts spülten Tausende Deutsche an die Mündung des Río de la Plata. Anfang des 20. Jahrhunderts gab es in Argentinien mehrere deutsche Zeitungen, deutsche Clubs und deutsche Schulen. In Belgrano, einem Stadtteil von Buenos Aires, lebten sogar so viele Deutschstämmige, dass sich das Belgranodeutsch entwickelte, eine Mischung aus Deutsch und Spanisch.

Heute versteht man in Argentinien immerhin noch das deutsche Wort Oma und im Supermarkt gibt es Leberwurst. Viele Argentinier haben deutsche Vorfahren, und ganz egal, ob ich beim Bäcker bin, im Taxi sitze oder auf einer Party in der Küche stehe: Irgendwie kommt das Gespräch immer auf die deutschen Urgroß-

eltern, den deutschstämmigen Cousin oder zumindest die ange-
heiratete Tante mit deutschen Wurzeln, die dann meistens blond,
blauäugig und immer pünktlich ist, aber leider auch ein bisschen
unterkühlt. Ganz am Schluss wird mir dann fast immer erklärt,
dass es ja ohnehin einen ganzen Haufen Deutscher in Argentinien
gebe. Vor allem in diesem einen Ort in Nordargentinien: Villa General Belgrano.

*

»Die Leute kommen ja nicht hierher, weil wir eine Stadt in Argentinien sind. Die sind hier, weil sie ein Stückchen Deutschland wollen«, erklärt mir der Verkäufer im Spreewald. Der kleine Laden ist
vollgestopft mit Keramiktellern, quietschbunten Filzhüten mit
Kunststofffedern sowie mit Schürzen, bedruckt mit kleinen tan-
zenden Paaren in Tracht. Ob die Leute hier denn Deutschland
wirklich toll finden, will ich wissen.

»Ach, weißt du, wir sind eben anders. Das reicht den meisten
schon. Wenn wir hier ein Weinfest machen würden, dann gäbe es
vielleicht die italienische oder französische Fahne. Und wenn wir
hier Tequila verkaufen würden, dann eben die mexikanische Flagge. Das hier ist das Oktoberfest, mit Bier, da gehört Deutschland
eben dazu.«

Dass Villa General Belgrano so deutsch ist, hat die Stadt auch
der Besatzung eines deutschen Panzerschiffs zu verdanken: der
Admiral Graf Spee. Sie lieferte sich im Dezember 1939 im Río de
la Plata mit drei alliierten Kreuzern eine der ersten Seeschlachten
des Zweiten Weltkrieges. Die Admiral Graf Spee wurde dabei so
sehr beschädigt, dass Kapitän Hans Langsdorff das Schiff wenige
Tage später in den Fluss manövrierte und drei Meilen vor der uru-
guayischen Hauptstadt Montevideo in die Luft sprengte. Die
Mannschaft flüchtete in das damals neutrale Argentinien, Langsdorff jagte sich eine Kugel in den Kopf, der Rest der Besatzung ließ
sich zu einem großen Teil in Villa General Belgrano nieder. Heute

gibt es in Souvenirläden Teller, auf denen die Admiral Graf Spee stolz durch die Wogen stampft.

*

»Eigentlich stamme ich aus Buenos Aires«, sagt Alicia, »hier in Villa General Belgrano bin ich wegen der Touristen. Die kommen das ganze Jahr über wegen der Landschaft, ich kann das verstehen, hier ist es ja wirklich wunderschön. Und klar, dann sind da natürlich noch die Feste.«

Alicia hat rot lackierte Fingernägel und blondierte Haare, auf ihren Lippen bildet der Lippenstift kleine Bröckchen. Es ist kurz nach neun Uhr abends, die Stimmung steigt. Alicias Laden ist einer der wenigen auf der Hauptstraße von Villa General Belgrano, der keine Bierkrüge, T-Shirts und Trinkhelme verkauft, sondern folkloristische Souvenirs: Gaucho-Messer, Gaucho-Hosen, Gaucho-Schuhe. Ein bisschen Argentinien mitten in Deutschland.

»Klar, als ich hierhergekommen bin, war es ganz schön schwer. Die Leute sind ein bisschen verschlossen, vor allem die älteren und die deutschen Familien. Die bilden so eine verschworene Gemeinschaft im Dorf, da ist es schwer reinzukommen. Aber wirklich deutsch ist hier keiner mehr. Ich glaube, der Letzte von der Graf Spee ist vor einem Jahr gestorben, und Deutsch spricht fast niemand mehr, erst recht nicht die Jungen.«

Als die Männer der Admiral Graf Spee in Villa General Belgrano eintrafen, lebten hier schon einige deutsche Familien. Mit der Zeit entwickelte sich Villa General Belgrano zu einem Touristenziel, die meisten Besucher kamen aus der deutschen Gemeinde in Buenos Aires. Sie waren begeistert von der Landschaft rund um die Stadt, aber auch vom deutschen Essen und der heimelig-heimatlichen Atmosphäre.

In den folgenden Jahrzehnten bauten die deutschen Einwanderer Villa General Belgrano weiter aus. Sie errichteten Häuser, wie sie sie aus der alten Heimat kannten. Und sie veranstalteten ein Fest, das auch in der alten Heimat längst zu einem riesigen Geschäft geworden war: das Oktoberfest.

»Um ehrlich zu sein: Das Oktoberfest finde ich ziemlich anstrengend. Ständig diese Musik über die Lautsprecher und überall Betrunkene. Und dann verkaufe ich ja auch noch Mate-Becher und keine Bierkrüge, das heißt, ich mache noch nicht einmal ein gutes Geschäft, verstehst du? Im Frühjahr gibt es hier das Schokoladenfest und im Herbst das Fest der Wiener Torten. Das mag ich am liebsten. Da kotzt mir niemand vor den Laden.«

*

Das Kulturzentrum von Villa General Belgrano ist ein modernes Gebäude aus Holz und Glas. Es liegt ein paar Straßen abseits der Hauptstraße, doch die Musik aus den Lautsprechern kann man immer noch hören. Seit zwanzig Minuten läuft Polka. Eins, zwei, drei. Eins, zwei, drei.

In einer Vitrine neben dem Eingang liegen einige archäologische Fundstücke, Knochen und Pfeilspitzen von indigenen Völkern, die hier lebten, bevor die Spanier kamen, vor den Deutschen und vor den Touristen.

Der Hauptsaal des Kulturzentrums hat den Charme einer deutschen Mehrzweckhalle, mit Neonlicht und grauen Fliesenböden. Auf Fotos an den Wänden sieht man die Bierköniginnen aus fünf Jahrzehnten: Mariel Ruiz. Natalia Mejia Saldaña. Carolina Sguazzini. Lächelnde Mädchen, mit Zepter in der Hand, Krone auf dem Kopf und strahlend weißen Zähnen. Was hatte Rudolf zu mir gesagt? Das Problem sind die Frauen. Ich glaube, es gibt Schlimmeres auf der Welt.

Unter den Fotos hängen historische Plakate, die für das Oktoberfest werben und für die Aufrechterhaltung der Traditionen in Villa General Belgrano. »Wenn wir ein besonderer Ort bleiben wollen, müssen wir unsere Bräuche erhalten, die Musik lieben und den Touristen das Beste von uns geben.« Das Plakat zeigt eine Zeichnung: einen lächelnden Mann in Tracht, mit Akkordeon in der Hand und Bierfässern vor sich. Von draußen dringt die Polka bis in die Mehrzweckhalle. Eins, zwei, drei. Eins, zwei, drei.

*

Vor dem Patio Cervezero, dem Bierhof, steht eine Werbung für Resaquit, eine Anti-Kater-Tablette. Der Werbespruch:»Damit es dir am nächsten Tag gut geht.«

Der Patio Cervezero ist so etwas wie das Epizentrum des Oktoberfests von Villa General Belgrano: ein eingezäuntes Gelände von der Größe eines Supermarktparkplatzes. Ein paar alte Bäume breiten ihre Äste wie ein Zeltdach aus, der Boden ist bestreut mit Holzschnitzen.

Hundert Peso Eintritt muss ich zahlen, dafür gibt es auf der Bierfass-Bühne ab dem frühen Nachmittag durchgehendes Programm. Heute haben schon Die Biermusikanten aus Villa General Belgrano gespielt, jetzt steht gerade die Gruppe Tirol auf der Bühne: zwei Dutzend Jugendliche in voller Tracht, die zu Volksmusik und Jodlern aus den Lautsprecherboxen Schuhplattler tanzen. Einige Zuschauer auf Plastikstühlen vor der Bühne schauen belustigt und befremdet, so als würden die Bewohner einer exotischen Insel einen ihrer seltsamen Tänze vorführen.

Die Hauptattraktion des Patio Cervezero sind aber ohnehin die zwei Dutzend Bierstände, die um den Hof stehen, als wollten sie ihn umzingeln. Kleine Hütten aus Holz, die aussehen wie von einem Weihnachtsmarkt, nur verkaufen sie keinen Glühwein und keine Strohsterne, sondern Bier in allen Varianten, hell und dunkel, bitter und mild.

Elf Biermarken stammen direkt aus Villa General Belgrano, darunter Gut Bier, Brunnen Bier und Viejo Munich (Alt München). Der Liter kostet hundert Peso, das ist fast so viel wie auf dem Oktoberfest in München, nur muss man in Villa General Belgrano seinen eigenen Krug mitbringen.

»Entweder du kaufst dir draußen einen bei den Souvenirläden oder du kaufst einen bei mir, der kostet aber noch mal neunzig Peso extra«, erklärt mir die Bedienung am Stand einer Biermarke aus Patagonien. »Heute ist noch nicht wirklich viel los, gestern war hier Rocknacht, da war es so voll, dass man sich kaum bewegen konnte. Wahrscheinlich sind die Leute noch ein bisschen müde.«

»Das heißt, gestern war das Geschäft gut?«

»Sagen wir so: Ich glaube, heute haben viele einen schlimmen Kater.«

Auf der Bühne kündigt die Moderatorin jetzt den »Lustigen Tanz« an. Ein Akkordeon-Stück holpert aus den Boxen, die Gruppe Tirol wirbelt im Kreis und klatscht in die Hände.

Von irgendwoher zieht der süßliche Duft von Marihuana über den Bierhof, und eine Gruppe junger Männer mit Bierdosen-Bauhelmen macht grölend ein Foto von sich selbst.

»Wir kommen jedes Jahr hierher«, erklärt mir einer von ihnen. Dabei schwankt er sanft nach vorne und nach hinten, wie das Pendel einer Uhr. »Ein Kumpel von uns hat hier Verwandte, bei denen können wir im Garten zelten. Für mich ist das hier die Party des Jahres, alle feiern und tanzen, das Bier ist super und man kann ganz einfach Mädchen kennenlernen.« Ich muss kurz an Rudolf und an sein Problem mit den Frauen denken.

Neben den Bierständen gibt es kleine Buden, die Essen verkaufen: Ein Stand bietet »Typisches deutsches Essen von der *parilla*« an, ein anderer »Knackwürst con Chucrut«, die argentinische Variante des Sauerkrauts. Es gibt »Gulasch con Spatzel« oder einen »Pancho Berner«, ein Hotdog mit einem Berner Würstchen. Wer Lust auf Nachtisch hat, der kann noch einen »Stroisel-Kuchen« essen.

Ich kaufe mir ein Bier und setze mich auf einen der Plastikstühle vor der Bierfass-Bühne. Die Gruppe Tirol holt sich gerade einen etwas verhaltenen Applaus ab, kurz danach steht ein argentinisches Folkloreduo mit Gitarren auf der Bühne.

»Schön, dass wir hier sein dürfen, bei diesem Fest der Kulturen«, sagen die beiden Männer zur Begrüßung. Dann singen sie ein Lied über die Schönheit der argentinischen Frauen: »Deine Wangen, deine Kurven ...«

*

Am nächsten Morgen stehe ich in einer kleinen Bäckerei und kaufe mir Brezeln. Ich vermisse nicht viel aus Deutschland in Argentinien, aber deutsches Brot und deutsche Backwaren fehlen mir definitiv.

»Weißt du, meine Eltern und Großeltern sind aus Italien, aus Polen und aus Frankreich, und ein bisschen Schweiz ist, glaube ich, auch noch dabei.«

Die Verkäuferin der Bäckerei hat eine weiße Schürze an und eine kleine Papierhaube auf dem Kopf. Seit dreißig Jahren lebe sie in Villa General Belgrano, erzählt sie mir, und dass sie nicht mehr wegwolle.

»Hier ist alles ein bisschen ordentlicher als im Rest von Argentinien. Und die Leute sind nicht so aufgeregt und laut. Weißt du, ich hab die Deutschen mit der Zeit richtig liebgewonnen. Ich hab sogar eine Zeit lang deutsches Fernsehen gesehen. Deutsche Welle, glaube ich. Aber das wurde mir dann irgendwann zu langweilig.«

»Warum das?«, frage ich.

»Ach, in den Nachrichten und den Reportagen ist immer nichts passiert. Ich glaube, ihr habt in Deutschland einfach keine Probleme.«

Sie drückt mir eine Papiertüte mit kleinen Brezeln aus Blätterteig in die Hand. Statt mit Salz sind sie mit Kümmel bestreut.

»Aber früher hab ich immer so eine deutsche Sendung im Fernsehen angeschaut. Die war toll. Ich glaube, sie hieß ›Telematch‹ oder so.«

Kapitel

17

Geister der Vergangenheit

» Unter den Militärs wären die alle im Knast gelandet«, sagt Rubén und gibt Gas. Rubén hat ein paar Kilo zu viel auf den Rippen und einen alten Fiat Panda, den er als Taxi umgebaut hat. Rubén rast über eine holprige Zubringerstraße, die vom Flughafen ins Zentrum von San Miguel de Tucumán führt, der Hauptstadt der Provinz Tucumán. Sie liegt im Nordwesten des Landes, knapp sechshundert Kilometer nördlich von Córdoba, doch eine direkte Flugverbindung zwischen den beiden Städten gibt es nicht. Argentinien ist ein zentralisiertes Land, wer im Landesinneren von A nach B will, muss meistens einen Umweg über Buenos Aires machen. Heute Morgen bin ich darum am Inlandsflughafen der argentinischen Hauptstadt in ein Flugzeug gestiegen. Wir sind über den braunbeigen Río de la Plata geflogen und dann immer weiter nach Nordwesten, über quadratische Felder und trockene Wiesen, bis am Horizont die Berge hinter San Miguel de Tucumán auftauchten. Es sind die ersten Ausläufer der Anden, steile Hänge mit tiefgrünen Wäldern.

»Taxi?«, fragte mich Rubén, als ich aus dem Terminal in die Vormittagssonne trat, und ohne eine Antwort abzuwarten, wuchtete er meinen Rucksack auf den Rücksitz.

Am Rückspiegel seines Fiats hängt ein Wunderbaum in den Farben der US-Flagge, aber duften, sagt Rubén, würde der schon lange nicht mehr. »Stattdessen hab ich das hier.« Rubén zeigt auf eine kleine Dose, die neben einem Staubtuch auf dem Armaturenbrett steht. »Riecht nach Pfirsich.« Ich frage mich, nach was Amerika wohl gerochen hat. Schlimmer als Pfirsich kann es nicht gewesen sein.

Rubén fährt seit zwölf Jahren Taxi. »Von Sonnenaufgang bis Sonnenuntergang. Sobald es dunkel wird, bin ich wieder daheim. Einmal habe ich das nicht gemacht, und schon wollten sie mich ausrauben. Weißt du, wenn es dunkel wird, dann kriechen diese ganzen komischen Gestalten aus ihren Löchern. Denen sieht man schon an, dass die kriminell sind.« »Und wie erkennst du das?« »Am Gesicht. An den Klamotten. Das sieht man einfach. Und erzähl mir nicht, die Polizei wüsste nicht auch, wer krumme Dinger macht. Aber die schauen alle weg. Die Bullen stecken mit den *choros* unter einer Decke. Früher wäre das nicht passiert. Unter den Militärs wären die alle im Knast gelandet.«

Mit den »Militärs« meint Rubén die Junta aus Heer, Streitkräften und Marine, die 1976 die peronistische Regierung aus dem Amt putschte. Ob danach mehr Diebe im Knast landeten, weiß ich nicht, sicher kann ich aber sagen, dass die Generäle dreißig Jahre später selbst vor Gericht standen, nicht wegen Diebstahls, sondern wegen Menschenrechtsverbrechen, weil sie Zehntausende Argentinier entführt hatten, Hunderte Kinder von Regimegegnern raubten und Menschen sinnlos foltern ließen, nur um sie anschließend betäubt ins Meer zu werfen.

Bevor ich Rubén fragen kann, was denn er während der letzten Diktatur gemacht hat, kommen wir bei meinem Hostel an: Eine schöne alte Villa im Stadtzentrum, mit hohen Fenstern, Stuck an den Decken und *parilla* im Hinterhof.

»Willkommen in San Miguel de Tucumán!« Hinter der Rezeption steht ein Endzwanziger mit mehr Haaren im Gesicht als auf dem Kopf. Es riecht nach Räucherstäbchen, Reggae dudelt gedämpft und an der Wand hängt ein Bild von Che Guevara. Der Mann hinter der Rezeption drückt mir einen Packen Flyer und Broschüren in die Hand: Fallschirmspringen, Pferdeausritte, Mountainbiking. »Die meisten, die hierherkommen, wollen Abenteuertourismus machen. Wir können das alles hier für dich organisieren, sag einfach Bescheid.« »Und was ist mit der Stadt?«, frage ich, »was kann man da anschauen?« »Ach, nicht viel. Für die brauchst du höchstens einen halben Tag.«

*

Die Provinz Tucumán ist die kleinste Provinz Argentiniens, gleichzeitig aber die am dichtesten besiedelte.

Ihre Hauptstadt, San Miguel de Tucumán, ist die sechstgrößte Stadt Argentiniens und gleichzeitig so etwas wie die Wiege der argentinischen Nation. 1816 fand hier der Kongress von Tucumán statt, ein Treffen von zwei Dutzend Militärs, Anwälten und Geistlichen, die sich gemeinsam und stellvertretend für das ganze Land lossagten von der »spanischen Schreckensherrschaft«.

San Miguel de Tucumán war damals ein kleines Provinzstädtchen, kaum mehr als ein paar Häuser auf einem schachbrettartigen Stadtplan. Das Muster ist geblieben, die kleinen Häuser aber sind verschwunden. Heute besteht San Miguel hauptsächlich aus Wohnblocks, die nach sozialen Brennpunkten aussehen, und Betonbunkern mit abbröckelnden Fassaden. Pferdekarren voller Abfälle klappern durch die Straßen und Mofas knattern durch das Zentrum wie wütende Rieseninsekten. Am Straßenrand verbrennt ein alter

Mann Müll in einem kleinen Feuer. Dicke Rauchschwaden steigen auf. Sie sind so schwarz, dass ich unwillkürlich die Luft anhalte.

Es ist Vormittag und die Sonne brennt schon jetzt vom Himmel. Ich laufe durch das Zentrum von San Miguel de Tucumán, eine Mischung aus Shoppingmall und heruntergekommenem Büroviertel. Es gibt schönere Städte in Argentinien.

Auf dem Hauptplatz sitzen Obdachlose im Schatten alter Bäume, zwei Blocks weiter steht das, was in argentinischen Geschichtsbüchern als Grundstein der Nation verkauft wird: die Casa de Tucumán, das Haus von Tucumán, allgemein auch bekannt als Casita de Tucumán, als Häuschen von Tucumán. Argentinischer Nationalstolz ist groß und die Casita eben nur ein einstöckiges Kolonialgebäude mit Ziegeldach. Gleich mehrmals wurde sie daher umgebaut, zu einer Art Palast und Prunkbau und dann wieder zurück zur alten Form, mit Innenhof und großen blauen Holztoren. Im Original erhalten blieb bei dem Hin und Her nur der Saal, in dem auf dem Kongress die Unabhängigkeitserklärung unterzeichnet wurde. Er liegt am Ende eines Rundgangs durch die Casita. Dunkle Gänge, gefüllt mit fünfhundert Jahren argentinischer Geschichte, vorbei an Silbergeschirr und Gemälden aus der Kolonialzeit bis zu einem Raum, der wie das Innere einer Kirche aussieht. Statt eines Altars steht im Halbdunkel ein Tisch, auf dem einst die Unabhängigkeitserklärung verfasst wurde, und statt Heiliger blicken die Teilnehmer des Kongresses von Tucumán in Öl von der Wand, strenge Gesichter, mit breiten Koteletten und verkniffenen Mündern.

San Miguel lebt heute vom patriotischen Tourismus, von Schulklassen und von Argentiniern, die sehen müssen oder wollen, wo ihre Nation einst gegründet wurde. Gleich neben der Casa de Tucumán gibt es einen kleinen Markt mit Folkloreartikeln. Holzbuden verkaufen Gaucho-Schuhe, Mate-Becher und Ponchos, und in den Restaurants im Zentrum gibt es Gerichte, die so auch 1816 auf dem Büfett des Kongresses hätten stehen können: *locro,* ein Eintopf aus Mais, Gemüse und Fleisch; *humitas,* ein Brei aus Mais und Käse, der in Maisblättern gegart wird; und *empanadas,* die gefüllten Teigtaschen, die neben *asado* das zweite Nationalgericht Argentiniens sind. Es gibt sie in unterschiedlichsten Formen, mit Fleisch gefüllt, mit Käse und Zwiebeln, Mozzarella oder Hühnchen, es gibt sie im ganzen Land, jedes Restaurant hat *empanadas,* und in jeder Stadt gibt es extra *empanada*-Lieferdienste. Tucumán aber sagt, es habe die besten Teigtaschen ganz Argentiniens, darum setze ich mich in ein Restaurant und bestelle *empanadas tucumanas,* gefüllt mit kleingeschnittenem Fleisch und Zwiebeln.

Die Sonne scheint und Gitarrenfolklore tönt aus Boxen auf der Terrasse. Schräg gegenüber von mir sitzt eine Familie mit einer etwa zehn Jahre alten Tochter. Sie füttert Spatzen mit Brotkrümeln. Die *empanadas* sind tatsächlich die besten, die ich zumindest seit Langem gegessen habe, und irgendwie kann ich den Patriotismus der Argentinier verstehen, die Liebe zu ihrem wunderschönen Land, zu ihrer Kultur und der Küche.

Während ich esse, geht ein kleines Mädchen von Tisch zu Tisch und bettelt um Geld. Es trägt eine Jogginghose und kaputte Sandalen und ich schätze, es ist etwa genauso alt wie das Mädchen am Nachbartisch. Als es bei der Familie ankommt, jagt der Vater es mit einer Handbewegung fort, als wäre es ein lästiger Vogel. Die Tochter füttert weiter Spatzen mit Brot.

Argentinien, denke ich, ist immer noch nicht ein Land, sondern viele Länder.

*

Alberto hat mehr Zeit als ich. Nicht weil er weniger zu tun hätte, sondern weil er sich die Zeit einfach nimmt. Darum kommt er eine halbe Stunde zu spät, trinkt dann aber drei Stunden mit mir Kaffee.

Alberto ist fünfundsechzig Jahre alt, vierzig davon hat er bei La Gaceta gearbeitet, einer Lokalzeitung in San Miguel. Er hat über alles geschrieben, über Golf genauso wie über Politik, immer wieder aber auch über Santa Ana, ein Dorf etwa neunzig Kilometer südlich der Provinzhauptstadt. Es liegt inmitten von grellgrünen Zuckerrohrfeldern, und bis heute leidet es unter den Geistern der Vergangenheit. Oder besser gesagt: einem Geist.

»*El familiar,* so haben sie den Geist genannt.« Alberto isst einen kleinen trockenen Keks, der neben seinem Kaffee auf der Untertasse lag. »*El familiar* war ein riesiger Hund mit stahlblauen Augen, er soll eine große Kette hinter sich hergeschleift haben, und bei Vollmond hat er Seelen für den Teufel geholt.«

Alberto sieht aus wie ein trauriger Welpe. Er hat buschige schwarze Augenbrauen und seine Ohren hängen leicht nach unten. Sein Bauch ist groß und rund und manchmal lässt das Übergewicht Alberto nur schwer atmen.

Wir sitzen in einem Café in einer Einkaufspassage. An der Decke flimmern Neonröhren, die Stühle sind aus Plastik und der Kaffee schmeckt nach Chlor. Aber das Café ist nur zwei Minuten von der Redaktion von La Gaceta entfernt, alle zwei Minuten kommt jemand herein und begrüßt Alberto. Schulterklopfen, Händeschütteln, na, wie geht's?

Ich habe Alberto geschrieben, weil ich mehr wissen wollte über Santa Ana, *el familiar* und Clodomiro Hileret, einen Franzosen mit dickem Bart und kleiner runder Brille, der einst mitten in den Urwald von Tucumán ein Imperium baute, eine industrielle Wunderwelt und ein Märchenland, inklusive bösem Geist. Immer wieder war ich bei der Recherche auf Alberto gestoßen. Erst hatte er mir lange nicht geantwortet, gestern hatte er mir dann geschrieben und gefragt, wieso ich nicht einfach in der Redaktion vorbeigekommen sei. Jetzt sitzen wir auf billigen Holzstühlen, im Fernseher über der Bar läuft Fußball, Alberto grüßt und kaut, dazwischen erzählt er mir, wie alles begann mit Santa Ana, *el familiar* und Hileret.

»Clodomiro Hileret kam als junger Mann Ende des 19. Jahrhunderts aus Frankreich nach Argentinien. Es ist nicht ganz klar, ob er adlig war oder nicht, hier jedenfalls öffnete man ihm alle Türen, schließlich war er ja aus Frankreich, und die Oberschicht hier fand Frankreich damals einfach toll. Hileret wurde jedenfalls damit beauftragt, den Bau der Bahnlinie von Córdoba nach San Miguel de Tucumán zu überwachen, und dabei hat er wohl gemerkt, wie gut der Boden hier in der Umgebung ist.«

Man weiß nicht genau, woher das Geld für Hilerets erste Zuckerfabrik kam. Manche sagen, er habe schon damals einen Pakt mit dem Teufel geschlossen, erklärt mir Alberto, andere, dass er einen Schatz gefunden habe. In Lules, knapp zwanzig Kilometer von San Miguel entfernt, kaufte Hileret ein paar Jahre nach seiner Ankunft in Argentinien Land. Er baute eine Zuckerfabrik, verkaufte sie aber kurz darauf wieder, nur um dann noch weiter im Süden so viel Land zu erwerben, wie er nur kriegen konnte. Anfangs stand auf der schwarzen Erde Urwald, bald aber wuchsen hier bis zum Horizont Zuckerrohrfelder.

»Morgen willst du nach Santa Ana fahren?«, fragt Alberto. »Da komme ich mit. Ich hab eh nur noch einen Monat bis zur Rente, vermissen werden die mich hier nicht und rausschmeißen können sie mich auch nicht.« Wie gesagt: Alberto hat Zeit, weil er sie sich nimmt.

*

Alberto hat mir penibel beschrieben, wie ich ihn finde: einmal quer durch ganz San Miguel, bis die Straße ansteigt und man im Hintergrund schon die Berge sehen kann. Wie eine Wand ragen sie jetzt hinter der Stadt auf, mit Wäldern, dicht und blaugrün, die schimmern wie das Fell eines Raubtiers.

Ich fahre immer weiter bergauf, durch kleine Vororte, vorbei an Einkaufszentren und Einfamilienhäusern. Hier gibt es keine Pferdekarren, dafür große Geländewagen und Restaurants mit Tischdecken so weiß wie die Wolken am Himmel über San Miguel de Tucumán.

Es ist Punkt zehn Uhr und Alberto steht schon an der Straßenecke, an der wir uns verabredet haben. Aber jetzt, sagt er, müsse er
erst noch kurz die Hunde ausführen. Ich setze mich in ein Café
und warte. Zwanzig Minuten. Eine halbe Stunde. Der Rest des
Milchschaums in meiner Tasse ist schon zu einer harten Kruste
geworden, als Alberto endlich wieder auftaucht. »Einen Kaffee,
bitte«, sagt er zur Bedienung, als ich gerade zahlen will.

Als wir losfahren, ist es halb zwölf, die Sonne hängt wie eine
große Glühbirne über unseren Köpfen. Rechts neben der Landstraße stehen kleine Häuser mit Blechdächern und Gemüsebee-
ten im Vorgarten, alles, was man zum Leben braucht, aber auch
kein bisschen mehr. Hinter den rostigen Dächern kann ich die
Berge sehen, reglos und erhaben.

Wir fahren vorbei an Orangen- und Zitronenplantagen, an
schwarzer Erde und immer wieder an Zuckerrohrfeldern, ein
grünes Dickicht aus Stängeln und länglichen Blättern, wie gigantische Grashalme sehen sie aus und die Felder wie der Rasen im Vorgarten eines Riesen, als würde hier, direkt neben der Straße, eine
Welt anfangen, in der Menschen so groß wie Mäuse sind.

»Zucker gibt es in Tucumán schon, seit die Spanier nach Argentinien gekommen sind«, sagt Alberto. Er sitzt auf dem Beifahrer-
sitz meines Mietwagens und hat die Hände über seinem Bauch gefaltet. »Anfang des 18. Jahrhunderts gab es hier viele kleine
Plantagen und Fabriken, in denen der Zuckersaft in Mühlen per
Hand aus dem Rohr gepresst wurde. Als dann die Eisenbahnstrecke bis hierher gebaut worden war, konnte man über die Schienen
auch schwere Dampfmaschinen heranschaffen. Und da hat die
Produktion im großen Maßstab begonnen.«

Bald waren die kleinen Fabriken und die handbetriebenen
Mühlen verschwunden, sagt Alberto, stattdessen rauchten zwischen den Zuckerrohrfeldern Schornsteine, gebaut aus roten Ziegeln und höher als jeder Kirchturm, wie qualmende Zigarren, die
ein Riese in seinen Rasen gesteckt hat.

Die Zuckerproduktion mit der Dampfmaschine war eine der ersten industriellen Revolutionen in Argentinien. Ein Boom setzte ein und bald war halb Tucumán auf Zucker. »Genau in dieser Zeit kam Hileret hierher. Hileret war ein Visionär, ein Genie, er erkannte, dass man noch viel mehr produzieren konnte, mit noch größeren Feldern und noch größeren Fabriken. Also hat er sich dreißigtausend Hektar Land rund um Santa Ana gekauft und ein Dutzend Dörfer in die Felder gebaut, ohne Namen, nur mit Nummern. Dort haben die Arbeiter gewohnt, die das Zuckerrohr am Ende geerntet haben.«

Es gibt im Spanischen ein eigenes Wort für die Zuckerrohrernte, *la zafra*. Mit Macheten gingen die Männer bei der *zafra* in die Felder, sie schlugen sich durch eine Wand aus Zuckerrohr, die doppelt so hoch war wie sie. Es glich mehr einer Schlacht als einer Ernte, Mann gegen Natur, und am Ende wurde das Rohr zu großen Bündeln zusammengeschnürt und zur Presse gebracht. Hileret hatte hierfür extra Schienen verlegen lassen, fünfzig Kilometer Gleise, wie ein eisernes Spinnennetz zogen sie sich durch die Felder, und in ihrer Mitte saß die Fabrik von Santa Ana, ein Monster aus Stahl und Glas, rauchend und stampfend und immer hungrig. Pro Minute verschlang es eine Wagenladung Zuckerrohr, achtzigtausend Kilo pro Stunde, knapp zwei Millionen Kilo pro Tag, ohne Pause, fressen, fressen, fressen, vier Monate lang, nur um am Ende ein süßes weißes Pulver auszuspucken, tonnenweise, Berge aus Zucker.

»In den Hochzeiten von Santa Ana haben zweitausend Arbeiter in der Fabrik und auf den Feldern gearbeitet. Die Bedingungen waren mies, es gab gerade genug Essen, um nicht zu sterben.«

Nach einer Stunde auf der Landstraße biegen wir von der Hauptstraße ab, direkt auf die Berge zu, Richtung schlafendes Monster. Schlaglöcher, kleine Häuser und Pferdekarren, dann ein Ortsschild: Villa Hileret. Wir fahren über eine breite Hauptstraße, vorbei an einem Fahnenmast, an dem eine schlaffe, ausgebleichte Flagge hängt, erschöpft von Sonne und Hitze. Links und rechts neben der Straße liegen alte Häuser mit hohen Fenstern und noch höheren Türen. Auf manchen steht noch »Farmacia« oder »Confitería«, Apotheke oder Konditorei, in verschnörkelter Schrift, Schatzkisten aus Ziegelsteinen, von denen man nur den Staub blasen muss, damit sie wieder strahlen wie einst.

»Das hier war der Eingang zum Reich von Hileret«, sagt Alberto, die Hände immer noch über dem Bauch gefaltet. »Bis hierher durften früher die Händler kommen, Santa Ana und die Dörfer außen herum durften sie nicht betreten. Hileret wollte alles kontrollieren, auch den Handel, darum hat er seine Arbeiter mit Gutscheinen bezahlt, die man nur in seinen Läden eintauschen konnte, das war ein perfekter Kreislauf.«

»Perfekt für Hileret«, sage ich.

»Natürlich perfekt für ihn, schlecht für die Arbeiter, weil Hileret die Preise bestimmt hat und weil es in den Läden zwar alles gab, vor allem aber immer reichlich Alkohol. Die Arbeiter haben sich betrunken, sie haben sich verschuldet, und mit jedem Peso gehörten sie Hileret ein bisschen mehr. Irgendwann waren sie gefangen in Hilerets Reich. Die einzige Chance war zu fliehen, aber wer dabei erwischt wurde, wurde von den Aufsehern umgebracht, als Exempel. Aber Hileret hatte Angst. Er hatte nur ein paar Dutzend Vorarbeiter, die zweitausend Arbeiter mit Macheten unter Kontrolle halten mussten. Also hat er die Legende von *el familiar* erfunden.«

Im Rückspiegel verschwinden die kleinen Häuser von Villa Hileret. Links und rechts neben der Straße liegen jetzt Zuckerrohrfelder. Es ist, als führen wir durch einen grünen Ozean, der sich in der Mitte für uns geteilt hat, sich jedoch jederzeit wieder hinter uns schließen kann, uns verschlucken kann, begraben in einem Meer aus Zuckerrohr.

»Hileret hat sich die Geschichte von *el familiar* ausgedacht«, sagt Alberto. »Weil er so reich war und so viel Erfolg hatte, glaubten die Arbeiter ohnehin schon, dass er einen Pakt mit dem Teufel geschlossen hätte. Das hat Hileret ausgenutzt. Er hat sich einen Hund gekauft, manche sagen, einen Dobermann, jedenfalls ein großes, angsteinflößendes Tier. Ihn hat er durch die Straßen von Santa Ana führen lassen und danach verbreitet, dass der Hund sich Arbeiter holen und mit runter in die Tunnel nehmen würde, um dort ihre Seele dem Teufel zu geben. Natürlich ist *el familiar* vor allem in Vollmondnächten auf Jagd gegangen, dann, wenn die Arbeiter hätten fliehen können, weil es hell genug war. Und er holte natürlich auch nicht einfach nur irgendwelche Arbeiter, er holte die, die besonders rebellisch waren.«

Neben der Straße steht ein Junge. Dünn, schmales Gesicht, kurze Haare, vielleicht vierzehn oder fünfzehn Jahre alt. In der Hand hält er eine rostige Machete. Reglos blickt er uns nach, dann verschwindet er in einem Zuckerrohrfeld.

*

Als wir Santa Ana erreichen, sind die Straßen staubig und ausgestorben. Es ist mittags kurz nach zwei, die Stadt liegt in einem tiefen Schlaf, im Schatten dösen Hunde, kein Mensch ist auf der Straße, als habe ein Zauberer Santa Ana verhext, und kein Prinz ist in Sicht, um das Städtchen wachzuküssen.

Knapp achttausend Einwohner hat Santa Ana. Kleine Häuser stehen verstreut neben der Straße, dazwischen Bäume und Wiesen mit Müll und Schrott.

Wir stellen das Auto ab, schnaufend läuft Alberto durch die Mittagshitze und telefoniert.

»Ein alter Bekannter«, sagt Alberto.

Nach zehn Minuten kommt Carlos auf uns zu, dunkle Haare, Dreitagebart, kariertes Hemd und Zigarette. Kaum ist sie aus, holt er eine neue aus der Schachtel. Irgendwie scheint sie nie zu Ende zu gehen.

Carlos ist in Villa Hileret geboren, sein Vater hat in der Zuckerfabrik gearbeitet. »Ich helfe jetzt, das zu verwalten, was davon übrig ist.« Verwalten, sagt Carlos, nicht bewahren, dafür hat er einen Posten von der Gemeindeverwaltung bekommen.

Wir gehen durch ausgestorbene Straßen, vorbei an eingestürzten Mauern und verschlossenen Fensterläden. Dann stehen wir vor einem großen Tor, es ist zweieinhalb Meter hoch, mit feinen Schnörkeln wie Zuckerguss.

»Das hier ist Gusseisen«, sagt Carlos, »wenn die Leute wüssten, was man dafür beim Schrotthändler bekommt, dann wäre das Tor morgen früh weg.«

Es ist mit einer dicken Kette gesichert. Carlos dreht den Schlüssel im Schloss um und stößt das Tor auf.

Hinter hohen Palmen und Zedrachbäumen mit knorrigen Stämmen steht Hilerets Villa, versteckt und geduckt, wie eine alte Diva, die sich dafür schämt, wie sie heute aussieht. Von den rosa Lehmziegelwänden bröckelt die Farbe und von den grünen Fensterrahmen blättert der Lack. Die Scheiben sind zerbrochen, unter den Fenstersimsen hat der Taubendreck lange braune Schlieren gezogen.

Wir laufen über zerborstene Wegplatten, Alberto schnauft, Carlos raucht. Auf den Stufen vor dem Eingang liegt Putz, darüber kann man schon das Holz in der Decke sehen.

»Wir würden das alles hier gerne herrichten«, sagt Carlos, »aber dafür fehlt uns das Geld. Und abreißen dürfen wir die Villa auch nicht, weil sie ein Baudenkmal ist. Also sperren wir sie meistens einfach nur zu, damit sich niemand verletzt, und warten, was passiert.« Verwalten, nicht bewahren, hatte Carlos gesagt.

Die Eingangstür ist ebenfalls aus Gusseisen, sie steht offen, wir betreten die Villa und bei jedem Schritt knirschen Staub und kleine Steinchen auf den Fliesen. Überall in der Villa laufen Hunde herum, braune, schwarze, weiße, gefleckte, sie folgen uns, lautlos, wie Geister. Carlos führt uns in den ersten Stock. Unter uns knarren die Holzstufen missmutig, wie ein altes Tier, das man aus dem

Winterschlaf gerissen hat. Der Boden ist mit Müll und Schutt übersät.

»Hier war alles aus Frankreich importiert: der Boden, die Möbel, die Fenster, alles. Per Schiff kamen die Sachen nach Argentinien und dann mit der Eisenbahn bis nach Santa Ana.«

Heute ist von alldem nichts geblieben. Kein Tisch und kein Stuhl steht mehr in den Räumen, nichts ist mehr da: kein Kronleuchter, kein edles Porzellan, kein Gemälde, kein Spiegel, keine Vasen, keine Teppiche, nichts. Nur Staub und Dreck.

Wir gehen wieder zurück ins Erdgeschoss. Carlos hat sich im früheren Weinkeller der Villa ein kleines Büro eingerichtet. Zwei Paar Plastikstühle stehen vor einem alten Schreibtisch, auf einer Holzplatte klebt ein Bild von Santa Ana: »Besuchen Sie Santa Ana!«, und ich frage mich, was das bringen soll, denn wir sind ja nun schon hier.

Carlos setzt sich hinter seinen Schreibtisch und schnippt eine neue Zigarette aus der Packung. »Als Hileret noch lebte, besuchten ihn die Reichen und die Mächtigen. Zwei argentinische Präsidenten waren da, und ich glaube, sogar einer aus Amerika. Es gab einen Tennisplatz in Santa Ana und ein Theater, ein Nachbau des Teatro Colón in Buenos Aires, nur kleiner. Die Schauspieler konnten ja mit dem Zug anreisen und haben dann dieselben Stücke aufgeführt wie in Buenos Aires. Hileret musste sein Geld ja ausgeben, er war unglaublich reich geworden mit dem Zucker, so reich, dass viele glaubten, dass etwas nicht mit rechten Dingen zuging.«

Rechts über Carlos winkt Papst Franziskus von einem Foto.

Carlos sagt, er wolle mir etwas zeigen. Wir gehen zu einem Gang und steigen dann eine steile Treppe hinab in den Keller der Villa. Eine nackte Glühbirne flackert und wirft Schatten wie zuckende Monster an die Wände. Unter ihnen stapeln sich Kartons und Kanister mit Insektenschutzmittel, Werkzeuge, Motorsensen, alte Plakate.

»Wir benutzen das als Abstellraum, aber früher war hier der Eingang zu den Tunneln, die unter dem ganzen Dorf durchführen.«

»Wofür brauchte Hileret denn Tunnel?«

»Sie waren eine Verbindung von der Villa direkt in die Fabrik und zu seinem privaten Park. So musste er keinem Arbeiter begegnen.«

Wo genau denn der Eingang zum Tunnel gewesen sei, frage ich, doch noch bevor Carlos antworten kann, brennt die Glühbirne durch. Britz. Wir stehen im Dunkeln, ich sehe nicht die Hand vor den Augen und es riecht nach Moder und Schimmel.

»Wir haben nie danach gesucht«, sagt Carlos und hält sein Feuerzeug hoch. »Aber vielleicht tun wir es auch besser nicht.«

Als wir die Villa verlassen, wirft die Sonne schon lange Schatten. Sie haben Santa Ana aufgeweckt, Motorroller knattern durch den Staub, in den Vorgärten hängen Frauen Wäsche auf, Hunde trotten mit hängender Zunge über die Straße, Carlos raucht, Alberto schnauft.

Ein paar Hundert Meter entfernt von Hilerets Villa befindet sich der Park von Santa Ana, ein Geschenk Hilerets an seine Tochter Ana zu deren 15. Geburtstag.

»Hileret hat dafür extra einen Landschaftsarchitekten engagiert, Carlos Thays, denselben, der auch die Parks in Buenos Aires entworfen hat. Die Bäume hier sind aus der ganzen Welt bis nach Santa Ana gebracht worden, aus Indien, Europa und Afrika.«

Wir laufen durch Tunnel aus Zweigen und Blättern, dünne Sonnenstrahlen schweben zwischen Schlingpflanzen und Ästen. In der Mitte des Parks steht ein runder Pavillon mit spitzem Dach, er ist rosa, grün und hellblau gestrichen. Wir bleiben vor Bäumen stehen, deren Stämme so dick wie Brückenpfeiler sind, ihre Wurzeln ragen einen halben Meter aus der Erde, als wollten sie jeden Moment nach unseren Beinen greifen. Ein Märchenwald, verwunschen und vergessen zwischen Ruinen. Ein paar Teenager sitzen

auf den Stufen zum Park und trinken Wein und Cola aus Metallbe-
chern.

Carlos führt uns weiter, raus aus dem Park und durch schnurgerade Straßen mit den immer gleichen Häusern, einstöckig, mit
schrägem Dach aus Wellblech und kleinen Fenstern. Kaum zwei
Meter liegen die Häuser auseinander, eine enge Reihe, dicht an
dicht, wie Soldaten bei der Parade.

»In den Häusern haben die Angestellten gewohnt«, sagt Carlos, »diejenigen, die nicht Zuckerrohr schneiden mussten, sondern an den Maschinen gearbeitet haben.«

Die Häuser gehörten zur Fabrik, und wenn sie die Arbeiter
nach zwanzig oder dreißig Jahren Plackerei ausspuckte, mussten
sie ihre Wohnungen verlassen und neue Arbeiter zogen ein, neues
Futter für das Monster, fressen, fressen, fressen.

Schiefe Strommasten stehen zwischen den Häusern, Kinder
spielen auf der Straße und vor den Haustüren sitzen Männer und
Frauen, reglos, antriebslos, mit leeren Augen.

Ob sie wisse, wer Hileret sei, frage ich eine Alte mit Haaren so
weiß, als habe sie in Puderzucker gebadet.

»Natürlich, Hileret war ein großer Mann. Mein Vater hat in der
Fabrik gearbeitet. Damals war Santa Ana noch ein Paradies.«

Und weiß sie auch, wer der *familiar* ist?

»Ach, diese Geschichten von früher«, sagt sie und nimmt einen
Schluck aus einer Bierflasche.

Von Santa Ana aus verbreitete sich die Geschichte des *familiar*
auch über die anderen Zuckerfabriken in Tucumán, sagt Alberto.

»Selbst als Hileret schon lange tot war, hat *el familiar* noch sein
Unwesen getrieben.«

Doch dann kamen 1946 die Peronisten an die Macht und mit
ihnen die Gewerkschaften nach Tucumán, die Imperien der Zu-
ckerbarone zerfielen und mit ihnen verschwand auch *el familiar.*

»Anfang der Sechzigerjahre ist die Zuckerindustrie hier in eine
Krise gestürzt«, sagt Alberto. Er läuft schnaufend neben mir und

Carlos durch die Straßen von Santa Ana. »Die Fabriken waren veraltet und unrentabel, die Firmen konnten ihre Arbeiter nicht mehr bezahlen, und die Gewerkschaften haben zum Streik aufgerufen. Damals wurden Fabriken besetzt und Angestellte als Geiseln genommen. Und dann gab es noch linke Gruppen, die sich von der kubanischen Revolution haben inspirieren lassen. Die wollten den Kampf der Zuckerarbeiter hier als Keim für einen Umsturz im ganzen Land benutzen. Die Reichen und die alten Eliten haben Angst bekommen, und dann hat 1966 das Militär geputscht. Die Generäle wollten Argentinien vorm Kommunismus beschützen und deshalb auch noch die letzten Glutherde der Revolution austreten. Und da sind sie natürlich als Erstes nach Tucumán gekommen.«

Carlos führt uns auf eine flache Wiese, groß wie ein Fußballfeld. In den Metallstreben eines verrosteten Krans nisten Vögel, hinter ihm ragen Ruinen in den Himmel.

»Das hier war die Fabrik«, sagt Carlos. Alte Schuppen, ohne Dach, mit eingestürzten Wänden aus Lehmziegeln, wie die verfaulten Zähne eines erlegten Monsters.

Für die Militärs waren die Zuckerfabriken ein Hort sozialer Unruhe, unrentabel und defizitär. Deshalb ließen sie in der gesamten Provinz Fabriken schließen, die Produktion brach ein und die Wirtschaft Tucumáns zusammen. Zwanzigtausend *tucumanos* wanderten in andere Provinzen aus, und in den Großstädten entstanden die ersten *villas miserias,* die Elendsviertel. Die, die blieben, gingen auf die Straße, es kam zu Protesten und Todesfällen, Studenten schlossen sich ihnen an, und 1973 mussten die Militärs wieder freie Wahlen zulassen, nur um drei Jahre später erneut zu putschen – und noch härter durchzugreifen als zuvor.

Wir stolpern durch Schutt und Schrott auf der Wiese. Als wir zu einem Schuppen kommen, knurrt uns ein Hund an.

»Als die Militärs hier eintrafen, hatten sie ein Fernsehteam dabei und ein Sprengkommando«, sagt Carlos und fingert eine neue

Zigarette aus seiner Packung. »Sie haben alle Leute von Santa Ana versammelt und dann fünfundzwanzig Kilo Sprengstoff in die drei Schornsteine gesteckt.«

Ein Jahrhundert lang waren die Schornsteine das Markenzeichen der Zuckerindustrie in Tucumán, weithin sichtbare Symbole für den Boom, und als dieser vorbei war, wurden sie zu Sehnsuchtsorten, zu Relikten aus einer vermeintlich besseren Zeit. Als die Militärs die Ära des Zuckers in Tucumán beenden wollten, reichte es ihnen darum nicht, nur die Fabriken zu schließen. Die Schornsteine mussten weg, die Militärs sprengten sie und ließen sie verschwinden.

Es ist kein Zufall, dass die Militärs die gleiche Logik überall im Land anwendeten. Doch ließen sie nicht nur Gebäude verschwinden, sondern vor allem auch Menschen. Dreißigtausend Männer und Frauen, schätzt man heute, ließ das Militär zwischen 1976 und 1983 entführen, foltern, ermorden und verscharren. Sie waren den Militärs unbequem und so ›verschwanden‹ sie einfach. Studenten, Intellektuelle, Gewerkschafter, Sozialarbeiter, Künstler, Schüler und Aktivisten, eine halbe Generation wurde zu *desaparecidos*. Bis heute suchen Forensiker nach den Überresten der Opfer, um sie den Angehörigen zurückzugeben und so den Fluch zu beenden, das kollektive Trauma, in das die Militärs das Land gestürzt hatten, weil die Opfer nicht nur starben, sondern verschwanden. Es war der gleiche Mechanismus, der einhundert Jahre zuvor schon Santa Ana terrorisiert hatte, nur hatte dort das Grauen immerhin einen Namen: *el familiar.*

Bevor die Militärs die Opfer umbrachten, wurden sie fast immer bestialisch gefoltert, sinnlos, so als wollte man ihnen mittels der Qualen den Teufel austreiben. In ganz Argentinien gab es geheime Folterzentren, sie waren in Polizeischulen oder in Kasernen, in Tucumán oft auch in den alten Zuckerfabriken, in den Tunneln und Kellern, aus denen einst schon *el familiar* gekommen war.

Heute wächst in Santa Ana hohes Gras über ihnen.

»Wir haben vor ein paar Jahren hier alle Löcher zugeschüttet«, sagt Carlos. »Wir haben sie mit Geröll, Trümmern und Schutt gefüllt, aber nachdem wir die letzte Baggerladung reingeworfen hatten, haben die Menschen hier die ganze Nacht lang ein dumpfes Rasseln gehört, so als ob irgendetwas eine schwere Kette durch Santa Ana ziehen würde.«

*

Auf der Heimfahrt erzählt mir Alberto, dass Santa Ana eine der ärmsten Gemeinden der Provinz sei.

»Die meisten leben von Sozialhilfe, sie haben einen Job bei der Verwaltung, machen da irgendwas und bekommen ein bisschen Geld vom Staat, gerade so viel, dass sie nicht verhungern müssen.«

»So wie damals bei Hileret.«

»Genau, so wie damals, nur dass sie heute nicht mehr in den Feldern oder der Fabrik schuften müssen. Die meisten vergessen das und sprechen von Hileret heute, als wäre er ein Heiliger.«

Wenn die Zukunft düster ist, dann leuchtet die Vergangenheit umso heller, denke ich. Oder anders gesagt: Die Ewiggestrigen sind die, die keine Zukunft haben. Das gilt für die Bewunderer von Hileret genauso wie für Leute wie Rubén, den Taxifahrer, der sich nach der Diktatur zurücksehnt.

*

Um zwei Uhr nachts wache ich schweißgebadet in meinem Hostelzimmer auf. Ich habe geträumt, dass mich ein riesengroßer Hund verfolgt und frisst.

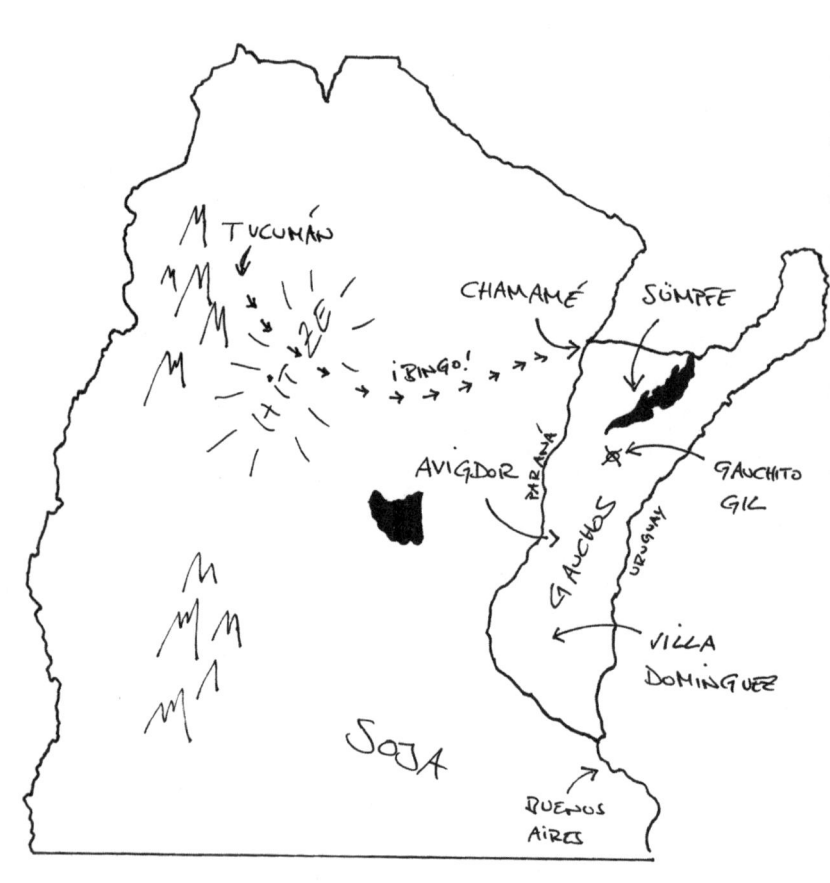

Teil 6

DER NORDOSTEN

Kapitel

18

Heimweh und Heimatliebe

Die Boxen knarzen und knacken, dann krächzt die Stimme des Fahrers durch den Bus. »Achtung! Bitte alle Vorhänge schließen. Draußen wird es heiß!« Es ist zwölf Uhr mittags, die Sonne steht fast senkrecht am Himmel über San Miguel de Tucumán und die Schatten sind so kurz, dass man glauben könnte, selbst sie würden vor der Hitze fliehen.

Ich bin auf dem Weg von San Miguel nach Corrientes, dreizehn Stunden in einem Überlandbus, einmal quer durch den Norden Argentiniens, von Westen nach Osten und durch vier Provinzen.

Vor dem Fenster ziehen Orangenplantagen und Zuckerrohrfelder vorbei, innen gleicht der Bus einer Dunkelkammer. Außer mir haben alle Fahrgäste die Vorhänge zugezogen, jeden Spalt abgedeckt und jede Ritze verstopft aus Angst vor der Hitze.

Mein Sitznachbar ist ein junger Argentinier, er trägt eine Baseballkappe und eine verspiegelte Sonnenbrille. Ihre Gläser müssen das Halbdunkel des Busses in tiefe Nacht verwandeln. Eine Viertelstunde, nachdem wir losgefahren sind, schnarcht er wie ein kleiner Dieselmotor, und daran wird sich in den nächsten Stunden auch nichts ändern.

Mit jedem Kilometer, den wir auf der holprigen Landstraße zurücklegen, wird die Landschaft trockener und karger. Abgemagerte Pferde stehen im Schatten dürrer Bäume, Ziegen knabbern im Straßengraben an vertrockneten Sträuchern, dahinter stehen Dornenbüsche und Kakteen, so eng, als müssten sie mit ihren Stacheln und Spitzen einen Schatz beschützen.

Ein bisschen ist es tatsächlich so. Santiago del Estero ist eine der ärmsten Provinzen Argentiniens. Die meisten Menschen hier sind Kleinbauern, sie leben von Ziegen und ein bisschen Baumwolle, wobei ›überleben‹ es meist besser treffen würde. Seit ein paar Jahren aber wächst dank der Wunder der Wissenschaft Soja auch auf den trockenen Böden von Santiago del Estero. Die Bohne hat einige wenige reich gemacht, viele aber noch ärmer. Land, für das sich jahrzehnte- oder jahrhundertelang niemand wirklich interessierte, wurde durch den Sojaboom auf einmal wertvoll. Und die Kleinbauern, die seit Jahrzehnten oder Jahrhunderten auf den Parzellen lebten, wurden von einem Tag auf den anderen von ihren Höfen vertrieben. Seit Jahren tobt der Konflikt zwischen Kleinbauern und Großgrundbesitzern, Journalisten wurden bedroht, Aktivisten zusammengeschlagen, und längst gibt es Todesopfer. Die Täter haben meist wenig zu befürchten, auch, weil die Opfer meist wenig haben: kein Geld für einen Anwalt und manchmal einfach keine Kraft mehr, um sich zu wehren. Und so werden Kleinbauern vertrieben von Arbeitern, und Planierraupen walzen die Kakteen und Dornenbüsche nieder.

Mehr als die Hälfte der Menschen in Santiago del Estero lebt unter der Armutsgrenze, viele haben nicht einmal genug zu essen.

Staubige Feldwege führen zu ärmlichen kleinen Hütten, Ferkel dösen im Schatten, Lehmöfen zum Brotbacken stehen neben Hühnerställen. Es fühlt sich an, als führen wir durch Zeitungsmeldungen über Armut und Unterernährung.

Neben dem Straßengraben sind die Kakteen jetzt so groß wie Bäume, in einem schlammigen Fluss baden ein paar nackte Kinder. Dann erreichen wir Suncho Corral, knapp sechstausend Einwohner und eine geteerte Straße. Die Sonne hat jede Farbe aus dem Ort gebleicht. Die Hunde, die Menschen, die Autos, die Wände, die Bäume: Alles ist beigebraun. In einem Hauseingang dösen zwei Männer im Schatten, eine dicke Sau läuft über die Straße. Ihre Zitzen schleifen durch den Staub.

»Willst du Bingo spielen?«

Ein Mann mit dem Logo der Busfirma auf seinem Hemd streckt mir einen Zettel mit Nummern und ein Plastikstäbchen entgegen.

»Es gibt auch was zu gewinnen!«, sagt er, dann schließt er ein Mikro an die Lautsprecher im Bus an, die Boxen pfeifen und knacken.

»Okay, es ist ganz einfach.« Quietschen. Knarzen.

»Ich ziehe Zahlen aus diesem Beutel, und wenn eine davon auf Ihrem Zettel steht, haken Sie sie ab. Derjenige, der als Erster alle seine Zahlen abgehakt hat, schreit Bingo. Also los: 9. 13. 89. 71. 74.«

Angespannte Stille, die Boxen knacken.

»18. 12. 22.«

Die Frau in der Reihe neben mir hat sich gleich zwei Zettel geben lassen, einen für sich, einen für ihren Sitznachbarn, wobei ich schwören könnte, dass der Sitz während der bisherigen Fahrt unbesetzt war.

»6. 86. 45.«

»Bingo!« Ein Mann um die vierzig mit dunklen Haaren und grauem T-Shirt hebt in der hintersten Reihe den Arm. Ein paar Passagiere seufzen enttäuscht.

Wir sind seit fast fünf Stunden unterwegs, die Welt wird langsam wieder grüner. Neben der Straße taucht erst ein Fahrradweg
auf, dann ein Trimm-Dich-Pfad, und schließlich erscheinen prot-
zige Palazzi und Villen, die aussehen wie Loire-Schlösschen. Charata nennt sich selbst Perle des Westens, das Städtchen liegt im
untersten Zipfel der Provinz Chaco. Der Boden hier ist fruchtbar,
die Baumwolle wächst genauso wie die Wirtschaft. Breite Pick-up-
Trucks kurven durch die Straßen und neben der Hauptstraße gibt
es einen kleinen Kanal mit pittoresken Brücken, die auch im Park
der internationalen Gartenschau stehen könnten. »Wir bauen alles, was ihr euch erträumt habt«, verspricht ein Schild am Ortsaus-
gang von Charata, ein paar Hundert Meter weiter steht eine kleine Hütte. Krakelige Buchstaben kennzeichnen es als Zentrum für
Integration – Mocoví.

Als die Spanier im 15. Jahrhundert in Argentinien landeten,
lebten dort über ein Dutzend verschiedene indigene Völker, darunter die Selk'nam ganz im Süden, Mapuche und Pehuenche in
Patagonien, Querandí in der Pampa, Comechingon in den Sierras
und Wichí, Toba und Mocoví im Norden. Viele Ethnien wehrten
sich gegen die europäischen Eindringlinge, am Anfang sogar mit
Erfolg: Wegen der Angriffe durch die *indígenas* mussten die Spanier viele Städte in Argentinien verlassen, nur um sie danach wieder
neu zu gründen.

Doch der Hunger nach Gold und später nach Land war zu
groß. Bald machten die Nachfahren der Spanier und der europäischen Einwanderer Jagd auf Indigene, der argentinische General
Julio Argentino Roca brach auf, die Weiten Patagoniens und der
Pampa von *indígenas* zu ›reinigen‹, und die wenigen Indigenen, die
die europäischen Schlachtzüge und die eingeschleppten Krankheiten überstanden, leben bis heute meist in Armut und am Rand
der Gesellschaft. Das Zentrum für die Integration der Mocoví in
Charata, der Perle des Westens, hat noch nicht einmal ein ordentliches Dach.

Mein Sitznachbar schläft immer noch, am Busfenster ziehen kilometerlange Sonnenblumenfelder vorbei, die Köpfe alle zur Sonne gerichtet, wie goldene Pailletten an einem Ballkleid.

In Las Breñas, der ›Hauptstadt der Immigranten‹, machen ein paar Frauen neben der Hauptstraße Aerobic, in Sáenz Peña, mit vollem Namen Presidencia Roque Sáenz Peña, stehen Mennoniten am Busbahnhof: Männer mit Latzhosen und breitem Hut, Frauen in langen Röcken und Kopftuch. Argentinien hat für jeden Platz, nur nicht für die, die zuerst da waren.

*

Manchmal werden in Argentinien aus alltäglichen Dingen mittelgroße Probleme. Seit einer halben Stunde irre ich auf der Suche nach Bargeld durch die Innenstadt von Corrientes: Die Automaten sind alle leergeräumt und vor denen, die noch ein paar Scheine haben, stehen Schlangen, als wäre gerade wieder die Wirtschaft zusammengebrochen.

Heute Morgen hat es geregnet, jetzt brennt die Sonne vom Himmel, die Luft ist heiß und feucht, schon nach ein paar Minuten fühlt sich meine Haut an, als hätte ich in Öl gebadet.

»Wie gut, dass ich meinen Schirm mitgenommen habe.«

Die ältere Dame hinter mir in der Schlange für den Bankautomaten ist etwa siebzig Jahre alt, sie hat kurzes graues Haar, trägt Perlenohrringe und hält einen großen lila Schirm in der Hand.

»Der Regen ist mir egal, die Sonne hier ist aber tödlich«, sagt sie und schaut dabei so ernst, dass ich mich unwillkürlich noch ein bisschen fester an die Hauswand drücke, in den Schatten, in Sicherheit.

»Geht der Automat denn überhaupt?«, will die alte Dame wissen. »Das letzte Mal habe ich hier eine halbe Stunde umsonst angestanden! Nur weil die Banken ihre Automaten nicht richtig auffüllen können. Vor Kurzem habe ich eine Frau getroffen, deren Mann war schwer krank und musste zum Arzt, aber sie konnte kein Geld abheben, um die Behandlung zu bezahlen. In der ganzen Stadt musste sie rumlaufen, bis sie einen Automaten gefunden hatte!«

Ich habe weniger schlimme Probleme, ich muss nur das Zimmer in dem Hostel zahlen, in dem ich wohne.

Gestern Abend bin ich in Corrientes angekommen, der Hauptstadt der gleichnamigen Provinz. Die Stadt liegt im äußersten Norden Argentiniens, keine vierzig Kilometer entfernt von der Grenze zu Paraguay und direkt an den Ufern des Paraná. Ich kann sein braunbeiges Wasser vom Eingang meiner Unterkunft aus sehen.

Das Hostel liegt ein paar Blocks vom Zentrum entfernt in einem schönen alten Kolonialgebäude. Früher wohnte hier der Vizegouverneur der Provinz, heute stehen Stockbetten in den herrschaftlichen Gemächern.

Es war nicht leicht, in Corrientes ein Zimmer zu finden. Die Stadt ist zwar die größte im Nordosten, aber sie liegt weitab von den großen Touristenströmen. Die Hotels richten sich darum vor allem an Geschäftsreisende, das Zimmerkontingent ist dementsprechend kleiner als in den touristisch interessanten Städten, und wenn dann auch noch die nationale Judomeisterschaft in Corrientes stattfindet, dann sind alle Zimmer belegt.

So bin ich in einem Mehrbettzimmer des Hostels gelandet. Der Raum ist kaum größer als eine Garage, eine nackte Glühbirne baumelt von der Decke, es gibt einen Metallspind und zwei Stockbetten. Links oben schläft João, ein Brasilianer, der eigentlich wegen seines Philosophiestudiums nach Argentinien gekommen ist, nun aber sitzt er die meiste Zeit direkt unter der Klimaanlage, wo er auf seiner Gitarre zupft und traurige Lieder auf Portugiesisch singt. Unter João schläft ein wortkarger Argentinier und unter mir ein alter Baske. Seit vier Jahren reise er durch Lateinamerika, erzählte er mir gestern Abend. Seine Haut sieht aus wie eine gebrannte Mandel, seine Haare sind weiß und dicht wie das Fell eines Eisbären.

»Bei mir zu Hause stehen die Leute in meinem Alter um acht Uhr morgens auf, schauen fern, holen die Enkel von der Schule ab und fangen dann an, Wein zu trinken. Das ist doch kein Leben!«

In Kolumbien sei er schon gewesen, sagte der Baske, in Ecuador, Chile, Bolivien und jetzt Argentinien. Ob es denn nichts gebe, was er vermisse, fragte ich.

»Ach was, ich brauche keine Heimat, ich bin unterwegs zu Hause. Nur von hier will ich schnell wieder weg, am besten nach Paraguay, da zahlt man für ein Zimmer wie das hier höchstens fünf Dollar.«

Zu Hause ist, wo es billig ist.

Doch ich muss erst mal Geld abheben, die Sonne brennt und die Schlange vor dem Automaten bewegt sich so gemächlich wie das braune Wasser des Paraná.

*

Die Provinz Corrientes ist auf drei Seiten fast komplett von Wasser eingerahmt. Im Westen und im Norden fließt der Paraná, im Osten der Uruguay, dazwischen liegen neunzigtausend Quadratkilometer flacher Wiesen, Weiden und Felder, in deren Mitte die Sümpfe und seichten Seen des Iberá wie die Glieder einer Silberkette glitzern.

»Corrientes ist ein eigenes Land«, hat Emmi mir gestern Abend erklärt. Auf der Dachterrasse des Hostels fand eine Grillparty statt, mit Bier und Wodka mit Pfirsichsaft. Der Mexikaner aus dem Zimmer nebenan hatte fette *chorizos* auf den Grill gelegt und sogar João war aus unserem Zimmer gekommen. Er saß auf einer Liege im Mondschein, klimperte auf seiner Gitarre und sang traurige Lieder auf Portugiesisch. Wie immer.

Emmi hat dunkle Haare und trug ein Polohemd mit dem Logo ihrer Uni. Eigentlich stamme sie aus Formosa, erklärte sie mir, der Nachbarprovinz im Norden von Corrientes, aber gemeinsam mit dem Mexikaner von nebenan studiere sie in Corrientes Landwirtschaft.

»Hier ticken die Menschen ein bisschen anders als im Rest von Argentinien. Hier ist alles sehr traditionell, es gibt in Corrientes eine eigene Kultur. Die Leute sind stolz auf ihre Heimat, sie tragen Gaucho-Kleidung und mögen Chamamé.«

Der Chamamé ist eine Stilrichtung der argentinischen Volksmusik. Entstanden ist er angeblich in den Siedlungen, in denen Guaraní und Jesuiten aus Ost- und Mitteleuropa zusammenlebten. Indigene Musik mischte sich mit europäischen Einflüssen und heraus kam die *polca correntina,* deren Takt von einer Gitarre geschrubbt wird, eins-zwei-drei, eins-zwei-drei, während ein Akkordeon dazu komplizierte Figuren spielt. Was der Tango für Buenos Aires ist, ist der Chamamé für weite Teile des Nordostens von Argentinien, und genauso wie der Tango ist der Chamamé nicht nur ein Musikstil, sondern auch ein Tanz, inklusive einer Art Stepp-Stampf-Wettkampf, dem *zapateo.*

Ich kenne Chamamé, den *zapateo* habe ich aber noch nie gesehen. Deshalb gehe ich, nachdem ich mein Hostelzimmer bezahlt habe, zu einer Touristeninformation an der Uferpromenade des Paraná. Vier Angestellte in Polohemden mit dem Wappen von Corrientes sitzen hinter einem Tresen und trinken Mate-Tee.

»Was kann ich für dich tun?«, fragt einer von ihnen und räkelt sich langsam aus seinem Stuhl.

Ich erkläre, dass ich gern ein Chamamé-Konzert besuchen und am liebsten auch noch gleich einen *zapateo* erleben würde.

»Kein Problem«, sagt der Mann, holt eine Karte heraus und malt ein kleines X in das Straßen-Schachbrettmuster von Corrientes.

»Da. In dieser Bar. Heute Abend. So ab zehn Uhr.«

Mit einem Seufzer lässt er sich wieder in seinen Stuhl fallen.

Es ist kurz nach zwölf Uhr mittags, Zeit genug für die zweite Sache, wegen der ich in Corrientes bin: Ich will schwimmen gehen im Paraná.

*

Der Paraná beginnt im Süden Brasiliens, er bildet die Grenze zwischen Argentinien und Paraguay, bis er kurz vor Corrientes nach Süden abknickt. Von hier aus fließt er tausend Kilometer durch ganz Nordargentinien und kurz vor Buenos Aires dann in den Río de la Plata.

Schon in Corrientes ist der Paraná über einen Kilometer breit. Eine Promenade führt an seinem Ufer entlang, neben ihr wachsen alte Bäume voller bunter Blüten und unreifer Mangos.

Gleich neben der riesigen Hängebrücke, die Corrientes mit der Nachbarprovinz Chaco verbindet, gibt es einen kleinen Strand mit feinem Sand. Von unten kann man sehen, wie ein endloser Strom von Autos über die Brücke rauscht, während unter ihr die braunbeigen Fluten des Paraná gen Süden fließen.

Der Strand ist fast leer. Ein paar Jungs spielen Frisbee, ein kleines Kind planscht im Wasser, die meisten Besucher sitzen im Sand oder stehen im Wasser, in der einen Hand einen Mate-Becher, in der anderen eine Thermoskanne. Die Mittagssonne brennt vom Himmel, das Wasser des Paraná ist angenehm kühl. Zwischen meinen Füßen flitzen streichholzgroße Fische wie Lichtpunkte durch den Fluss.

Ich lasse mich mit der Strömung des Paraná flussabwärts den Strand entlang treiben. Ziemlich genau hier sollen die Spanier 1588 an Land gegangen sein, um Corrientes zu gründen. Dort, wo heute Badende in der Sonne braten, war damals moskitoverseuchte Wildnis, und die hier ansässigen Guaraní machten den Spaniern das Leben zur Hölle. Doch dann nahte Beistand von ganz oben: Als die Guaraní ein Holzkreuz der Spanier anzünden wollten, fuhr ein Blitz vom Himmel nieder. Die Guaraní waren einigermaßen beeindruckt und die Spanier überzeugt davon, einem Zeichen Gottes beigewohnt zu haben. Das Kreuz wurde zum Wunderkreuz erklärt und hängt heute in einer Kirche mitten im Zentrum von Corrientes. Auf dem Altarbild dahinter sieht man, wie ein Engel per Blitz einen *indígena* niederstreckt.

Trotz aller göttlichen Hilfe sprach man in Corrientes dennoch zunächst mehr Guaraní als Spanisch, noch heute stammen die Namen vieler Orte, Geschäfte und Clubs aus dem Guaraní, und 2004 war Corrientes die erste Provinz Argentiniens, die Guaraní als Amtssprache anerkannte. Ein spätes Zugeständnis an die Menschen, denen man einst die Heimat nahm, um sich selbst eine neue zu schaffen.

»Ob ich Guaraní kann? Kein Wort. Meine Großeltern sind aus Italien und Polen nach Argentinien gekommen, die konnten nicht mal richtig Spanisch.«

Josés Haut erinnert an ein Grillhühnchen, fettig und tiefbraun, mit dicken Poren und ein paar Stoppeln. Jeden Tag fährt José über die Uferpromenade, vorn auf seinem klapprigen Fahrrad hat er einen alten Korb voller *chipás:* kleiner Teigknödel aus Maniokmehl und Käse. Sie schmecken süß-salzig und kosten meist nur ein paar Peso.

»Hier am Strand geht immer was, das ist der beste Platz in der ganzen Stadt, um *chipás* zu verkaufen«, sagt José. »Ich glaube, das liegt daran, dass das Wasser die Leute hungrig macht.«

José hat recht. Ich kaufe ihm eine Tüte ab, setze mich an den Strand und schaue den Containerschiffen zu, wie sie unter der Brücke hindurch Richtung Paraguay fahren.

Am 13. April 1865, knapp dreihundert Jahre nachdem die Spanier den Paraná hinaufgefahren waren und Corrientes gegründet hatten, kamen aus genau der entgegengesetzten Richtung fünf Dampfschiffe. Mit zweitausendfünfhundert Soldaten an Bord fuhren sie von Paraguay aus den Paraná hinunter, und noch am selben Tag wurde Corrientes von Argentiniens nördlichem Nachbarn besetzt.

Paraguay war damals eines der technisch und militärisch am weitesten entwickelten Länder der Region. Seit Jahrzehnten befand es sich fest in der Hand eines Familienclans und seit zwei Wochen im Kriegszustand mit Argentinien, Brasilien und Uruguay.

Dieser Tripel-Allianz-Krieg oder Paraguaykrieg wurde zu einem
der blutigsten Konflikte der lateinamerikanischen Geschichte.
Als er 1870 mit der totalen Niederlage Paraguays endete, war das
Land verwüstet und entvölkert. Je nach Schätzung starb mehr als
die Hälfte der Bewohner während des Krieges, einige Historiker
sprechen sogar von drei Vierteln, und die männliche Bevölkerung
wurde fast komplett ausradiert. Das Land verlor fast die Hälfte
seiner Fläche, die Wirtschaft brach zusammen, es folgten Chaos
und zuletzt fünfunddreißig Jahre Militärdiktatur.

Paraguay ist heute eines der ärmsten Länder Lateinamerikas
und viele Paraguayer wandern aus. Heute stellen sie die mit Abstand größte Gruppe von Einwanderern in Argentinien, sie schuften auf dem Bau oder putzen Wohnungen in Buenos Aires und anderen Städten, was aber nicht heißt, dass sie in Argentinien immer
willkommen sind. Taxifahrer erzählen mir gerne und fast unisono,
dass die neuen Immigranten aus dem Norden schuld am vermeintlichen Anstieg der Kriminalität in Argentinien seien. Und fast immer kommt dann auch das Bild von der Familie und dem spärlich
gedeckten Esstisch: Wenn man selbst nicht genug zu essen habe,
würde man ja auch nicht seine Nachbarn zum Essen einladen. Dass
jemandem, der fast verhungert, auch noch ein spärlich gedeckter
Tisch reicht, sagen die Taxifahrer natürlich nicht. Das Einwanderungsland Argentinien hat auf einmal ein Einwanderungsproblem.

*

Am Abend gehe ich durch das Zentrum von Corrientes. Es ist
kurz vor dreiundzwanzig Uhr und ich schwitze immer noch in
kurzen Hosen und T-Shirt. Heute Mittag wirkte die Stadt, als hätte der Katastrophenschutz sie evakuiert. Die Geschäfte waren geschlossen, die Fensterläden verrammelt, niemand war auf der Straße. Jetzt habe ich das Gefühl, dass Corrientes kurz davor ist zu
explodieren. Überall sind Menschen unterwegs, Autos schieben
sich durch die engen Straßen der Innenstadt, Motorroller drücken

sich an ihnen vorbei, die Tische vor den Cafés und Restaurants sind voll besetzt und um die Straßenlaternen schwirren Wolken von Insekten.

Der einzige Ort, der fast ausgestorben ist, ist die Chamamé-Bar, die man mir in der Touristeninformation empfohlen hat. Auf einem Plakat an der Eingangstür steht: »Heute Live-Chamamé. Eintritt 50 Peso.« Drinnen flackert eine Neonröhre über ein paar leeren Holzstühlen, ein Mikrofonständer steht einsam in einer Ecke.

Ich frage mich kurz, ob Volksmusik auch dann noch Volksmusik ist, wenn niemand kommt. Dann verfluche ich die Touristeninformation und beschließe, zurück zum Paraná zu gehen.

Die Promenade ist voll von Jugendlichen und Paaren, über den Fluss weht ein warmer Wind, ein paar Buden verkaufen Grillfleisch und Bier. Es riecht nach Rauch und Frauenparfüm, nach Strand und Freitagabend. Aus den Boxen eines aufgemotzten Fiat Uno wummert Rave. Und dann höre ich auf einmal Chamamé: ein Akkordeon, ein paar Gitarren und jemand, der irgendetwas über den Mond singt.

In einem Park ist eine kleine Bühne aufgebaut, darauf stehen zwei Gitarristen und ein Akkordeonspieler. Vor ihr haben sich etwa hundert Personen versammelt, manche haben sich Klappstühle aus Plastik mitgebracht, der Rest steht und trinkt Mate oder Rotwein aus Plastikbechern.

Auf einer Tanzfläche vor der Bühne drehen sich zwei Dutzend Paare umeinander, sie drücken sich aneinander, umrunden sich mit großen Schritten und gebeugten Knien. Der Chamamé sieht aus wie eine Mischung aus breitbeinigem Tango und zurückhaltendem Flamenco, die Frauen tragen weite Röcke und Halstücher, die Männer traditionelle Gaucho-Tracht: einen flachen Hut, Hemd und Weste, einen breiten Ledergürtel mit großem Messer, weite Hosen und Lederstiefel.

Und dann beginnt ein Tänzer zu stampfen. Die schweren Sporen an seinen Füßen klirren, die Absätze knallen auf den Betonboden. Der Mann ist Mitte vierzig, eine Hand hat er in einer John-Tra-volta-Saturday-Night-Fever-Pose in die Luft gestreckt, in der anderen hält er die Hand seiner Partnerin. Der Takt wird immer schneller und komplizierter, die Stiefel fliegen durch die Luft. »Zaaaaaapateo!«, ruft der Sänger von der Bühne, dann steigt ein zweiter Tänzer mit ein, die Sporen klirren, das Publikum johlt.

»Wenn man hier in Corrientes aufwächst, dann hat man den Chamamé im Blut.« Neben mir sitzt eine Dame mittleren Alters auf einem Plastikklappstuhl, in der Hand eine große Thermoskanne und einen Mate-Becher. Ich habe sie gefragt, wo zur Hölle man so tanzen lerne.

»Das kann man nicht lernen. Ein guter Tänzer muss den Cha-mamé spüren. Genau hier, im Herzen«, sagt sie und tippt auf mei-ne Brust. »Klar gibt es Kurse und so weiter. Aber wirklich gut wird man nur, wenn man schon als Kind anfängt. Wenn man zu solchen Tänzen kommt wie dem hier. Immer wieder. Am Anfang schaut man zu, dann macht man ein bisschen mit, und wenn man richtig gut ist, zeigt man es der nächsten Generation. So ist das bei uns in Corrientes.«

Einige Jungs toben hinter uns auf einer Wiese. Alle sind wie kleine Gauchos gekleidet. Corrientes sei ein eigenes Land, hatte mir Emmi gestern gesagt. Ein Gaucho-Land.

Als ich nach Hause gehe, ist es halb zwei in der Nacht. Am Ufer stehen Angler und holen silbrig glitzernde Fische aus dem Paraná. Im Wasser spiegelt sich der Vollmond und knutschende Pärchen sitzen auf den Bänken unter Bäumen voller bunter Blüten. »Wir lieben unsere Heimat«, meinte die Frau auf dem Chamamé-Kon-zert zum Abschied.

Als ich im Hostel ankomme, sitzt der Brasilianer in unserem Zimmer unter der Klimaanlage. Er spielt Gitarre und singt trauri-ge Lieder auf Portugiesisch.

Kapitel

19

Gaucho-Land

Es ist mittags kurz vor zwölf und am Busbahnhof von Corrientes trinken drei Gauchos Bier aus Ein-Liter-Flaschen. Sie sitzen am Tresen einer kleinen Bar in einer Nische des Busbahnhofs, zwischen Toiletten und Fahrkartenschaltern. Vor einem fleckigen Spiegel reihen sich Schnapsflaschen auf einem Glasregal, der Boden ist klebrig, die Barhocker sind aus Holz. Die Gauchos sitzen breitbeinig auf ihnen, aufrecht, so als säßen sie immer noch im Sattel. Sie tragen weite Hemden, Halstücher und *bombachas de campo,* die weiten Gaucho-Hosen, und vor jedem von ihnen steht eine große grüne Bierflasche. Mit stummer Ernsthaftigkeit trinken sie Schluck um Schluck, als wäre auch das Teil ihres Jobs, als würde man sie fürs Trinken bezahlen.

Ich bin auf dem Weg nach Entre Ríos, in die südliche Nachbarprovinz von Corrientes. Wörtlich übersetzt bedeutet ihr Name

›Zwischen den Flüssen‹ und genauso liegt Entre Ríos auch: Im
Westen und im Süden fließt der Paraná, im Osten der Uruguay, dazwischen erstrecken sich flache Wiesen, Felder und Sümpfe.

Der Bus kommt mit einer halben Stunde Verspätung. Der
Lack ist abgeblättert, die Windschutzscheibe hat einen großen
Sprung und der Fahrer einen Batzen Kokablätter im Mund, so als
hätte er sich einen Pingpongball in die Backe gesteckt. Koka zu
kauen ist in Argentinien legal und vor allem in den nördlichen Provinzen wie Salta, Catamarca und Jujuy verbreitet. Aber auch auf
Baustellen in Buenos Aires oder eben am Busbahnhof von Corrientes sieht man Männer mit Koka in der Backe. Die Blätter sind
die ideale Arbeitsdroge, sie wirken wie fünf Espresso und Appetit-
zügler, man muss nicht schlafen, nicht essen, nur arbeiten.

Mein Platz im Bus ist im Oberdeck direkt über dem Fahrer-
häuschen. Kurz bevor wir losfahren, steigt ein älteres Ehepaar ein
und setzt sich auf die Sitze auf der anderen Seite des Mittelgangs.
Beide sind etwa Mitte sechzig, sie trägt eine große dunkle Sonnenbrille und Goldschmuck, er eine alte Baseballkappe und ein
verwaschenes Hemd. Aus seinem rechten Turnschuh schaut ein
Verband. Er ist schlampig um eine eitrige Wunde gewickelt.

Kaum haben sie sich hingesetzt, kramt die Frau eine kleine
Heiligenfigur aus ihrer Tasche: einen Mönch mit brauner Robe,
Tonsur und einem Kind auf den Armen. Sorgfältig stellt sie die Statue auf ein Taschentuch und direkt vor die Windschutzscheibe, als
müsse sie sichergehen, dass der Mönch die bestmögliche Sicht hat.

Als sie merkt, dass ich neugierig herüberschaue, lächelt sie mir
freundlich zu. »Was für ein Heiliger ist das denn?«, frage ich. »Der
heilige Kajetan. Wir sind auf einer Pilgerreise. Mein Mann hat Ge-
sundheitsprobleme, er hat sich mit der Axt am Fuß verletzt. Also
sind wir nach San Cayetano gefahren, das ist ganz in der Nähe von
Corrientes. Eine Nachbarin hat mir erzählt, dass es da eine Kapelle für den heiligen Kajetan gibt. Wir haben gebetet und eine Kerze
angezündet, und jetzt hoffe ich, dass er uns hilft.«

Der Mann wirkt tatsächlich, als ob er dringend Hilfe brauche. Jedes Mal, wenn er den Fuß bewegen muss, stöhnt er auf. Und der Verband über der Wunde sieht aus wie die Haut einer Eidechse, beige, mit gelben und roten Flecken von Eiter und Blut. Ein Heiliger schadet bestimmt nicht, denke ich, ein Arzt wäre aber auch keine schlechte Idee.

»Und warum stellen Sie die Figur an die Scheibe?« »Ach, das ist, damit der Heilige sieht, was für einen weiten Weg wir gemacht haben. Dann hilft er vielleicht schneller, verstehen Sie?« Langsam rollt der Bus los, bei jedem Schlagloch auf der Straße hüpft und wackelt der heilige Kajetan.

Als wir Corrientes verlassen, stehen am Straßenrand kleine Stände aus Holz und Plastikplanen. Bäuerinnen haben unter ihnen Wassermelonen gestapelt, grün und groß wie Fußbälle, dreißig Peso das Stück.

Staubige Feldwege gehen von der Straße ab und führen zu kleinen Höfen: einstöckige Häuser, kaum größer als eine Gartenlaube, mit schrägem Blechdach und Wassertank auf dem Dach.

Wir fahren vorbei an flachen Weiden mit niedrigen Bäumen. Sie breiten ihre Äste aus wie Sonnenschirme, braun-weiße Kühe stehen unter ihnen im Schatten. Störche fliegen über Felder und Reiher staksen durch flache Seen.

Am Straßenrand stehen keine Werbeschilder für Sämaschinen oder Unkrautvernichtungsmittel. Es gibt keine Silos, keine Sojafelder, nur Wiesen und Weiden und Rinder. Gaucho-Land, denke ich. Bis zum Horizont.

Gauchos sind – vereinfacht gesagt – so etwas wie die südamerikanische Variante der nordamerikanischen Cowboys: Viehhirten und harte Männer, die auf ihren Pferden durch die Einsamkeit reiten und Rinder zusammentreiben. Gauchos gibt es in Brasilien, Paraguay und Bolivien, vor allem aber in Uruguay und Argentinien. Hier sind sie mehr als nur Kuhhirten, sie sind nationale Identifikationsfiguren und Grundlage des Nationalbewusstseins.

Die ersten Gauchos gab es, als Argentinien noch spanische Kolonie war. Abseits der Städte lebten kaum Menschen, Argentinien war praktisch ein Niemandsland und durch die Wildnis zogen riesige Herden herrenloser Rinder. Die Gauchos fingen sie ein, schlachteten sie, und weit weg vom Rest der Gesellschaft entwickelten die Männer eine eigene Kultur, mit eigener Kleidung, eigener Musik und Tänzen.

Doch Mitte des 19. Jahrhunderts war es mit der Freiheit der Gauchos weitgehend vorbei. Großgrundbesitzer hatten das Land unter sich aufgeteilt: Wo früher endlose Weiten waren, standen jetzt Zäune. Die Rinder waren gebrandmarkt und die Gauchos zum Dorn im Auge der Oberschicht geworden. Die argentinische Regierung hatte Gesetze gegen Herumtreiber erlassen: Wer keine feste Arbeit hatte, wurde zur Armee eingezogen. Der Gaucho geriet in den Ruf eines Faulpelzes, Viehdiebs und Gauners, er rückte immer weiter an den Rand der Gesellschaft, und aus den ohnehin schon ärmlichen Lebensumständen wurden erbärmliche.

Eine Rehabilitierung erlebte der Gaucho erst, als Ende des 19. und zu Beginn des 20. Jahrhunderts Millionen von Einwanderern nach Argentinien kamen. Während im Hafen von Buenos Aires jeden Tag neue Spanier, Russen, Deutsche und Italiener von den Schiffen stiegen, fragten sich viele alteingesessene Argentinier, was Argentinien ausmache, welche Traditionen typisch argentinisch seien und ob dies alles nicht verloren ginge durch die Neuankömmlinge. Im Gaucho fanden sie ihre Antwort und die Lösung: Er war genuin argentinisch oder zumindest südamerikanisch, er unterschied Argentinien von Europa und man konnte ihn in Kunst und Literatur veredeln. Der Gaucho wurde zum Helden für die, die schon immer in Argentinien gelebt hatten, gleichzeitig wurde er aber auch zur Integrationsfigur für die, die gerade erst eingetroffen waren. Denn der Gaucho definierte sich über seine Lebensart und nicht über seine Herkunft. Solange er durch die Pampa ritt, mit dem Messer im Gürtel und der Freiheit im Herzen, blieb der Gaucho ein Gaucho. Er konnte in der Pampa geboren sein, genauso wie er auch aus Spanien stammen konnte oder aus dem Westerwald. Es gab italienische, indigene, schwarze und mestizische Gauchos und es gab die *gauchos judíos,* die jüdischen Gauchos, mit Gebetsschal, Gaucho-Messer und jüdischen Schtetln mitten in der Pampa.

*

Es ist später Abend, als ich in Paraná ankomme, der Hauptstadt der Provinz Entre Ríos. Als ich mich auf dem Bett in meinem Hotelzimmer kurz ausruhen will, schlafe ich sofort ein. Am nächsten Morgen frühstücke ich, *medialunas* mit Mate-Tee aus Teebeuteln, dann miete ich ein Auto, denn kein Bus und keine Bahn fährt dorthin, wo ich hin will: genau in die Mitte der Provinz Entre Ríos, nach Colonia Carmel.

Kapitel

20

Der Moses von Amerika

» Hier war das Zentrum von Colonia Carmel«, sagt Jaime Jruz, und es wirkt so, als könnte er Geister sehen, Dinge, die einmal waren, aber schon lange nicht mehr sind. »Gegenüber, auf der anderen Seite der Straße, war die Schule, früher wurde da auf Jiddisch unterrichtet. Und dort drüben, da war die Bibliothek. Als ich klein war, so in den Fünfzigerjahren, gab es die noch. Man konnte sich Bücher ausleihen oder Zeitung lesen, und manchmal hat die Bibliothekarin auch Musik aufgelegt, mit so einer alten Vitrola, einem Plattenspieler mit Kurbel an der Seite.«

Jaime Jruz steht im Garten seines Hofes. Ein rostiges Windrad quietscht und Katzen streichen durch das Gras. Ein bisschen sehen sie aus wie Jaime selbst: drahtig und struppig.

Jaime ist Ende sechzig, er trägt eine alte Schiebermütze, Wollpulli, Arbeitshose und verschlammte Gummistiefel. Jeden Tag fährt er zwanzig Kilometer von seiner Wohnung in einem Nachbardorf mit seinem verbeulten Pick-up hierher, nach Colonia Carmel, um sich um seinen Hof zu kümmern: ein einstöckiges Gebäude mit gekalkten Mauern, das sich zwischen Bäume und Büsche duckt. Innen gibt es eine Küche und zwei Schlafzimmer, viel Staub und ein altes Radio.

»Das hier ist doch ein Paradies«, sagt Jaime und lehnt sich in die Tür seines Hofes. »Schau dir mal den Orangenbaum an. Der trägt immer noch Früchte, dabei hat ihn schon mein Großvater gepflanzt. Damals war das Leben hier bestimmt hart. Als er nach Colonia Carmel kam, gab es hier nichts, nur Wildnis.«

Jaime Jruz hat heute einhundertfünfzig Kühe und ein paar Felder, auf denen Soja wächst. Längst hätte er in Rente gehen können, sagt Jaime, aber das will er nicht, weil er immer gearbeitet hat und weil er der Letzte hier ist, der letzte *gaucho judío* von Colonia Carmel.

*

Es ist nicht ganz einfach zu beschreiben, wo genau Colonia Carmel liegt. Folgt man dem Feldweg neben Jaime Jruz' Hof eine halbe Stunde, gelangt man auf eine asphaltierte Straße und bald darauf an eine Kreuzung, aber egal, wo man hinfährt: Man braucht eine Stunde bis zur nächsten größeren Stadt. Colonia Carmel ist nicht das Ende der Welt, dafür aber liegt das Dorf mitten im Nirgendwo.

Die Schule, die Bibliothek, die Nachbarhöfe – all das gibt es heute nicht mehr. Man hört keine Vitrola mehr in Colonia Carmel, nur Papageien und das rostige Windrad von Jaimes Hof.

Dabei war Colonia Carmel früher ein blühendes Dorf. Dreißig Familien lebten hier. Sie stammten alle von russischen Juden ab, die Ende des 19. Jahrhunderts auf der Flucht vor Verfolgung und Pogromen nach Argentinien gekommen waren, aus Schtetln im Zarenreich in die Wildnis von Entre Ríos.

»Die Leute sind rumgelaufen, als würden sie immer noch in Russland leben und nicht hier in Argentinien.«

Jaime hat mich zum Friedhof von Colonia Carmel mitgenommen. Er liegt einen knappen Kilometer außerhalb des Dorfes an der Landstraße. In das Eingangstor ist ein Davidstern geschmiedet, dahinter stehen ordentliche Reihen mit Grabsteinen. Jaime läuft zwischen ihnen umher wie zwischen den Tischen bei einem Familienfest.

»Das hier ist das Grab von Moisés Jaimovich, er war einer der ersten Siedler von Colonia Carmel.«

Hebräische Buchstaben verwittern auf den Grabsteinen, darüber blicken ernste Männer mit langen Bärten und Fellhüten von Schwarz-Weiß-Bildern.

»Das sind sehr alte Fotos, da kann man sehen, wie sich die Leute damals angezogen haben. Gläubige Juden hatten immer ihren Kopf bedeckt mit dem schwarzen Hut, und sie haben sich nicht rasiert, darum hatten sie immer einen Bart. Mein Großvater hatte auch so einen. Ich erinnere mich noch, dass ich als Kind auf seinem Schoß sitzen durfte und mit dem Bart gespielt habe.«

Einhundertfünfzig Gräber gibt es auf dem Friedhof von Colonia Carmel und alle sind nach Osten ausgerichtet, nach Israel, zum Gelobten Land. Argentinien war zwar weit weg von Jerusalem, aber auch weit weg von Russland, dem mordenden Mob, den Pogromen und der Verfolgung. In Argentinien gab es Religionsfreiheit und fruchtbare Felder, rund um Colonia Carmel entstand daher ein ganzes Netz aus Kolonien: Villa Clara, Ingeniero Sajaroff, Basavilbaso und natürlich Villa Domínguez, allesamt bewohnt von russischen Juden, die mit Hilfe eines deutsch-jüdischen Philanthropen nach Argentinien gelangt waren: Moritz Baron Hirsch, der Moses von Amerika.

*

Zwanzig Minuten über holprige Feldwege, dann kommt man nach
Villa Domínguez. Als ich gestern in dem Dörfchen eintraf, fand
auf dem Dorfplatz gerade eine kleine Zeremonie anlässlich des *día
de la Bandera* statt, eines Feiertags zu Ehren von Manuel Belgrano,
einem argentinischen Nationalhelden und dem Schöpfer der argentinischen Flagge. Eine Blaskapelle mit schlecht sitzenden Uniformen und verstimmten Instrumenten spielte ihre Version der
argentinischen Hymne, zwei Schüler hissten die Flagge, zum
Schluss konnte man mit in der Nationalgarde dienenden Soldaten
aus Villa Domínguez Fotos machen. Osvaldo Quiroga winkte mir
von der anderen Seite des Platzes und kam herübergelaufen.

»Du bist Christoph, oder?«

Osvaldo hat einen Kopf, der aussieht wie der eines kleinen Vo-
gels: spitze Nase, hohe Wangenknochen und Haare so dicht und
schwarz wie Gefieder. Osvaldo ist einundfünfzig und Vater von
drei Kindern, vor allem aber ist er der Direktor des Museums und
Archivs der Jüdischen Kolonien, des Museo y Archivo Regional de
las Colonias Judías, in Villa Domínguez. Ich hatte ihn angeschrie-
ben und gebeten, so etwas wie mein Fremdenführer zu sein.

»Ich hab hier noch ein bisschen zu tun«, erklärte Osvaldo mir,
»am besten wir treffen uns morgen in der Früh, dann zeige ich dir
alles.«

*

Jetzt ist es morgens kurz vor neun und auf dem Hauptplatz von
Villa Domínguez hängt die argentinische Flagge träge von ihrem Mast, unwillig baumelt sie hin und her, als wäre sie noch erschöpft vom gestrigen Trubel. Heute gibt es keine Hymne, stattdessen höre ich nur die kleinen grünen Papageien krächzen, die
in den Palmen sitzen. Sie klingen fast so schräg wie die Blaskapelle.

Villa Domínguez hat eintausendneunhundert Einwohner und
eine staubige Hauptstraße. Wenn man das Schachbrettmuster ge-

wohnt ist, in dem die meisten argentinischen Städte angelegt sind, verirrt man sich leicht in Villa Domínguez, denn hier gibt es Kurven und Diagonalen, doch am Ende laufen alle Straßen auf den Dorfplatz zu.

»Warst du schon mal in Paris, am Triumphbogen? Von ihm gehen auch zwölf Straßen ab wie die Strahlen von einem Stern.«

Über Osvaldos Kopf flattert ein Schwarm Papageien in den Morgenhimmel, hellblau, mit weißen Schleierwolken.

»Villa Domínguez hat genau den gleichen Grundriss wie der Platz am Triumphbogen von Paris. Das war eine Hommage an Baron Hirsch und seine Lieblingsstadt.«

Osvaldo läuft mit mir durch Villa Domínguez, durch unasphaltierte Straßen, vorbei an alten Häusern, die mehr nach Stadt als nach Dorf aussehen, mit Säulen in den Mauern und hohen Türen und Fenstern.

Ein paar Mopeds knattern durch den Ort, alte Autos holpern über Schlaglöcher, während Osvaldo von früher erzählt: wie das alles hier zum Zentrum einer ganzen Reihe jüdischer *colonias* wurde und Baron Hirsch zum Moses von Amerika.

»Moritz von Hirsch stammte aus einer wohlhabenden, deutschjüdischen Bankiersfamilie. Das heißt, er hatte von Haus aus schon Geld. Er investierte sein Erbe in den Bau der Eisenbahnstrecke von Europa nach Konstantinopel. Später wurde daraus der Orientexpress und der Baron machte ein Vermögen. Alles lief also gut, aber dann starb 1887 Lucien, sein einziger Sohn.«

Wenn man Bilder von Baron Hirsch betrachtet, sieht man einen dünnen Mann mit traurigen Augen und einem riesigen Schnurrbart mit nach oben gezwirbelten Enden, so als würde er sich einen zweiten großen lächelnden Mund wie eine Maske vor seinen halten. Gegen Ende des 19. Jahrhunderts gehörte der Baron zu den zehn reichsten Männern Europas, doch nach dem Tod von Lucien ist Hirsch nicht nur untröstlich, er hat auch keinen Erben mehr. So beschließt er, sein Vermögen in wohltätige Zwecke zu investieren.

»Auf seinen Reisen hatte der Baron selbst gesehen, unter welchen Bedingungen die Juden damals in Russland und im Osmanischen Reich lebten. Er wusste, dass sie verfolgt wurden und dass es immer wieder zu Pogromen kam. Hirsch und seine Frau Clara stammten beide aus jüdischen Familien und sie fingen an, die Juden in Osteuropa und der Türkei mit Spenden zu unterstützen. In Russland, wo es den Juden besonders schlecht ging, wollte Hirsch für viel Geld Schulen bauen lassen, doch die russische Regierung war nicht wirklich kooperativ und da dachte sich der Baron einen neuen Plan aus.«

In Europa legten damals jeden Tag große Auswandererschiffe ab. Sie fuhren nach Nord- und Südamerika, in die Neue Welt, denn dort, hieß es, wartete ein besseres Leben und vor allem gebe es fruchtbare Äcker und Weiden. 1891 gründete Baron Hirsch die Jewish Colonization Association mit dem Ziel, für die Juden aus Russland Land zu kaufen – in Kanada, Brasilien, Uruguay und vor allem in Argentinien.

»Die Jewish Colonization Association wurde hier nur die Jewitsch genannt. Allein in Argentinien gehörten ihr siebenhunderttausend Hektar, über ein Drittel davon in Entre Ríos.«

Osvaldo hat mich zum Bahnhof von Villa Domínguez geführt. Zweimal in der Woche kommt hier ein Zug vorbei, den Rest der Zeit döst das alte Bahnhofshäuschen aus roten Ziegeln und Blechdach unter der Sonne von Entre Ríos.

»Früher war das hier so etwas wie das Tor in eine neue Welt. Hier sind die Juden aus Russland angekommen. Sie sind aus dem Zug gestiegen, ganze Familien, die Männer mit Hüten und Bärten, die Frauen mit Kopftuch, in der einen Hand Koffer und an der anderen Hand Kinder. Und hier, in Villa Domínguez, wies man ihnen dann ein Stück Land zu.«

Wir laufen durch das Gleisbett, zwischen den Holzschwellen wachsen lila Disteln.

»Das erste Land, das der Baron kaufte, lag im Umkreis der

Bahnstation von Villa Domínguez. Das heißt: Hier, in diesem
Bahnhof, begann vor einhundertzwanzig Jahren die jüdische Ko-
lonisierung.«

Osvaldo führt mich zu einem Schuppen, keine hundert Meter
entfernt vom Bahnhof. Er ist aus grauem Wellblech, zwei Stockwerke hoch und groß wie ein Fußballfeld.

Innen schwebt Staub in feinen Flocken durch die Luft, durch
Löcher im Dach dringen dünne Lichtstrahlen wie Suchscheinwer-
fer. Sie leuchten auf den kaputten Holzboden, ein paar alte Kutschen, verrostete Geräte und Gerümpel.

»Das ist das sogenannte Hotel der Immigranten«, sagt Osvaldo. »Das klingt gut, war aber eigentlich nur ein Schuppen, in dem
es keine Zimmer oder Betten gab, nicht einmal eine Küche oder
Toiletten. Die Juden aus Russland kamen hier an, mit ihren Koffern und Kindern, manchmal waren das sechs, sieben oder sogar
zwölf. Sie suchten sich hier also einen Platz, ruhten sich etwas aus
und warteten, bis der Verwalter sie rief.«

Die Jewitsch siedelte die Neuankömmlinge zusammen an,
in Kolonien wie Colonia Carmel. Sie baute einige Straßen, eine
Schule, manchmal eine Bibliothek und eine Synagoge. Wenn die
Juden aus Russland in Argentinien eintrafen, hatten sie Kleidung
und vielleicht Bücher dabei, aber keine Geräte für das Leben auf
dem Land. Die Jewitsch gab ihnen eine Kutsche, einen Pflug, einen Sack mit Samen, Pflöcke und ein bisschen Geld. Sie wies ihnen eine Parzelle zu und schickte sie los, in ihr neues Leben in
der neuen Welt.

Bald blühten die Kolonien rund um Villa Domínguez, gleichzeitig gründete die Jewish Colonization Association auch in anderen Orten Siedlungen: Moisés Ville in Santa Fe, Mauricio Hirsch
in der Provinz Buenos Aires oder Lucienville in Entre Ríos. Insgesamt zwei Dutzend jüdische Kolonien entstanden in Argentinien,
und aus den russischen Juden, die aus Schtetln im Zarenreich gekommen waren, wurden mit der Zeit argentinische Bauern.

»Die Kinder der Einwanderer wollten irgendwann nicht mehr den schwarzen Hut tragen, wie das ihre Eltern oder Großeltern gemacht hatten. Sie wollten lieber eine *boina,* also das Barett der argentinischen Gauchos. Sie merkten, dass die weiten Hosen der Gauchos praktischer waren zum Reiten, und zu den typischen jüdischen Gerichten wie Knishes oder Latkes kamen das argentinische *asado* und der Mate-Tee.«

*

Am Nachmittag treffe ich Osvaldo in seinem Museum. Villa Domínguez erwacht gerade aus der Siesta, Fenster werden geöffnet, Jalousien hochgezogen, Vorhänge beiseite geschoben. Villa Domínguez streckt und reckt sich.

Das Museum der Jüdischen Kolonien steht ein paar Meter vom Hauptplatz entfernt, ein einstöckiges Gebäude mit dicken Mauern, die grün und weiß gestrichen sind. Über der hohen Eingangstür aus Holz und Glas steht noch immer »Farmacia«. Früher wurden hier Pillen und Tinkturen verkauft, heute jedoch finden sich in den dunklen Holzschränken keine Fläschchen und Kräuter mehr, sondern alte Bücher und dicke Stapel mit vergilbtem Papier. Osvaldo benutzt die Medizinschränke als Archiv, hier bewahrt er die Dokumente auf, die er in den letzten Jahrzehnten retten konnte. Alles andere ist im ehemaligen Labor und im Lager untergebracht: Möbel, Kleidung, Geschirr, Koffer, Bilder, Schreibmaschinen und Leuchter.

»Hundertfünfzigtausend Juden konnte die Jewish Colonization Association aus Russland holen«, sagt Osvaldo. Ein Zehntel von ihnen kam nach Villa Domínguez und in die Kolonien in der Umgebung. Das Problem aber war, dass schon bald die ersten jüdischen Immigranten die Kolonien wieder verließen.

»Baron Hirsch glaubte, dass Juden geborene Landwirte wären, er meinte, sie wüssten intuitiv, wie das ginge, schließlich wurden sie ja schon in der Tora als Bauern beschrieben. Mit der Jewitsch wollte Baron Hirsch sie wieder zu dem machen, was sie seiner Meinung nach von Natur aus waren. Aber in Russland hatten die meisten Juden keinen Zugang zu Land besessen, sie hatten keine Ahnung, wie man pflügt, sät oder eine Kuh melkt.«

Osvaldo führt mich durch sein Museum. Von den Wänden blicken Männer mit langen Bärten und Frauen mit Kopftüchern. In Regalen steht altes Geschirr, es gibt einen Schultisch mit eingelassenem Davidstern, Gebetsmäntel und Gaucho-Ponchos, Spinnräder, Pflüge und Brandeisen.

Wenn die Jewish Colonization Association die russischen Juden aus ihren Schtetln im Zarenreich zu ihren Parzellen in Argentinien schickte, dann fanden sie dort meistens nur ein Stück Urwald vor. Unter der brennenden Sonne mussten die jüdischen Siedler erst einmal Bäume fällen und die Wildnis in Äcker und Weiden verwandeln. Wenn dann endlich Weizen wuchs oder Rinder grasten, fielen Heuschreckenschwärme ein, die ganze Felder leer fraßen und die Ernte vernichteten. Dazu kamen Dürren, Seuchen und Mückenschwärme wie biblische Plagen.

Hilfe von der Jewitsch gab es nicht, im Gegenteil.

»Das Land, das die Siedler erhalten hatten, war kein Geschenk, sondern so etwas wie ein Kredit, den man abbezahlen musste, und zwar mit einem Teil der Ernte«, sagt Osvaldo. Aus den dunklen alten Medizinschränken holt er Bücher hervor, sie sind so groß, dass sie die Tischplatte vollständig bedecken. Mit fadendünner Schrift ist in ihnen verzeichnet, wer wie viel Ernte abgeliefert hat, Schulden, Kredite, Außenstände.

»Die Jewish Colonization Association war knallhart«, sagt Osvaldo. »Wer nicht zahlen konnte, musste gehen.«

»Aber warum rettet man erst Juden aus Russland und bringt sie Tausende Kilometer weit nach Argentinien, nur um sie dann wieder von dem Land zu vertreiben, das man eigentlich für sie gekauft hatte?«

»Die Jewitsch hat nur ihren Auftrag gesehen. Sie sollte so viele

Familien aus Russland retten wie nur irgend möglich. Dafür benötigte sie Geld, aber die einzigen Einnahmen, die sie hatte, waren die Quoten, die die Siedler zahlten.«

Die Emigranten, die es bis nach Argentinien geschafft hatten, sollten also dafür sorgen, dass die Jewitsch weiter Juden aus Russland holen konnte. Doch es gab einen Fehler im System: Baron Hirsch hatte zwar an die Juden in Russland gedacht, aber nicht an die Kinder der Juden in seinen Kolonien.

»Am Anfang halfen die Söhne ihren Vätern auf dem Feld, aber als sie alt genug waren, um zu heiraten, wollten sie ein eigenes Stück Land haben, einen eigenen Hof und eine eigene Familie. Das Problem war aber, dass die Jewitsch ihnen kein Land überließ, ihnen keines verkaufen wollte. Schließlich lautete ihr Auftrag ja, sich um die Juden in Russland zu kümmern, nicht um die in Argentinien.«

In den Kolonien regte sich Unmut, viele Siedler schimpften auf die Jewitsch. Im fernen Europa erlebte Baron Hirsch all dies nicht mehr mit. Er war 1896, nur vier Jahre nach Gründung seiner Organisation, verstorben, paradoxerweise machte ihn vielleicht genau das am Ende unsterblich. Während sich der Zorn auf die Verwalter und Funktionäre der Jewitsch konzentrierte, wurden Bilder vom Baron in den öffentlichen Gebäuden aufgehängt und Synagogen, Bibliotheken und Straßen nach ihm benannt. Zwar hatte Hirsch die Juden nicht aus der ägyptischen Sklaverei ins Gelobte Land geführt, aber immerhin aus den russischen Schtetln nach Argentinien. Und so wurde aus dem Freiherrn von Hirsch auf Gereuth der Moses von Amerika.

Auch in Villa Domínguez gibt es heute noch eine Avenida Hirsch, Juden aber gibt es fast keine mehr.

»In den Kolonien war das Leben hart. Die Kinder gingen fort und kehrten meist nicht zurück. Viele haben ihr Land verkauft und sind nach Buenos Aires oder Córdoba gegangen oder gleich nach Israel.«

Manchmal, sagt Osvaldo, kämen Nachfahren der Immigranten nach Villa Domínguez, dann zeige er ihnen das Museum. Osvaldo selbst ist Katholik und kein Jude, seine Familie stammt aus Spanien und Italien.

»Ich bin hier geboren, in Villa Domínguez. Lange gab es hier niemanden, der sich darum gekümmert hat, dass die Geschichte von den *gauchos judíos* und Baron Hirsch nicht vergessen wird. Also habe ich das übernommen.«

Die Miete und der Strom für das Museumsgebäude werden durch Spendengelder finanziert, dazu zahlt sich Osvaldo noch ein kleines Gehalt, für mehr reicht es nicht. Währenddessen kaufen Agrarkonzerne das Land auf, das die Jewitsch einst für die russischen Juden erworben hatte. Die Kolonien werden von einer Flut aus Soja weggespült und die Synagogen werden abgerissen, um noch mehr Platz für Mais und Weizen zu schaffen. In Colonia Carmel hat Jaime Jruz selbst die Synagoge gekauft und wieder hergerichtet, aus Angst, dass sie verschwinden könne, dass mit ihr noch ein weiteres Stück der Geschichte der *gauchos judíos* in Vergessenheit gerät.

Zum Abschied gibt Osvaldo mir noch eine Telefonnummer.

»Manfredo Pfeiffer in Colonia Avigdor, mit dem solltest du reden«, sagt Osvaldo, »schließlich bist du ja aus Deutschland.«

*

Der Weg nach Avigdor führt nach Norden, über Landstraßen, die aussehen, als hätten sie gerade einen Krieg überstanden, mit Schlaglöchern so groß wie Bombenkrater und verlassenen Häusern am Straßenrand.

Schwer zu finden ist Avigdor nicht. Nach hundert Kilometern steht neben der Landstraße ein riesiger Torbogen aus Metall mit eckigen Buchstaben aus rot lackiertem Holz: »Avigdor«. Ich biege von der Landstraße ab und fahre auf einer Schotterpiste durch Felder und Wiesen.

Avigdor besteht aus kaum mehr als ein paar Dutzend Häuschen, die auf einem Hügel im Nirgendwo stehen. Nicht einmal die Hauptstraße ist geteert, und jedes Auto oder Moped wirbelt eine dicke braune Staubwolke auf.

Avigdor hat einen kleinen Spielplatz mit bunten Schaukeln und Rutschen, ein paar Meter weiter steht eine Synagoge. Sie ist kaum größer als eine Gartenlaube, die Wände sind aus weiß gestrichenem Wellblech und das Dach ist rot und rostig. Vor einem Haus kehrt eine Frau in Schürze die Veranda.

»Manfredo Pfeiffer? Der wohnt da hinten. Aber der ist wahrscheinlich gerade bei den Kühen.«

Ich warte auf der Veranda, und als Manfredo nach einer halben Stunde kommt, klebt an seinen Gummistiefeln noch der Dreck von den Feldern, dunkle Brocken, als wäre er durch braunen Teig gelaufen.

»Ich habe jetzt keine Zeit«, sagt Manfredo in holprigem Deutsch. »Weißt du, ich muss zum Arzt. Aber, *bueno,* jetzt bist du ja schon mal hier, also komm rein.«

Manfredo wohnt in einem kleinem Haus, es ist eingeschossig und vielleicht zwanzig Jahre alt, der Boden ist gefliest und das Esszimmer direkt mit der Küche verbunden. Auf dem Herd blubbert in einem verbeulten Blechtopf das Mittagessen, es riecht nach Tomatensoße und Fleisch, und auf dem Tisch liegt eine Plastiktischdecke, die mit kleinen Teekannen bedruckt ist.

Manfredo ist Anfang achtzig, die Jahre und die Arbeit auf dem Land haben seinen Rücken krumm und seine Schultern breit gemacht. Er trägt einen dichten grauen Schnauzer und eine eckige Brille mit getönten Gläsern. An einem Rentnerstammtisch in Deutschland, denke ich, würde er nicht auffallen.

»Setz dich«, sagt Manfredo und seine Stimme klingt, als wäre er gerade einem Schwarz-Weiß-Film entstiegen. Manfredo war zweieinhalb, als er mit seinen Eltern in Argentinien eintraf. Damals hieß er noch Manfred. Die Pfeiffers lebten in einem kleinen Dorf in der Nähe von Bad Rappenau in Baden-Württemberg. Drei Jahre zuvor hatte Hitler die Macht ergriffen, und damit war für die Familie die Zeit gekommen zu gehen.

»Meine Eltern wollten eigentlich nach Palästina, aber das hat nicht funktioniert. In die jüdischen Gemeinden ist dann ein Vertreter der Jewitsch gekommen und hat meinen Eltern erklärt, dass sie nach Argentinien gehen könnten. Und weil Palästina nicht mehr möglich war, haben sie sich entschlossen, das zu tun.«

Die Jewish Colonization Association plante Avigdor als Zufluchtsort für Juden aus dem Nazi-Reich – Entre Ríos als Rettung vor dem Holocaust.

Zusammen mit einhundertzwanzig jüdischen Familien aus Deutschland wurden Manfred und seine Eltern nach Avigdor geschickt.

»Wir haben hier ein Haus gehabt, das war sehr *precario*. Aber immerhin hatten wir ein Dach über dem Kopf. Und dann haben wir noch ein Stück Land bekommen, fünfundsiebzig Hektar in Pacht, und zehn oder fünfzehn Rinder, fünf Pferde, einen Pflug und einen Wagen mit vier Rädern.«

In einem verknitterten Album mit rotem Plastikeinband bewahrt Manfredo Fotos von früher auf. Schwarz-Weiß-Aufnahmen, die seinen Vater zeigen, wie er Rinder zusammentreibt; Kolonisten in Gaucho-Tracht, in weiten Hosen und mit *boina* auf dem Kopf, als wären sie nicht in Bad Rappenau oder Berlin geboren, sondern in den Weiten der Pampa. Trotzdem: Die alte Heimat ist unvergessen.

»Die Leute hier haben auf der Straße und zu Hause nur Deutsch gesprochen. Und die Argentinier haben sogar Deutsch gelernt, damit sie sich mit uns unterhalten konnten. Als ich in die Schule kam, konnte ich kein Wort Spanisch, aber die Lehrerin dort hat sowieso nur Jiddisch geredet.«

Die Pfeiffers hatten schon daheim in Baden-Württemberg in der Landwirtschaft gearbeitet, sie wussten, wie man melkt und

Äcker pflügt, und brachten es den anderen Siedlern bei. Aber auch in Colonia Avigdor war das Leben hart.

»Nach fünf Jahren sind die ersten schon wieder weggezogen, *porque* sie konnten sich nicht ernähren. Sie müssen bedenken, wie das hier war, vor fünfundsiebzig Jahren, das war *más o menos* ein Urwald. Als dann nach dem Krieg die Wiedergutmachung kam, haben die Leute ihr Geld genommen und sind fortgegangen. Viele sind nach Israel ausgewandert oder nach Amerika, die meisten aber sind nach Buenos Aires gezogen.«

Von einhundertzwanzig deutsch-jüdischen Familien leben heute nur noch fünfzehn im Dorf. Die Synagoge von Avigdor ist meistens zugesperrt und nur noch zu den hohen jüdischen Feiertagen kommt ein Rabbi aus der nächsten Stadt.

»So, jetzt muss ich aber weg«, sagt Manfredo. »Ich muss zum Arzt, zum Untersuchen. Ich bin nicht mehr der Jüngste, *sabes,* und lange hab ich eh nicht mehr zu leben.«

Wenn er tot sei, sagt Manfredo, werde sein Sohn das Land erben, das seine Eltern einst von der Jewish Colonization Association erhalten hätten. Vielleicht wird er dann weiter Rinder züchten – der letzte *gaucho judío* von Avigdor.

Ende – Gracias, Gauchito Gil

Heute Morgen bin ich in Mercedes angekommen. Nachdem ich das Mietauto wieder in Paraná abgegeben hatte, habe ich mich in einen Bus nach Mercedes gesetzt. Die kleine Stadt liegt zweihundert Kilometer südlich von Corrientes und siebenhundert Kilometer nordwestlich von Buenos Aires, am Fuß der Esteros del Iberá, einem riesigen Sumpfgebiet, das sich wie eine spitze Zunge von der Grenze zu Paraguay und Brasilien bis in die Mitte der Provinz Corrientes erstreckt.

Mercedes hat dreiunddreißigtausend Einwohner und Straßen, die aussehen, als hätte eine Zeitmaschine sie aus dem 19. Jahrhundert herbeigebeamt. Es gibt alte Bäume und einstöckige Häuser mit hohen Fenstern und Stuck über der Eingangstür. Mercedes lebt von der Landwirtschaft, von Reis und Rindern, es könnte ein ruhiges Leben sein, wäre da nicht Gauchito Gil.

Als ich aus dem Bus stieg, sah der Terminal aus wie der Münchner Hauptbahnhof während des Oktoberfests: ein Chaos aus Taschen und Koffern, dazwischen Männer, die auf dem Boden ihren Rausch ausschliefen, und andere, die schon wieder oder immer noch tranken, allerdings nicht Bier, sondern Wein. Niemand trug Lederhose oder Lodenjanker, alle hatten entweder Fußballtrikots an oder Gaucho-Tracht, mit weiter Hose, silberbeschlagenem Gürtel und buntem Halstuch.

*

Eigentlich, sagt Juan, sei das Leben in Mercedes ganz ruhig. Juan hat ein Taxi-Unternehmen, wobei Unternehmen etwas zu viel gesagt ist, denn es besteht hauptsächlich aus ihm, seiner Frau und ihrem alten Renault. Juan sollte mich zum Grab von Gauchito Gil bringen, etwa acht Kilometer außerhalb von Mercedes, aber ich weiß nicht, ob wir jemals dort ankommen werden. Seit zwanzig Minuten stecken wir im Stau. Erst konnten wir noch Schritttempo fahren, jetzt stehen wir, nichts geht mehr. Links und rechts von uns brennt die Sonne auf flache Felder. Knorrige Bäume, stachelige Büsche und ein paar einsame Kühe.

Aus dem Fenster des alten Omnibusses vor uns auf der Landstraße hängt sich ein Mann mit nacktem Oberkörper. In der Hand hält er eine Plastikflasche mit Fernet-Coca. Ich verstehe zwar nicht, was er grölt, aber es passt zum Takt, in dem der ganze Bus wippt. Innen springen und schunkeln verschwitzte Männer selig Arm in Arm, ich muss an Fußball denken oder an Karneval, nur hat hier keiner ein Trikot oder eine Verkleidung an und statt Kamelle und Kölsch gibt es wohl nur Fernet-Coca.

Über dem Rückfenster des Busses hängt eine rote Fahne. Mit dicken weißen Strichen ist ein Bild darauf gemalt: ein großes Kreuz. Davor steht ein Mann, der so aussieht wie der Sänger einer Siebzigerjahre-Hardrockband, mit Schnauzer und langen Haaren, doch statt einer Gitarre hat er *boleadoras* in der Hand, das ›Steinlas-

so‹ der Gauchos. Über der Fahne steht: »Gracias Gauchito Gil«.
Danke, Gauchito Gil.

Juan hupt. Vor uns schwankt der Bus hin und her, hinter uns
wartet ein Kombi und dahinter eine lange Schlange aus Autos, Las-
tern und Reisebussen.

»Eigentlich ist das Leben hier in Mercedes ganz ruhig«, sagt
Juan noch mal. Er schüttelt den Kopf und drückt auf die Hupe.
Vor uns klettern zwei Männer auf das Dach des Omnibusses.

»Letztes Jahr waren zweihunderttausend Menschen hier«, sagt
Juan, »und jedes Jahr werden es mehr.«

Er hat kurze schwarze Haare und kleine Augen, kaum mehr als
Schlitze, als hätte er sie zu lange vor der Sonne zusammengeknif-
fen. Juan hat mittlerweile den Motor ausgemacht. Im Straßengraben laufen Menschen mit roten Umhängen oder kleinen Statuen
in der Hand in die Richtung, in die wir eigentlich auch wollen, zu
dem Heiligtum neben der Landstraße, zum Grab von Gauchito
Gil.

Wer Gauchito Gil war, darüber gibt es gleich mehrere Theori-
en. Manche sagen, er sei ein Deserteur und eine Art argentinischer Robin Hood gewesen, andere glauben, er habe nichts ge-
stohlen außer dem Herzen einer verheirateten Frau, und viele
halten Gauchito Gil ohnehin nur für eine Legende. Sollte er exis-
tiert haben, dann lebte er vor etwa hundertfünfzig Jahren in der
Provinz Corrientes und hieß mit vollem Namen wohl Antonio
Mamerto Gil Núñez, er war ein Gaucho, und irgendwie geriet er
mit dem Gesetz in Konflikt. Ein Polizist tötete ihn, doch zuvor
prophezeite Gauchito Gil noch, dass der Sohn seines Mörders er-
kranken würde und die einzige Möglichkeit, dessen Tod abzuwen-
den, sei, für das Seelenheil des Gaucho zu beten. So kam es am
Ende, der Polizist bereute seine Tat, sein Sohn wurde gesund und
der Gaucho zum Volksheiligen.

Nun muss man wissen, dass es in Argentinien so viele Volkshei-
lige gibt, dass man eine mittlere Kleinstadt mit ihnen füllen könn-

te. Es gibt Frauen, die dafür verehrt werden, dass sie ihre Kinder mit ihrer Muttermilch vorm Verdursten in der Wüste bewahrt haben. Es gibt heilende Priester, wundertätige Diebe und sogar eine Schlagersängerin, die nach ihrem Tod zu Heiligen aufgestiegen sind. Evita und Diego Maradona werden fast wie Heilige verehrt, doch im Moment ist niemand so beliebt wie Antonio Gil, der heilige Gaucho.

Seit ich vor zehn Jahren bei der Rückfahrt aus dem Chaco mit dem Bus am Grab Gauchito Gils vorbeigefahren bin, fallen mir im ganzen Land Autoaufkleber und rote Bänder hinter Rückspiegeln auf, die mit dem Namen des Gauchito versehen sind. Der Kult wird immer größer, überall sind in den letzten Jahren Altäre für Antonio Gil entstanden. Manchmal sind es nur ein paar rote Fahnen, die im Gras stecken, manchmal sind es gemauerte Hütten mit hüfthohen Statuen und einem Meer aus brennenden Kerzen. Längst stehen die Heiligtümer für Gauchito Gil nicht mehr nur neben Landstraßen. Vor dem Friedhof Chacarita, mitten in Buenos Aires, gibt es eine große Kapelle für den heiligen Gaucho, Altäre finden sich in reichen Vororten ebenso wie in Arbeitervierteln oder Slums. Das Zentrum des Kultes aber liegt ein paar Kilometer außerhalb von Mercedes, irgendwo da vorn neben der Landstraße, auf der wir gerade stehen.

»Steig am besten aus«, sagt Juan. »Mit dem Auto kommen wir hier eh nicht weiter und von hier aus kannst du auch laufen.«

Ich packe meinen Rucksack und gehe los. Die Landstraße ist schnurgerade und der Stau reicht, soweit ich sehen kann. Aus einem verbeulten Fiat quäkt Chamamé, ein Gaucho in voller Tracht sprengt auf einem schwarzen Pferd im Galopp an mir vorbei.

Manuel hat einen dicken Bauch, kein T-Shirt an und glasige Augen. Sein alter Renault steht neben dem Straßengraben. Manuel hat in ihm übernachtet, bequem sei das nicht gewesen, sagt er, aber er habe dem Gauchito versprochen, dass er komme, und so ein Versprechen breche man nicht.

»Siehst du das Tattoo hier? Das habe ich mir stechen lassen, nachdem der Gauchito mir Arbeit gegeben hat.« Auf Manuels Rücken steht »Gauchito Gil«, hinter sich ein rotes Kreuz, der Blick gütig, die Haare wehen im Wind.

»Ich bin eigentlich Schweißer, weißt du, aber dann ist die Firma, in der ich gearbeitet habe, pleitegegangen. Das war kurz nach der Krise 2001 und ich hab keinen neuen Job gefunden, monatelang. Meine Frau meinte dann, dass ich den Gauchito um Hilfe bitten solle. Das habe ich gemacht und er hat meinen Wunsch erfüllt.«

»Wieso bist du so sicher, dass es Gauchito Gil war?«

»Wer denn sonst? Vor dem Vorstellungsgespräch hab ich zu ihm gebetet und am Ende hab ich den Job bekommen. Seitdem bitte ich den Gauchito auch um andere Sachen, ich hab mir das Tattoo stechen lassen und komm jedes Jahr hierher, um mich zu bedanken.«

»Erfüllt der Gauchito denn immer alle deine Wünsche?«

»Nicht immer. Manche Sachen sind vielleicht keine guten Wünsche, oder ich wünsche sie mir nicht fest genug. Vielleicht hat er auch einfach zu viel zu tun.«

Ich laufe schon etwa einen Kilometer neben der Straße her, und je weiter ich gehe, desto mehr Menschen laufen mit mir in die gleiche Richtung. Ein altes Ehepaar trägt eine Gauchito-Gil-Figur von der Größe eines Kleinkindes, es gibt Männer mit Bügelfaltenhosen und Jugendliche in Trainingsanzügen, mit bunten Piercings und blondierten Haaren.

Es ist heiß und staubig und von irgendwoher weht der Geruch von Bratwürsten.

In einem Schuppen neben der Straße spielt eine Band, sie besteht aus drei Männern und einem etwa zehnjährigen Mädchen. Es hat ein Akkordeon in den Armen, das fast genauso groß ist wie es selbst, kleine Finger fliegen über die Tasten, und vor dem Mädchen drehen sich Paare im Kreis. Die Männer tragen hohe Lederstiefel und dünne Hüte, die Frauen lange Kleider und Halstücher.

Zwischen zwei Autos haben María und ihr Freund eine Plastikplane gespannt, als Schutz gegen die Sonne, denn die Nacht war viel zu kurz und jetzt ist es viel zu hell.

»Gestern haben wir ein bisschen gefeiert«, sagt María.

Drei Mittzwanziger neben ihr lachen, einer hält sich seinen Kopf.

»Die Jungs haben jetzt einen Kater, aber daran sind sie selbst schuld.«

Ob sie denn nicht wegen Gauchito Gil da seien, will ich wissen.

»Klar, wegen was sonst! Aber das hier ist auch eine große Party, die Leute feiern und tanzen und trinken. Alle sind glücklich und dankbar, weil der Gauchito ihnen einen Wunsch erfüllt hat.«

»Hast du dir auch etwas vom ihm gewünscht?«

»Ja, letztes Jahr. Ich hab ihn gebeten, dass er uns hilft, ein eigenes Haus zu bekommen. Das haben wir jetzt, in Rosario. Jetzt müssen wir noch die Raten zahlen.«

»Da könnte uns auch der Gauchito helfen«, sagt einer der Jungs, der Rest fängt wieder an zu lachen.

Ich gehe weiter. In der Ferne kann ich einige kleine Hütten erkennen, ein oder zwei Stockwerke hoch, aus Ziegelsteinen, Holzbrettern und Wellblech.

Neben der Straße stehen Verkäufer mit kleinen Ständen. Sie verkaufen Kerzen und T-Shirts, vorn drauf Gauchito Gil, hinten ein Gebet: »Gauchito Gil, ich bitte dich demütig …«

»Ich will den Gauchito bitten, dass er meine Mutter wieder gesund macht.« Teresa hat schwarze Haare und einen Körper, der so aussieht, als zögen unsichtbare Hände an ihm: Die Mundwinkel, die Augen, die Schultern, alles hängt nach unten. Teresa steht in der Schlange, die sich vor dem Eingang zum Heiligtum Gauchito Gils gebildet hat, links die Straße, rechts Hütten aus Ziegelsteinen und Blech.

»Das hier ist das Ende meiner Pilgerreise. Meine Mutter hat Krebs und die Ärzte sagen, dass sie ihr nicht mehr helfen können. Darum will ich jetzt Gauchito Gil bitten, dass er sie wieder gesund macht.«

»Und du denkst, der Gaucho kann dir helfen?«

»Ich hoffe. Sonst tut das ja niemand mehr. Die Politiker schieben sich das Geld in die eigene Tasche und die Ärzte wollen dich nur schnell abfertigen. Bei Gauchito Gil weiß ich, dass er mir helfen will, und das Einzige, was er dafür erwartet, ist, dass ich ihn an seinem Grab besuche.«

Ich stelle mich zu Teresa in die Schlange. Nach einer halben Stunde erreiche ich schließlich einen kleinen Platz, der so voll ist wie die U-Bahn von Buenos Aires zur Rushhour. Verschwitzte Körper drängen sich aneinander, schieben mich vorwärts und zur Seite. Rote Fahnen flattern über uns, Banner hängen zwischen Stangen und Kabeln: »Danke, Gauchito, danke für die erfüllten Wünsche!«

Um den Platz herum gibt es kleine Buden aus Holz. Sie verkaufen Souvenirs, rote Bänder, Rosenkränze und Kerzen. Ich schiebe mich langsam immer weiter Richtung Grab, eine andere Richtung wäre auch gar nicht möglich, so dicht ist das Gedränge. Viele Pilger haben angefangen zu beten, andere fotografieren das Grab mit ihren Handys: Unter einem Blechdach auf Metallstreben steht eine Art Käfig aus Metallgittern und in seiner Mitte eine große Figur Gauchito Gils, übersät mit kleinen Metallplaketten.

Eine Frau mit langen blondierten Haaren, Fingernägeln wie Raubtierkrallen und rotem Umhang torkelt um die Statue, berührt sie, streichelt sie wie ein verliebter Teenager. Dann zündet sie sich eine Zigarette an und steckt sie mit zitternder Hand unter den Kopf Gauchito Gils. Neben ihr steht ein Mann in Boca-Juniors-Trikot, er trinkt einen großen Schluck aus einer Weinflasche und schüttet den Rest über der Figur aus. Zu deren Füßen hat sich schon eine Pfütze gebildet, sie schimmert dunkelrot, als würde Gauchito Gil in einem See aus Blut stehen.

Vielleicht ist es das, was einen Volksheiligen ausmacht, überlege ich. Dass man Zigaretten anzündet zu seinen Ehren und keinen Weihrauch, dass man eine Flasche Wein ausschüttet und nicht nur einen kleinen Schluck aus einem Kelch trinkt.

Hinter der Statue steht ein Regal, das aussieht wie ein zwei Meter hoher, rechteckiger Kronleuchter. Hunderte roter Kerzen brennen in den Fächern, es ist heiß und die Luft riecht süßlich nach verbranntem Wachs.

Ich habe mir Kerzen gekauft, ohne dass ich sagen kann, warum. Ich bin kein religiöser Mensch, aber in dem Moment, als der Verkäufer mich fragte, ob ich ein Paket haben möchte, hatte ich das Gefühl, dass ich mich bedanken will. Für die Reisen, die ich gemacht, die Eindrücke, die ich gewonnen, die Menschen, die ich kennengelernt, und die Dinge, die ich gesehen habe – in Argentinien. Vielleicht ja doch unter dem Schutz Gauchito Gils. Wer weiß.

Ich zünde meine Kerzen an und stelle sie in das Regal. Aus den Fächern quillt Wachs in dicken Wülsten, wie roter, glänzender Teig. Vielleicht sehen so erfüllte Wünsche aus.

Ich verlasse das Heiligtum und schiebe mich durch die Menge auf die kleinen Buden zu. Nach ein paar Metern irre ich durch ein Labyrinth aus engen Gängen. Cumbia wummert aus Boxen, die Töne mischen sich zwei Schritte weiter mit Chamamé, es riecht nach Zigarettenrauch, nach Erbrochenem und verbranntem Fett. Man kann Statuen kaufen und Aufkleber, T-Shirts und sogar Wanduhren mit dem heiligen Gaucho.

»Pass nur auf mit den Typen, die hier die Kerzen verkaufen.« Der alte Mann hat kaum mehr Zähne. Wenn er spricht, lässt er den Mate-Strohhalm im Mund wie das Ende einer Pfeife.

»Woher kommst du denn?«, fragt er mich, als ich an seinem Stand kurz Pause mache. »Aus Deutschland? Ah, bei euch ist es bestimmt ordentlich und sicher. Hier musst du aufpassen. Ich hab achtunddreißig Jahre in Buenos Aires bei der Bahn gearbeitet, jetzt bin ich einundsiebzig und in Rente und meine Frau und ich sind wieder zurückgezogen, hierher, nach Corrientes. In Buenos Aires konnte man nicht mehr auf die Straße gehen, ohne überfallen zu werden. Wir haben jetzt diesen kleinen Stand, von dem können wir gut leben, und dieses Wochenende ist sowieso das beste im Jahr. Da sind Leute aus dem ganzen Land da, die wollen alle eine Erinnerung an den Gauchito. Aber hier ist es auch nicht mehr so sicher wie früher. Hier gibt es auch Leute, die dich ausrauben wollen. Pass nur auf mit den Typen, die hier die Kerzen verkaufen. Die rauben dich aus, wenn du nicht vorsichtig bist.«

Ich irre weiter durch die Gänge, drücke mich zwischen kleinen Buden hindurch und vorbei an langen Regalen mit Gauchito-Gil-Figuren. Gütig schauen sie auf mich herab, als wären sie es gewesen, die mich vor dem breitschultrigen Kerzenverkäufer beschützt hätten. Eine Armee aus langhaarigen Gauchos.

Irgendwann stehe ich auf einer kleinen Straße zwischen improvisierten Steh-Restaurants mit Plastikstühlen und noch mehr Buden. Betrunkene torkeln mir entgegen, Mütter tragen ihre Kinder durchs Gedränge, auf rechteckigen Metallgrills braten Würstchen und Steaks, und in den Buden gibt es Gaucho-Messer, Mate, Thermoskannen, Hosen, Pullover, CDs und Rolex-Uhren.

»Die sind natürlich nicht echt«, sagt Andrés, »aber sie funktionieren genauso gut. Das garantier ich dir. Wenn du eine Uhr bei mir kaufst und sie geht kaputt, dann kommst du wieder und ich gebe dir eine neue. Versprochen.«

Andrés ist neunundfünfzig, er trägt eine kleine runde Oberlehrerbrille, seine Haare sind grau und lockig. Andrés könnte auch ein Rechtsanwalt sein oder ein Arzt, doch er lebt davon, dass er neben dem Grab des heiligen Gaucho gefälschte Rolex verkauft.

»Ich habe jahrelang in einer Firma in Buenos Aires gearbeitet. Alles lief gut, aber dann bin ich überfallen worden. Die Diebe sind bei mir ins Haus eingedrungen, sie haben alles mitgenommen und mich zusammengeschlagen. Da habe ich beschlossen wegzugehen. Jemand hat mir von Gauchito Gil erzählt, ich habe hier meinen Stand aufgebaut und seitdem bin ich hier.«

Der Gaucho, ein Schutzheiliger, buchstäblich.

*

Als die Sonne schon lange Schatten wirft, fahre ich wieder zurück nach Mercedes. Normalerweise würde er Touristen in die Sümpfe des Iberá bringen, erklärt mir der Fahrer, ein Mittvierziger mit glatt rasierten Wangen. »Aber wenn das Fest für Gaucho Gil ist, dann fahre ich Pilger zum Grab und wieder zurück, damit kann man mehr verdienen.«

Dann will er wissen, ob es Gauchito Gil auch in Deutschland gebe.

»Nein«, sage ich, »nicht dass ich wüsste.«

»Aha«, sagt der Fahrer, dann macht er eine kleine Pause und fragt: »Und wen fragt ihr dann, wenn ihr mal Hilfe braucht?«

Draußen hinter den flachen Wiesen und Weiden geht die Sonne unter. Von den Bäumen und Sträuchern sieht man nur noch schwarze Schatten und der Himmel dahinter ist so rot wie der Umhang des Antonio Gil. Gaucho-Land. Bis zum Horizont.

Zitatnachweise

Caparrós, Martín: El Interior. Malpaso Ediciones, Barcelona, Neuauflage 2014

Chatwin, Bruce: In Patagonien. Reise in ein fernes Land. Aus dem Englischen von Anna Kamp. Rowohlt Verlag, Reinbek 1981, 1990

Danksagung

Danke an: Eva für Argentinien; Juan und Eli für Aráoz und noch viel mehr; Miri, Antoine, Sebastián, Cris, Guille, Virgi, Santi und die Peloteros Porteños für Fußball und Freundschaft; Silvia und Nicolás für ihre offenen Arme; Alberto und Fernando, Daniela und Camilla, Claudia, Leo und Irma für Unterstützung; Sebastián und Eugenia, Fran und Marian, Fede und Nadia für eine tolle Zeit; Leslie und Demián; Carlos und Vilma, Alberto, Osvaldo und viele andere für die Hilfe. Vor allem aber danke an: Lea für Korrekturen und Cocktailabende; meine Eltern für Kritik und gutes Zureden; Anne, Mathis, Alma und Jonas weil sie immer da waren, auch wenn wir weit weg waren; Meredith für Ratschläge; Josephina für ihr Lachen – und Lucia für einfach alles.

Weitere Reiseabenteuer bei DuMont ...

PAPERBACK, 456 SEITEN
ISBN 978-3-7701-8257-2
PREIS 16,99 € [D]/17,50 € [A]
AUCH ALS E-BOOK ERHÄLTLICH

Wolkenpfad

Zu Fuß durch das Herzland der Inka

von John Harrison

Übersetzt von Christina Schmutz und Frithwin Wagner-Lippok

Der »Wolkenpfad« verläuft hoch über dem Rücken der Anden, durch raues Land. Kälte, Niederschläge und Höhe machen Harrison während seiner mehrmonatigen Fußreise vom Äquator bis zu den magischen Ruinen der Inka-Stadt Machu Picchu wahrhaftig zu schaffen. Die Menschen, auf die er in den Bergen trifft, haben kaum je einen Weißen gesehen. Harrisons Buch lässt die extremen Landschaften, die er unter den Vulkanen der Anden durchstreift, und die extremen Lebensbedingungen der Menschen ebenso lebendig werden wie die zahlreichen Ruinen des Inka-Imperiums am Weg, die er eingehend würdigt.

Er läuft den Camino Real ab, den Königsweg, auf dem einst die Staffelläufer der Inka aus allen Winkeln des Reiches Nachrichten zu den Herrschern beförderten. Das Gelände ist eine einzige Herausforderung, der Weg beschwerlich. Die vielen Unwägbarkeiten der Reise, die Ängste und die Einsamkeit, kaum einmal unterbrochen durch kurze Aufenthalte in Gebirgsdörfern, werden feinfühlig und spannend erzählt.

PAPERBACK, 504 SEITEN
ISBN 978-3-7701-8264-0
PREIS 14,99 € [D]/15,50 € [A]
AUCH ALS E-BOOK ERHÄLTLICH

Wilde Küste

Durch Sumpf und Regenwald zwischen Orinoco und Amazonas

von John Gimlette

Übersetzt von Corinna Wieja

Zwischen Orinoco und Amazonas liegt im Nordosten Südamerikas ein Flecken Erde, den kaum jemand kennt. Guyana, Suriname und Französisch-Guiana werden bis heute von Dschungel und Wasser beherrscht. Die frühen Konquistadoren Südamerikas machten einen Bogen um dieses Gebiet, dessen Kolonialgeschichte schließlich Holländer, Briten und Franzosen prägten. John Gimlette begibt sich auf eine Reise entlang der neunhundert Kilometer langen Sumpfküste und durch ihr wildes Hinterland und sammelt dabei verwunderliche Geschichten und Hinweise auf eine erstaunliche Vergangenheit ein. Er stößt in unzugänglichen Regenwald vor, trifft auf die Verstecke entlaufener Sklaven und ehemalige Strafgefangenenlager, seltsame Forts und weltabgeschiedene Eingeborenensiedlungen – aber auch auf einen Weltraumbahnhof. Er begegnet Rebellen, Banditen und Hexenmeistern und sieht sich in Jonestown um, wo 1978 Hunderte Amerikaner dem Anführer ihrer Sekte in den Tod folgten. Wie über so viele andere Ereignisse hat der Dschungel auch darüber längst wieder das Tuch des Schweigens gelegt. Spannend und humorvoll geschrieben, öffnet das Buch die Tür zu einer wunderschönen, bizarren Küste, die zu den vergessenen Winkeln dieser Welt gehört.

PAPERBACK, 312 SEITEN
ISBN 978-3-7701-8254-1
PREIS 14,99 € [D]/15,50 € [A]
AUCH ALS E-BOOK ERHÄLTLICH

DUMONTREISE.DE

*»Im wahrsten Sinne eine
Reise der Extreme«*
Axel Lischke, Tontechniker

Über die Anden
bis ans Ende der Welt

8000 Kilometer Motorrad extrem

von Thomas Aders

»Ich segne die Motorräder mit den amtlichen Kennzeichen NG 71981 und 71988.« Der wettergegerbte Priester Julio Mamani gießt hochprozentigen Schnaps über die staubigen Straßenmaschinen des Fernsehteams, in der anderen Hand schwenkt er den getrockneten Fötus eines Lamas. Schnellsegen auf 4300 Metern Höhe, in der Nähe eines Andenpasses in Bolivien. Gleich werden ARD-Südamerikakorrespondent Thomas Aders und sein Kollege den »Camino de la muerte« hinunterfahren, eine halsbrecherische Route, die über 3000 Höhenmeter hinunter ins tropische Tal der Yungas führt. Eine enge Schlaglochpiste, glitschig wie Schmierseife, extremes Gefälle, keine Leitplanken, kein Warnschild. Nebenan geht es senkrecht in die Tiefe. Hunderte Menschen sind hier zu Tode gekommen. Der »Weg des Todes« ist die gefährlichste Straße der Welt. Eine Episode aus der fast siebenwöchigen Tour, die das Team um den Journalisten Thomas Aders von Peru über Bolivien bis nach Feuerland bringt. Spannungsgeladen und dramatisch, witzig und hautnah schildert der Autor seine Erlebnisse in Südamerika. Sie sind extrem für Technik und Team, bis hin zu Höhenkrankheit, Lungenentzündung, vollkommener Erschöpfung und mehreren Beinahe-Katastrophen.

DUMONTREISE.DE

Als Spion am Nil

4500 Kilometer
ägyptische Wirklichkeit

von Gerald Drißner

Große Kulturgüter und großartige Stände
– so kennt man Ägypten. Der überwiegende
Teil des nordafrikanischen Landes jedoch ist
anders. Die Menschen sind arm, folgen den
alten Regeln und sind zutiefst religiös. Sie
sind herzlich, humorvoll und liebenswert.
Der Autor nimmt den Leser mit auf seine
Reisen in fünfzehn Dörfer und Städte. Er
fährt mit dem Minibus, der ihn in fast jeden
Winkel des Landes bringt. Die Gespräche
im Bus drehen sich um Gott, den ägyptischen Alltag, Korruption und abstruse Ver-
schwörungstheorien. Die Fahrten münden
mal in Pannen und nicht selten in einem
Abenteuer. So erfährt der Autor, warum die
meisten Ägypter noch nie die Pyramiden
besucht haben und was eine deutsche Firma,
die Autokennzeichen herstellt, mit dem
korrupten Mubarak-Regime verbindet. Er
besucht das Dorf im Nildelta, in dem der
Terrorpilot des 11. September aufgewachsen
ist, und die Stadt, in der die mächtige Mus-
limbruderschaft gegründet wurde. Er fährt
in Gegenden, in denen die Revolution bis
heute nicht angekommen ist, und wird dort
auf Schritt und Tritt von der Polizei verfolgt.
Und immer wieder wird er bei seinen Reisen
als Spion verdächtigt und landet deshalb fast
in einem Militärgefängnis.

PAPERBACK, 280 SEITEN
ISBN 978-3-7701-8252-7
PREIS 14,99 € [D]/15,50 € [A]
AUCH ALS E-BOOK ERHÄLTLICH

DUMONTREISE.DE